AF452520

LA POLITIQUE

D'ARISTOTE,

TRADUITE DU GREC

PAR M. THUROT,

PROFESSEUR AU COLLÉGE ROYAL DE FRANCE.

Seconde Partie.

A PARIS,

CHEZ FIRMIN DIDOT FRÈRES, LIBRAIRES,

RUE JACOB, Nº 24.

1830.

IMPRIMERIE DE A. FIRMIN DIDOT, RUE JACOB, Nº 24.

LIVRE IV.

ARGUMENT.

I. La véritable science, en matière de gouvernement, suppose, dans celui qui la possède, la connaissance exacte de toutes les formes d'états qui existent, et celle du meilleur mode d'administration possible. L'homme habile, en ce genre, doit savoir aussi quelle est la meilleure constitution pour un peuple, dans un état de choses donné, et même dans une hypothèse donnée, car il n'est pas moins difficile de réformer un gouvernement, que de l'établir dès le principe. Il est donc fort important de connaître les caractères distinctifs des divers gouvernements existants, et les combinaisons diverses qu'on en peut faire. — II. La tyrannie est le plus détestable des gouvernements, et la démocratie est le plus tolérable entre ceux qui sont vicieux. L'oligarchie est aussi une forme de gouvernement qui ne peut qu'être plus ou moins mauvaise. On exposera, dans ce livre, quels sont les caractères de ces diverses formes, et, dans le suivant, quelles causes les altèrent ou les dégradent, et quels moyens peuvent les maintenir. — III. Le gouvernement n'est que l'ordre établi dans les magistratures : il doit y avoir autant de formes de gouvernement qu'il y a de combinaisons relatives aux supériorités ou aux différences qui existent entre les membres de la société. La démocratie existe, lorsque le pouvoir est entre les mains des hommes libres, formant le plus grand nombre. L'oligarchie a lieu, lorsque la puissance est aux mains des riches, qui sont toujours le plus petit nombre. Ici l'autorité est plus arbitraire et a plus d'intensité; là elle est plus douce et plus relâchée. On peut considérer dans toute société, en général, huit classes de citoyens : les cultivateurs, les artisans, les marchands, les mercenaires, les guerriers, les juges, les riches contribuant de leur fortune au service de l'état, et les magistrats ou administrateurs de tout genre. — IV. La *démocratie* est essentiellement fondée sur l'égalité des droits qu'ont tous les citoyens à exercer l'autorité ; la première espèce, en ce genre, est celle où l'opinion du plus grand nombre fait la loi. Quelquefois la loi seule règne, et d'autres fois, c'est le peuple conduit par des démagogues qui lui dictent des décrets contraires aux lois. Cette dernière forme est despotique et arbitraire ; elle ressemble, à beaucoup d'égards, à la tyrannie : un pareil gouvernement amène l'anarchie et la dissolution de la société. — V. L'*oligarchie* est fondée sur la richesse, considérée comme condition nécessaire pour exercer l'autorité. Il y en a quatre sortes, dont la dernière, celle où le pouvoir des magistrats est au-dessus des lois, correspond à la démocratie pure et à la tyrannie. Au reste, la tendance plus ou moins populaire ou oligarchique du gouvernement dépend beaucoup des mœurs et des habitudes générales des citoyens. Mais le droit de participer à l'autorité, à raison du revenu qu'on possède, est le caractère propre de l'oligarchie. Outre la monarchie, la démocratie et l'oligarchie, il y a encore l'*aristocratie*, où le pouvoir est confié aux hommes les plus excellents en vertu, et où l'homme de bien (en prenant cette expression dans toute l'étendue de son acception), est le même que le bon citoyen. — **VI.** La *république* est proprement un mélange de la démocratie et de l'oligarchie ; mais on donne plus spécialement ce nom aux gouvernements qui inclinent plus vers la démocratie, et ceux qui ont plus de tendance vers l'oligarchie, prennent le nom d'aristocratie. Le caractère propre de celle-ci est la vertu, celui de l'oligarchie est la richesse, et celui de la démocratie, la liberté. Ces trois éléments se disputent, pour ainsi dire, l'égalité de rang dans le gouvernement ; et c'est le mélange de deux d'entre eux (richesse et pauvreté) qu'on appelle république ; tandis que la combinaison des trois constitue l'aristocratie. — VII. Le caractère du parfait mélange des deux formes (oligarchie et démocratie) qui constituent la république, c'est qu'on puisse donner presque indifféremment au gouvernement le nom de l'une ou de l'autre ; mais il faut qu'on les y reconnaisse toutes deux, sans y trouver exclusivement ni l'une ni l'autre. Il faut qu'il se maintienne par lui-même, et non par la volonté des étrangers, (ce qui pourrait arriver pour un mauvais aussi-bien que pour un bon gouvernement), mais par l'accord unanime de tous les citoyens, dont aucun ne voudrait que la constitution fût autre qu'elle n'est. — VIII. La *tyrannie*, proprement dite, ou monarchie absolue, est celle qui, n'ayant aucune limite ni responsabilité, exerce sa puissance sur des hommes tous égaux, et meilleurs que le tyran, uniquement dans son intérêt, et sans aucun égard à celui des sujets. Aussi existe-t-elle malgré eux, car jamais des hommes libres ne la supportent volontairement. — IX. En général, toute société politique se compose de trois classes de citoyens : ceux qui sont très-riches, ceux qui sont très-pauvres, et ceux qui sont dans une condition moyenne. Les hommes des deux premières classes, par des causes différentes, sont portés à la violence, à l'insubordination, au désir des nouveautés. Elles sont hostiles à l'égard l'une de l'autre, et étrangères aux sentiments de bienveillance, qui sont la condition de la sociabilité. D'où il suit que la société civile la plus parfaite, est celle où la classe moyenne est nombreuse, et plus puissante que les deux autres, ou du moins plus puissante que chacune d'elles ; car alors elle peut faire pencher la balance en faveur du parti auquel elle se joint, et, par ce moyen, empêcher que ni l'un ni l'autre n'obtiennent une supériorité décisive. — X. Toute société politique peut être considérée aussi comme composée de deux sortes d'éléments : qualité (c'est-à-dire, liberté, richesse, instruction, noblesse), et quantité (c'est à-dire, supériorité du nombre dans le peuple); et la combinaison de ces éléments, donne lieu aux diverses espèces de démocratie et d'oligarchie dont on a parlé dans les chapitres précédents. Mais, dans tous les cas, c'est au moyen ordre des citoyens que le législateur doit surtout avoir égard, c'est à la classe moyenne qu'il doit adapter ses lois. Ceux qui établissent des constitutions aristocratiques, ont le tort, non-seulement d'accorder trop de prérogatives aux riches, mais aussi de chercher à tromper le peuple par divers moyens, dont il résulte nécessairement de graves inconvénients; dans les démocraties, on y oppose divers artifices qui ont également de funestes conséquences. Au reste, les prétentions exagérées des riches, et leur cupidité, sont en général, plus propres à détruire la constitution, et à produire des révolutions, que celles du peuple. — XI. Il y a trois sortes de fonctions dans le gouvernement, et trois corps ou trois ordres de magistrats pour les remplir : délibération sur les affaires générales, comme guerres, alliances, lois à établir, etc.; exercice des magistratures diverses; décisions des contestations qui peuvent survenir entre particuliers, ou jugement des procès, soit civils, soit criminels. La forme du gouvernement sera de l'une ou de l'autre des espèces de démocratie, d'aristocratie, ou d'oligarchie, précédemment décrites, selon que la totalité, ou une partie seulement, où différentes classes des citoyens seront appelés à remplir la première de ces fonctions, c'est-à-dire, à exercer la souveraineté, soit tous à la fois, ou à tour de rôle, par sort ou par élection, ou par ces deux voies employées simultanément; à la condition de payer un cens plus ou moins considérable, ou sans cette condition. — XII. La question de la division des magistratures, du nombre qu'il en faut admettre, de l'étendue et de la durée des fonctions, pour chacune d'elles, donne lieu à des considérations à peu près pareilles à celles qu'on vient de présenter : mais il s'agira principalement d'examiner qui sont ceux qui doivent établir les magistratures, ceux qu'on y doit appeler, et de quelle manière on doit procéder à leur établissement; et ici reviennent les conditions du sort et de l'élection, du nombre plus ou moins grand des citoyens appelés à élire, et les combinaisons de ces conditions diverses. — XIII. Application des mêmes vues et des mêmes distinctions, aux corps judiciaires, ou à l'établissement des tribunaux et des membres qui les composent, d'où résulte la connaissance des modes divers qui sont appropriés à chaque forme de gouvernement.

1. DANS tous les arts et dans toutes les sciences qui ne s'appliquent pas à quelques objets partiels, mais qui embrassent dans leur perfection un genre tout entier, ce qui appartient à chaque partie est l'objet d'une seule et même théorie. Ainsi, c'est à la gymnastique de déterminer quelle espèce d'exercice convient à tel ou tel tempérament, quel est le plus excellent des exercices (car ce doit être nécessairement celui qui convient au corps le mieux disposé par la nature pour la force, et pour la beauté, et qui s'est développé de la manière la plus avantageuse), enfin ce qui est utile, en ce genre, au plus grand nombre des individus, et à tous en général : car c'est là le propre de la gymnastique. Celui même qui n'aspirerait à acquérir ni le talent, ni les dispositions les plus propres à le faire briller dans les jeux athlétiques, n'en devrait pas moins avoir recours au maître de gymnastique, pour parvenir au degré de médiocrité dont il se contenterait à cet égard.

2. Nous voyons qu'il en est de même de la médecine, de la construction des navires, de la fabrication des vêtements, ou de tout autre art : d'où il suit évidemment que c'est à une même science qu'il appartient de rechercher, au sujet de la meilleure forme de gouvernement, ce qu'elle est, quelles sont les conditions qui peuvent lui donner toute la perfection désirable, indépendamment de tous les obstacles extérieurs, et quelle est celle qui

convient à tel ou tel peuple, car, il est peut-être
impossible à la plupart d'entre eux d'avoir la plus
excellente. Tellement que le législateur et le véritable politique doit savoir quelle est la forme,
absolument parlant, la plus parfaite; quelle est la
meilleure, dans certaines circonstances données; et
enfin, être capable d'en concevoir une, fondée sur
des données hypothétiques. Car, il faut qu'il puisse,
d'après un état de choses donné, se faire une idée
des causes qui ont pu le produire dès l'origine, et
des moyens de lui assurer la plus grande durée
possible, en le prenant tel qu'il est. Je veux dire,
par exemple, s'il se trouve un état qui ne soit pas
bien administré, qui ne possède pas les ressources
nécessaires à son existence, et qui même ne tire
pas tout le parti possible de celles qu'il a, mais
qui en fasse un mauvais usage.

3. Il faut, outre cela, qu'il connaisse surtout
quelle forme de gouvernement convient à tous les
divers états; attendu que la plupart de ceux qui
ont traité ce sujet, tout en disant des choses d'ailleurs excellentes, ont souvent erré dans celles qui
sont le plus utiles. Car, il ne s'agit pas seulement
de considérer la meilleure constitution, mais celle
qui est praticable, et aussi celle qui est d'une facile
exécution, et qui s'accommode mieux à tous les
états. Au lieu que, parmi les auteurs de politique,
les uns s'attachent à la forme la plus parfaite et qui
exige des ressources considérables; et les autres,
adoptant une forme de constitution plus usuelle,
rejettent toutes celles qui existent, et n'approuvent

que le gouvernement de Lacédémone, ou de quelque autre état particulier.

4. Mais il faudrait introduire une forme, ou un ordre, tel qu'on pût facilement le faire adopter, d'après ce qu'on trouverait déja établi, et qu'on pût le rendre populaire ; attendu qu'il n'y a pas une moindre difficulté à réformer un gouvernement, qu'à l'établir dès le principe ; comme il n'y en a pas moins à désapprendre ce qu'on a appris, qu'à commencer à s'instruire. Aussi, outre les talents que nous avons indiqués, l'habile politique doit-il avoir celui de remédier aux vices des gouvernements existants, comme on l'a déja dit ; or, c'est ce qu'il ne saurait faire, s'il ignore combien il y en a d'espèces diverses. Par exemple, certaines personnes s'imaginent qu'il n'y a qu'une sorte de démocratie et une sorte d'oligarchie ; mais cela n'est pas vrai.

5. Ainsi donc, il faut que l'on connaisse les caractères distinctifs des gouvernements, et quelles combinaisons diverses on en peut faire : il faut examiner avec la même circonspection les meilleures lois, et celles qui conviennent à chaque état particulier. Car, on doit faire les lois pour les gouvernements, comme on le fait presque toujours, et non les gouvernements pour les lois. En effet, le gouvernement, proprement dit, est l'ordre qui existe entre les différentes magistratures, et dans la manière de les distribuer ; il consiste à déterminer ce que c'est que la souveraineté dans l'état, et quelle est, pour chacun de ses membres, le but

et la fin de l'association. Mais les lois doivent être distinguées des principes fondamentaux (1) et caractéristiques du gouvernement ; elles sont les règles d'après lesquelles les magistrats doivent user de leur autorité, et contenir ceux qui seraient disposés à les enfreindre.

6. Il suit évidemment de là qu'il est nécessaire, pour pouvoir faire les lois, que l'on connaisse les différences qui caractérisent chaque espèce de gouvernement ; car, il n'est pas possible que les mêmes lois conviennent à toutes les démocraties et à toutes les oligarchies, s'il est vrai qu'il y ait plusieurs espèces d'oligarchie, et non pas une seule.

II. Cependant, comme, dans nos précédentes recherches sur ce sujet, nous avons distingué trois sortes de bons gouvernements, la monarchie, l'aristocratie, la république, et trois autres espèces,

---

(1) Littéralement : « de ce qui indique ou manifeste la forme « du gouvernement. » Ce sont proprement les articles de la *Constitution*, soit qu'on lui donne le nom de *Charte*, de déclaration des droits des citoyens et des principes du gouvernement, de pacte ou de *Contrat social*, etc. Aristote distingue ici, avec raison, cette partie de la législation de ce qu'il appelle simplement des *Lois*, et que les modernes ont appelé *Lois civiles* ou *Droit civil*, par opposition aux *Lois politiques*, qu'il vaudrait mieux nommer *Lois constitutionnelles*, ou *Droit constitutionnel*. « Cette malheureuse épithète *civil*, opposée tour à « tour aux mots *Pénal, Ecclésiastique, Politique, Militaire*, a « quatre sens différents, qui se confondent sans cesse (dit un « profond publiciste de notre temps). C'est un des plus insignes « faux-fuyants qu'il y ait en jurisprudence. » *Traité de Législation civile et pénale*, par Mr Jér. Bentham, t. 1, p. 147.

qui sont des déviations de celles-ci, la tyrannie à
l'égard de la monarchie, l'oligarchie à l'égard de
l'aristocratie, et la démocratie par rapport à la république; et comme nous avons déja parlé de l'aristocratie et de la monarchie (car, présenter des
considérations sur la meilleure forme de gouvernement, c'est précisément expliquer la signification
de tous ces mots, puisque l'existence de chacune
de ces formes ne peut se fonder que sur une vertu
cultivée et exercée); enfin, comme nous avons
marqué précédemment les caractères qui distinguent, l'une de l'autre, l'aristocratie et la monarchie,
et à quels indices on peut reconnaître celle-ci : il
nous reste à traiter de l'espèce de gouvernement
désignée par le terme commun de *République*, et
des autres formes, c'est-à-dire, de l'oligarchie, de
la démocratie, et de la tyrannie.

2. Au reste, il est facile de voir quel est le pire
de ces gouvernements dégénérés, et quel est celui
qui ensuite est le plus mauvais; car, nécessairement, le plus détestable doit être celui qui est une
dépravation du premier et du plus divin. Or, il
faut ou que la monarchie n'existe pas, et ne soit
qu'un vain nom, ou qu'on la trouve dans l'immense
supériorité (de talents et de vertus) qui distingue
le souverain; d'où il suit que la tyrannie, qui est
le pire des gouvernements, est aussi celui qui
s'éloigne le plus de la république. Vient ensuite
l'oligarchie; car, l'aristocratie diffère beaucoup de
cette forme de république. Enfin, la démocratie
est le plus tolérable de ces gouvernements vicieux.

3. Il est vrai que cette conclusion a déja été présentée par un des écrivains (1) qui ont traité autrefois le même sujet, quoiqu'il ne l'ait pas envisagé sous le même point de vue ; car il a prononcé qu'entre tous les bons gouvernements, tels que l'oligarchie la plus parfaite, et les autres, c'est la démocratie qui est le pire, mais qu'elle est le meilleur entre les mauvais.

4. Au lieu que, suivant nous, ces formes de gouvernement sont, en général, vicieuses ; et l'on a tort de dire qu'il y ait une oligarchie meilleure ou plus parfaite qu'une autre ; on doit seulement la regarder comme moins mauvaise. Mais en voilà assez, quant à présent, sur cette opinion. Occupons-nous d'abord de déterminer les divers caractères des gouvernements, s'il est vrai qu'il y ait plusieurs espèces de démocratie et d'oligarchie. Ensuite, nous chercherons quelle est la plus commune et celle qu'il faut préférer, après la république la plus parfaite. Enfin, en supposant qu'il existe quelque autre gouvernement aristocratique bien constitué, mais qui ne pût pas convenir au plus grand nombre des états, nous examinerons quel il peut être.

5. Nous verrons ensuite, parmi les autres formes de gouvernement, quelle est celle qui est préférable pour tel ou tel état ; car, il peut arriver que la démocratie soit plus nécessaire à l'un que l'oli-

---

(1) Il veut parler de Platon, qui a fait aussi la même observation dans le dialogue intitulé *Politicus*, p. 303.

garchie, et, au contraire, que celle-ci convienne
mieux à un autre que celle-là. Après quoi, il faudra
exposer comment on doit s'y prendre, quand on
veut établir ces sortes de gouvernements, c'est-à-
dire, chaque espèce de démocratie et d'oligarchie.
Enfin, quand nous aurons traité en peu de mots,
mais avec l'étendue convenable, de tous ces objets,
nous tâcherons de faire connaître quelles causes
altèrent ou dégradent, et quels moyens peuvent
maintenir, ces diverses formes de gouvernement,
soit toutes en général, soit chacune d'elles en particulier; et quelles sont les circonstances propres
à produire naturellement de pareils effets (1).

III. La cause qui a donné naissance à ce nombre
de formes de gouvernement diverses, c'est que
toute cité se compose de plusieurs parties : car,
d'abord, on voit qu'elles comprennent toutes un
certain nombre de familles, d'où se forme ensuite
une multitude d'habitants, dont les uns sont riches,
les autres pauvres, et d'autres composent une classe
moyenne entre ces deux-là. La classe des riches est
en état de s'armer, et celle des pauvres est sans
armes. On voit encore, dans toute cité, une partie
du peuple vouée aux travaux de l'agriculture, une

---

(1) Aristote indique assez clairement ici, le sujet de ce quatrième livre, et ceux des deux livres suivants : ce qui est encore
un argument à opposer aux éditeurs ou traducteurs qui ont
proposé d'intervertir l'ordre des anciennes éditions, ou qui ont
cru pouvoir, comme le traducteur anglais, adopter effective-
ment un ordre différent.

autre au trafic, et une autre aux professions mécaniques. Enfin, entre les notables d'un pays, il y a aussi des différences, sous le rapport de la richesse et sous celui de l'étendue des propriétés : par exemple, s'il s'en trouve qui élèvent et entretiennent des chevaux ; car, c'est ce que les riches sont seuls en état de faire.

2. Voilà pourquoi, dans les anciens temps, l'oligarchie s'était établie chez tous les peuples dont la principale force était dans la cavalerie. On s'en servait, en effet, pour faire la guerre aux peuples voisins, comme firent les Érétriens, les Chalcidiens (1), les Magnésiens qui habitaient près des rives du Méandre, et plusieurs autres peuples de l'Asie. Outre les différences produites par la richesse, il y en a encore qui sont le résultat de la naissance ou de la vertu, et des autres qualités de ce genre que nous avons dit se rencontrer dans une société politique, quand il a été question de l'aristocratie ; car, nous avons déterminé a lors de com-

---

(1) Plutarque, dans le traité intitulé Ἐρωτικὸς ou *Amatorius* (to. 9, p. 49, ed. Reisk), raconte comment, dans la guerre qui eut lieu entre les Érétriens et les Chalcidiens, ceux-ci, quoique ayant une redoutable infanterie, furent vaincus par les Érétriens, dont la cavalerie reçut un renfort de cavaliers Thessaliens. Quant aux Magnésiens des bords du Méandre, dont notre auteur fait ici mention, Athénée (l. 12, p. 525) nous apprend, d'après Théognis, Callinus et Archiloque, qu'amollis par le luxe, ils succombèrent aux attaques des Éphésiens ; si toutefois c'est à cet évènement qu'Aristote a voulu faire allusion. Voyez aussi Strabon (*Geogr.* l. 14, p. 647, 648.)

bien de parties se compose toute société civile, puisqu'il y a des cas où les membres de chacune de ces classes prennent part au gouvernement, d'autres où c'est le privilége d'un moindre nombre, et d'autres où c'est celui d'un nombre plus grand.

3. Il est donc évident qu'il doit nécessairement y avoir plusieurs formes de gouvernement différentes les unes des autres, puisque les parties dont se compose la société diffèrent assez entre elles. Car le gouvernement n'est que l'ordre établi dans les magistratures : tous les citoyens se les distribuent, ou à raison des facultés de ceux qui y participent, ou en ayant égard à une certaine égalité commune, par exemple, entre les riches, ou entre les pauvres, ou même commune aux uns et aux autres. Il faut donc bien qu'il y ait autant de formes de gouvernement qu'il y a de combinaisons relatives aux supériorités ou aux différences qui existent entre les membres de la société.

4. Or, il paraît qu'il y en a deux principales et essentielles, comme on dit qu'il y a deux sortes de vents, ceux du Nord et ceux du Midi, dont les autres sont des dégradations ou des modifications. Ainsi, il y a deux formes de gouvernement, la démocratie et l'oligarchie; car, on ne considère l'aristocratie que comme une espèce d'oligarchie (comme étant un gouvernement du petit nombre), et la république n'est qu'une espèce de la démocratie. C'est ainsi qu'entre les vents, le *Zéphyre* [vent d'ouest] est une espèce du *Borée* [vent du nord], et l'*Eurus* [le vent d'est], une espèce du *Notus* [vent

du sud]. Il en est de même encore au sujet de la musique, comme disent quelques personnes; car on n'y admet aussi que deux sortes d'harmonie, le mode dorien, et le phrygien ; en sorte que toutes les autres combinaisons harmoniques sont appelées ou doriennes, ou phrygiennes.

5. Telle est donc la manière dont on a coutume d'envisager communément le sujet de la politique. Mais peut-être est-il plus exact de dire, comme nous l'avons fait, qu'il n'y a que deux, ou même une seule forme de gouvernement sage et bien réglé, comme il n'y a qu'une seule harmonie parfaite, dont toutes les autres sont des écarts ou des altérations; les unes par rapport à la combinaison d'accords la plus propre à flatter l'oreille, les autres à l'égard du gouvernement le plus parfait. Les constitutions oligarchiques, où l'autorité est plus arbitraire et a plus d'intensité; les constitutions populaires, où elle est plus douce et plus relâchée.

6. Et il ne faut pas croire, comme font communément aujourd'hui quelques personnes, que la démocratie existe absolument, dans tout état où la souveraineté réside dans le grand nombre; (puisque dans les oligarchies, et partout, c'est toujours le plus grand nombre qui a la suprême puissance); ni croire qu'il y ait oligarchie, toutes les fois que le pouvoir est dans les mains du petit nombre. Car, si l'on suppose que sur une population de 1,300 citoyens, il y en ait mille qui soient riches, et qui ne donnent aucune part dans l'administration aux trois cents autres, qui seront pauvres, mais d'ail-

leurs libres, semblables et égaux aux riches, per‹
sonne ne pourra affirmer qu'une telle population
vive sous un régime démocratique. Pareillement,
si les pauvres, quoique en petit nombre, étaient
plus puissants que les riches, (d'ailleurs plus nombreux), personne ne donnera le nom d'oligarchie
à ce gouvernement, dans lequel le reste des citoyens, possédant les richesses, n'aurait aucune part
aux honneurs.

7. Il vaut donc mieux dire que la démocratie
existe, lorsque le pouvoir est entre les mains des
hommes libres; et l'oligarchie, lorsqu'il est entre
les mains des riches. Mais il arrive ordinairement
que les uns, c'est-à-dire les hommes libres, sont
en grand nombre; et les autres, ou les riches, peu
nombreux. Et certes, si l'on n'appelait aux magistratures que les hommes d'une grande taille,
comme en Éthiopie (1), ou ceux d'une beauté remarquable, ce serait une oligarchie; le nombre
des hommes d'une haute taille, ou d'une grande
beauté, étant toujours peu considérable.

8. Cependant, ces conditions-là seules ne suffi-
sent pas pour déterminer avec précision ces formes de gouvernement; mais, comme la démocratie
et l'oligarchie se composent de plusieurs parties, il

______

(1) Hérodote (l. 3, c. 20) dit que les Éthiopiens regardent
comme digne de la royauté celui d'entre eux qui se distingue
par la plus haute stature, et par une force proportionnée à
sa taille. C'est à cela que notre auteur semble avoir fait allusion plus haut, l. 3, c. 7, § 2.

faut encore distinguer, et admettre que, dans le cas
où les hommes libres, en petit nombre, auraient
autorité sur le plus grand nombre des habitants,
qui ne jouiraient pas de la liberté, ce ne serait pas
là encore une démocratie. C'est ce qu'on a pu voir
à Apollonie, sur les côtes de la mer Ionienne (1), et
à Théra : car, dans ces deux villes, les honneurs ne
s'accordaient qu'à ceux qui étaient d'une naissance
illustre, [aux descendants de ceux] qui les premiers
avaient fondé la colonie, et qui n'étaient qu'en très-
petit nombre, par rapport au reste des habitants.
Ce ne sera pas non plus une démocratie, si les riches ont le pouvoir, parce qu'ils sont les plus nombreux, comme il arriva autrefois à Colophon (2),
car la plus nombreuse portion des citoyens y pos-
sédait de grandes propriétés, avant la guerre qu'ils
soutinrent contre les Lydiens. Mais la démocratie

---

(1) Apollonie était une colonie des Corcyréens et des Corin-
thiens. On y avait adopté, au rapport d'Élien (*Var. Hist.* l. 13,
c. 19), la *Xénélasie* des Lacédémoniens, ou le bannissement
des étrangers. D'après un passage d'Hérodote (*Hist.* l. 9, c. 93),
il semblerait que le gouvernement de cette ville était plutôt
oligarchique que démocratique. Quant à la république de Thérat
on a encore moins de documents sur la manière dont elle était
gouvernée.

(2) Xénophane, qui était de cette ville, nous fait une vive
peinture du luxe qui y régnait. Athénée (l. 12, p. 526) nous
a conservé un fragment précieux de ce poète, dont l'historien
Théopompe paraît avoir tiré ce qu'il dit sur le même sujet, et
il ajoute : « Ce luxe effréné fit naître de cruelles dissensions,
« amena à sa suite la tyrannie, et enfin la ruine entière de cet
« état. » (Voyez *Schneid. in Addend.* to. 2, p. 486)

existe, lorsque les citoyens libres et pauvres, formant le plus grand nombre, sont maîtres du gouvernement; et l'oligarchie, lorsque ce sont les riches et les nobles, en moindre nombre.

9. J'ai fait voir qu'il y a plusieurs formes de gouvernement, et pour quelles causes; je dois dire à présent qu'il y en a plus que je n'en ai compté; quelles elles sont, et pourquoi; toujours en partant de l'observation que j'ai présentée d'abord. En effet, nous convenons qu'une cité se compose de plusieurs parties : or, de même que si nous entreprenions de classer les diverses espèces d'animaux, nous commencerions par déterminer les parties qui doivent nécessairement se trouver dans tout animal, comme sont, par exemple, certains sens, et les organes nécessaires à la réception et à la digestion de la nourriture, tels que la bouche et l'estomac, et outre cela, les organes nécessaires à la locomotion pour chaque animal :

10. Et sans doute, s'il n'y avait que ces espèces d'organes, mais qu'il s'y trouvât des différences : par exemple, s'il y avait plusieurs sortes de bouches, d'estomacs, ou de sens et d'organes locomoteurs, le nombre des combinaisons qu'on en pourrait faire formerait nécessairement plusieurs genres d'animaux : car il n'est pas possible qu'un même animal ait plusieurs espèces de bouches, ou d'oreilles : tellement qu'en prenant toutes les combinaisons qui s'en peuvent faire deux à deux, on obtiendrait autant d'espèces diverses d'animaux qu'il y aurait de ces combinaisons possibles d'organes nécessaires. Il faut

donc en dire autant des formes de gouvernement dont nous avons parlé ; car les états ne se composent pas d'une seule partie, mais de plusieurs, comme on l'a déja dit bien des fois.

11. Il y a donc d'abord une classe nombreuse de citoyens, occupée de pourvoir à la subsistance de la cité, ce sont les laboureurs. La seconde classe est celle des artisans, occupés à la pratique des arts sans lesquels un état ne saurait exister ; et, entre ces arts, les uns sont d'une nécessité indispensable, et les autres servent au luxe et aux commodités de la vie. La troisième est celle des marchands, employés aux ventes, aux achats, passant leur vie dans les marchés publics et dans les boutiques ; la quatrième, celle des mercenaires ; la cinquième classe est celle des guerriers destinés à défendre l'état, et n'est pas moins nécessaire que les autres, si l'on ne veut pas qu'il coure risque d'être asservi par ceux qui l'attaqueraient : car, comment supposer que des esclaves par nature pussent jamais composer une cité qui soit digne de ce nom? une cité se suffit à elle-même, et une race esclave ne peut atteindre ce but.

12. C'est pourquoi [l'on peut dire que] si ce sujet est traité avec élégance dans la *République* (1) de

____

(1) Voyez *Plat. De Republ.* l. 2, p. 369. Les commentateurs ont observé, avec raison, que la critique qu'Aristote fait ici des vues de Platon, est tout-à-fait injuste, et que, soit préoccupation ou défaut de mémoire, soit quelque motif encore

Platon, il ne l'est pas avec assez d'exactitude. Car Socrate prétend qu'une cité se compose de quatre classes absolument nécessaires, les tisserands, les laboureurs, les cordonniers et les maçons. Mais ensuite [dans les livres des *Lois*] trouvant ces classes insuffisantes, il y ajoute les forgerons et ceux qui sont employés au soin des animaux nécessaires à l'exploitation, puis les marchands et les débitants ou revendeurs : et tout cela forme une sorte de supplément à la cité telle qu'il l'avait conçue d'abord. Comme si une cité n'existait que pour la satisfaction des besoins de ses citoyens, et non pas plutôt pour l'accomplissement d'un but noble et généreux ; et comme si elle avait autant besoin de cordonniers que de laboureurs.

13. Quant à la classe des guerriers, il ne l'introduit dans l'état qu'à l'époque où l'accroissement du territoire mettant ses citoyens, pour ainsi dire, en contact avec des peuples voisins, ils peuvent être dans le cas d'avoir des guerres à soutenir. Cependant ces quatre classes d'habitants, ou tout autre nombre de classes, quel qu'il soit, auront besoin de quelqu'un qui rende la justice et qui prononce sur les droits de chacun. Si donc on admet que l'ame soit, encore plus que le corps, une partie de l'animal, il faudra admettre aussi ces deux éléments, je veux dire la classe guerrière, et la justice civile, comme des parties plus essentielles des états, que ce qui

moins excusable, il attribue à son maître des opinions ou des sentiments qui n'étaient pas les siens.

contribue à la satisfaction des besoins les plus indispensables. Il faut même y joindre encore la partie délibérante (ou le conseil), qui est l'œuvre de la prudence politique. Et, que ces fonctions soient attribuées, chacune à part, à certaines personnes, ou qu'elles soient réunies dans les mêmes individus, cela ne fait rien à notre raisonnement; puisqu'en effet il arrive souvent que le maniement des armes et la culture des terres sont confiés aux mêmes mains. De sorte que, si ces deux derniers genres de fonctions doivent, aussi bien que les deux autres, être considérés comme des éléments de la société civile, il est visible que la classe guerrière en est aussi une partie nécessaire.

14. Une septième classe sera composée de ceux qui contribuent de leur fortune aux différents services publics, et qu'on appelle riches. Et, puisqu'une cité ne saurait exister sans chefs, ceux qui se consacrent à l'exercice des diverses magistratures, et qui dirigent l'administration, composeront la huitième classe. Il est donc nécessaire qu'il y ait des hommes capables de commander, et qui se dévouent pour la société à ce genre de service, soit pendant tout le temps de leur vie, soit à tour de rôle. Il en sera de même des autres fonctions dont nous avons fait mention tout à l'heure; je veux dire celle de délibérer, et celle de rendre la justice, en cas de contestation pour les droits entre les citoyens. Si donc il est nécessaire qu'il existe de tels établissements dans les états, et qu'ils y soient fondés sur la justice et sur la raison, il s'ensuit qu'il faut aussi

nécessairement qu'une partie des citoyens destinés à remplir ces fonctions diverses (1) aient de la vertu.

15. On convient généralement que les mêmes individus peuvent réunir la plupart des facultés nécessaires à l'exercice des fonctions diverses; qu'ils peuvent être à la fois, par exemple, guerriers, agriculteurs et artisans; et aussi que les mêmes personnes peuvent prendre part aux délibérations, et rendre la justice; tous même prétendent à la vertu, et se croient en état d'exercer la plupart des magistratures. Mais il n'est pas possible que les mêmes personnes soient riches et pauvres; et, par cette raison, ce sont là les deux classes essentiellement distinctes dont se compose toute société civile. Et, d'un autre côté, comme les uns sont presque toujours peu nombreux, et les autres en grand nombre, ce sont les parties de l'état qui semblent le plus opposées l'une à l'autre. De manière qu'on détermine les formes de gouvernement suivant la prédominance de l'une ou de l'autre; et il semble, d'après cela, qu'il n'y ait que deux sortes de gouvernement : la démocratie, et l'oligarchie. Mais nous avons dit plus haut qu'il y en a davantage, et pour quelles causes. Faisons voir à présent qu'il y a plusieurs espèces de démocratie et d'oligarchie.

IV. Cela est facile à voir, par ce qui vient d'être dit, puisque le peuple, et même ceux qu'on appelle

---

(1) Littéralement : « Quelques-uns des hommes *politiques*, » c'est-à-dire, ayant le droit de participer au pouvoir et aux emplois.

les notables [d'un pays ou d'une cité] se composent
de plusieurs classes diverses. Par exemple, dans le
peuple il y a la classe des cultivateurs, celle des
artisans, celle des marchands occupés à vendre ou
à acheter; il y a aussi celle des hommes qui exercent l'industrie maritime, les uns comme guerriers,
d'autres comme trafiquants, ceux-ci employés aux
transports, ceux-là à la pêche. Car il y a plusieurs
pays où ces classes sont très-nombreuses; comme
celle des pêcheurs à Tarente et à Byzance (1), celle
des matelots pour la guerre à Athènes, celle des
trafiquants à Egine et à Chios, celle des bateliers
à Ténédos. Il y a encore la classe de manouvriers,
et de ceux qui ont une petite fortune, mais trop
peu considérable pour leur permettre de vivre sans
rien faire; celle des hommes libres, mais dont le
père et la mère étaient esclaves; et quelques autres
classes du même genre. Quant aux notables, la
richesse, la noblesse, la vertu, l'éducation, et les
conséquences naturelles de ces conditions diverses,
mettent aussi entre eux des différences qui en font
également des classes distinctes.

2. On appelle donc d'abord *démocratie*, un gouvernement essentiellement fondé sur l'égalité : car
ce que la loi fondamentale de ce gouvernement
exprime par le mot égalité, c'est que les riches n'y

---

(1) Voyez ce qui est dit, à ce sujet, dans Athénée (l. 3,
p. 116), et dans Strabon (*Geogr.* l. 7, p. 493); et sur le commerce des habitants d'Égine et de Chios, voyez aussi le même
géographe (l. 8, p. 577, et l. 14, p. 955).

soient pas plus appelés à exercer l'autorité que les pauvres; que ni les uns ni les autres n'y soient les maîtres, mais que tous le soient pareillement. Or si, comme quelques personnes le pensent, c'est dans la démocratie surtout que se trouvent la liberté et l'égalité, elles ne peuvent pourtant y exister qu'autant que tous les citoyens participeront de la même manière au pouvoir. Mais comme le peuple est toujours plus nombreux, et que c'est l'opinion du plus grand nombre qui fait autorité, il faut bien que ce soit là le caractère essentiel de la démocratie. En voilà donc d'abord une espèce.

3. La condition que les magistratures soient données en vertu d'un certain revenu, mais qui soit peu considérable, constitue une autre espèce : mais il faut que celui qui acquiert la fortune exigée parvienne aux charges, et que celui qui l'a perdue en soit exclu. Une autre espèce de démocratie est celle où tout citoyen, auquel on n'a aucun reproche à faire, participe au gouvernement, mais où la loi seule commande. Celle où tout homme peut exercer une magistrature, pourvu qu'il soit citoyen, et où la loi seule est toute-puissante est encore une autre espèce de démocratie. Enfin il y en a une cinquième espèce, où tout est d'ailleurs comme dans la précédente, excepté que c'est la multitude, et non la loi, qui y exerce la suprême puissance.

4. Cela a lieu lorsque les décrets ont une autorité absolue, et non pas la loi; ce qui est l'effet du crédit des démagogues. Car, dans les gouvernements démocratiques, où la loi règne, il n'y a point

de démagogues, mais ce sont les citoyens les plus recommandables qui y ont la prééminence; au lieu qu'il s'élève des démagogues, partout où les lois sont sans force. Car le peuple, qui est alors comme un seul individu composé d'un grand nombre, y devient monarque absolu. Et, en effet, le pouvoir exercé par la multitude n'est pas celui de chaque particulier, mais celui de la masse entière des citoyens. Au reste, de quelle domination, ainsi exercée par plusieurs, Homère a-t-il voulu parler lorsqu'il dit qu'elle est un mal (1)? Est-ce de la domination d'un peuple tout entier, comme dans le cas dont nous parlons, ou de celle de plusieurs chefs? c'est ce qu'on ne voit pas clairement.

5. Quoi qu'il en soit, un tel peuple, en sa qualité de monarque, aspire à régner seul, en s'affranchissant du joug de la loi, et devient *despotique* (2); ce qui fait que les flatteurs y sont en honneur; et une pareille démocratie est, dans son genre, ce que la tyrannie est par rapport à la monarchie. Aussi les mœurs sont-elles les mêmes dans ces deux sortes de gouvernements; dans l'un et dans l'autre les hommes les plus vertueux sont soumis à une autorité arbitraire. Les décrets du peuple sont ici, ce que sont là les ordonnances du monarque; le démagogue et le flatteur y font le même person-

---

(1) Voyez l'*Iliade* d'Homère (ch. 2, vs. 204), où Ulysse dit: « Il n'est pas bon que plusieurs commandent. »

(2) C'est-à-dire: exerçant une autorité qui est la même que celle d'un maître sur ses esclaves.

nage, y jouent des rôles analogues, et ont, chacun de son côté, une très-grande influence, les démagogues sur les peuples, qui sont tels que je viens de le dire, et les flatteurs, sur les tyrans.

6. Ces démagogues sont cause que la suprème autorité est dans les décrets, et non pas dans la loi, par le soin qu'ils prennent de tout rapporter au peuple; car il en résulte qu'ils deviennent puissants, parce que le peuple est maître de toutes choses, et qu'eux-mêmes le sont de l'opinion de la multitude, qui n'obéit qu'à eux. Outre cela, ceux qui ont des reproches à faire aux magistrats prétendent que c'est au peuple de décider; celui-ci consent volontiers qu'on en appelle à son autorité, et de là résulte l'entière dissolution de toutes les magistratures.

7. Or, on peut soutenir, avec juste raison, qu'un pareil gouvernement est une démocratie, et non pas une république : car il n'y a pas de république, là où les lois ne règnent pas. Il faut, en effet, que l'autorité de la loi s'étende sur tous les objets, et que les magistrats prononcent sur les choses de détail, et jugent les procès. Par conséquent, si la démocratie doit être comptée au nombre des formes de gouvernement, il est clair qu'un pareil état de choses, dans lequel tout se règle par des décrets, n'est pas même, à proprement parler, une démocratie (1). Car jamais un décret ne peut être

---

(1) C'est ce que Polybe (l. 6, c. 4, et c. 9) appelle *Ochlocratie*, ou domination de la populace, et qui, suivant lui, conduit toujours à la tyrannie, ou au despotisme d'un seul.

général, [comme doit l'être la loi]. Telles sont donc les différentes espèces de démocratie.

V. Une des formes de l'oligarchie est celle où, pour parvenir aux magistratures, il faut payer un cens, ou jouir d'un revenu si considérable, que les pauvres, qui sont le plus grand nombre, ne puissent y atteindre ; mais que quiconque peut acquérir ce revenu soit admis à prendre part au gouvernement. Une autre forme, est celle où les magistratures étant le partage de ceux qui ont un revenu considérable, ils peuvent y appeler par leur choix des citoyens qui n'ont pas cette quotité de revenu. Si le choix peut se faire parmi tous les citoyens indistinctement, le gouvernement a quelque chose qui tient plus de l'aristocratie, mais si l'on est dans le cas de borner ce choix à de certaines familles, il est tout-à-fait oligarchique. Une autre forme de l'oligarchie, c'est lorsque le fils succède à son père : enfin, une quatrième forme, c'est lorsque, outre la condition qu'on vient de dire, l'autorité absolue appartient aux magistrats, et non pas à la loi. Cette dernière forme, parmi les oligarchies, correspond à la tyrannie dans les monarchies, et à la démocratie pure entre les démocraties ; on lui donne le nom de *dynastie* (1).

---

(1) Δυναςεία : c'est-à-dire, gouvernement arbitraire, ou gouvernement de fait, autorité fondée uniquement sur le *pouvoir*, c'est-à-dire, sur la force. « Alors, dit l'auteur du *Contrat social* « (l. 4, c. 10), il se forme [dans l'état] un autre état, composé « seulement des membres du gouvernement, et qui n'est plus « rien au reste du peuple, que son maître et son tyran. »

2. Tel est donc le nombre des espèces d'oligarchie et de démocratie. Mais il est à remarquer que,
dans plusieurs états, quoique la forme du gouvernement ne soit pas précisément populaire, en vertu
des lois, cependant la tendance générale des mœurs
et des habitudes fait que l'administration y est populaire ; et pareillement, dans d'autres états où la
forme de gouvernement établie par les lois est plus
populaire, l'administration, par l'influence des
mœurs et des habitudes, se rapproche plutôt de
l'oligarchie. Cela arrive principalement lorsqu'il s'est
opéré des changements et des révolutions dans les
gouvernements. Car les mœurs ne changent pas aussi
promptement, mais on se contente d'abord des
petits avantages qu'on obtient les uns sur les autres, de sorte que les lois précédemment établies
subsistent encore quelque temps ; mais ceux qui
entreprennent de changer la forme du gouvernement finissent par l'emporter.

3. Il est facile de voir, par ce que nous venons de
dire, qu'il y a autant d'espèces de démocratie et
d'oligarchie [que nous en avons admis] : car il faut
nécessairement, ou que toutes les classes, dans lesquelles nous avons vu que le peuple peut se diviser,
aient part au gouvernement, ou que les unes y
soient appelées, et non les autres. Lors donc que
la classe des agriculteurs, et de ceux qui possèdent
une fortune médiocre, est à la tête du gouvernement,
elle gouverne suivant les lois ; car les hommes qui
la composent peuvent bien vivre en travaillant,
mais ils ne peuvent pas avoir beaucoup de loisir.

Aussi, du moment où ils ont établi les lois, ne se réunissent-ils en assemblée générale que dans les cas où cela est nécessaire. Au reste, les autres citoyens ont aussi le droit de participer au gouvernement, quand ils auront acquis le revenu exigé par les lois. [(1) Et en effet, tous ont cette faculté quand ils possèdent ce revenu.] Car ne le pas accorder à tous est, en général, le caractère propre de l'oligarchie. Quant à vivre sans rien faire, cela est impossible, lorsqu'il n'existe point de revenus publics. Voilà donc déjà une espèce de démocratie, par les causes que nous avons dites.

4. La seconde espèce est celle où tous ceux pour qui leur naissance n'est pas un motif d'exclusion peuvent participer au gouvernement, pourvu toutefois qu'ils en aient le loisir ; voilà pourquoi les lois règnent dans une pareille démocratie, parce qu'il n'y existe point de revenus publics. Lorsque tous ceux qui sont libres ont droit de participer au gouvernement, mais qu'ils n'y participent pas pour la cause que nous venons d'indiquer (2), c'est une espèce de démocratie, où la loi règne encore nécessairement. La quatrième espèce est celle qui s'est établie la dernière dans les états.

5. En effet, au moyen de l'accroissement beau-

----

(1) Cette répétition de la même pensée n'est peut-être qu'une glose marginale insérée mal à propos dans le texte, et a été supprimée dans quelques éditions.

(2) C'est-à-dire : à cause de leurs affaires, et parce que les revenus de l'état ne sont pas consacrés à leur donner du loisir.

coup plus considérable qu'ils ont pris, en comparaison de ce qu'ils étaient dans l'origine, et au moyen des revenus considérables dont ils jouissent, tous les citoyens prennent part à la direction des affaires, à cause de la prépondérance qu'a obtenue la multitude. Ils gouvernent (dis-je) et administrent, parce que ceux qui sont pauvres, recevant une rétribution, peuvent avoir le loisir nécessaire pour cela : et même, c'est surtout une telle multitude qui a ce loisir; car le soin de ses affaires particulières ne lui donne aucun embarras; tandis qu'il est un obstacle pour les riches, au point que souvent ils ne prennent point part aux délibérations qui se font en assemblée générale, ni même aux fonctions judiciaires. Il arrive de là que la multitude des pauvres devient maîtresse du gouvernement, et que les lois n'y ont plus d'autorité. Telles sont donc les causes d'où résultent nécessairement autant de sortes de démocratie que nous en avons reconnu, et celles que nous venons de dire.

6. Quant à l'oligarchie, la première espèce, en ce genre, est celle où le plus grand nombre possèdent quelque fortune, mais médiocre et peu considérable : car elle leur donne le droit de prendre part aux affaires publiques; et comme ils sont assez nombreux, il faut nécessairement que ce soient les lois, et non pas les hommes, dont l'autorité soit prédominante. Car, plus un pareil état de choses s'éloigne de la monarchie, lorsque la fortune des citoyens est telle qu'ils ne puissent se livrer au désœuvrement et à l'indolence, sans que pourtant ils

soient assez pauvres pour avoir besoin d'être nourris aux dépens de l'état, il faut bien alors qu'ils
trouvent bon que la loi leur commande, et non
que leur volonté en prenne la place.

7. Au contraire, si ceux qui possèdent des biens
sont en moindre nombre que dans l'hypothèse précédente, 'et que leur fortune soit plus considérable', c'est la seconde espèce d'oligarchie : **car les
citoyens y ayant plus de puissance, y prétendent
aussi à plus de priviléges.** Et c'est pour cela qu'ils
choisissent, parmi les autres, ceux qu'ils appellent
à l'administration ; mais, comme ils ne sont pas
encore assez forts pour commander sans le concours de la loi, ils établissent celle que nous venons
de dire (1).

8. Mais, si la puissance est concentrée entre les
mains des citoyens en moindre nombre et qui possèdent de plus grandes richesses, c'est le troisième
degré de l'oligarchie ; celle où les magistratures sont
le privilége exclusif de ces citoyens, et où la loi or-
donne que leurs enfants leur succèdent dans l'exercice du pouvoir. Enfin, lorsque l'influence d'un
petit nombre de personnes, à raison de leur immense fortune et de leurs nombreux clients, est
devenue tout-à-fait prépondérante, il en résulte une
dynastie [un gouvernement arbitraire] qui approche
beaucoup de la monarchie ; ce sont les hommes, et
non les lois, qui y ont toute l'autorité ; et c'est la

---

(1) Celle qui leur donne le droit de nommer aux emplois
du gouvernement.

quatrième espèce d'oligarchie, correspondante au dernier degré de la démocratie.

9. Outre la démocratie et l'oligarchie, il y a encore deux autres formes de gouvernement, dont l'une est connue de tout le monde, et que nous avons dit faire partie des quatre principales, qui sont la monarchie, l'oligarchie, la démocratie, et enfin la quatrième, appelée aristocratie. Cependant il y en a une cinquième à laquelle on donne le nom de *République*, qui est commun à toutes les autres. Mais comme il est rare qu'elle existe, elle échappe à l'attention de ceux qui entreprennent de faire l'énumération de ces formes diverses de gouvernement, et ils n'en comptent ordinairement que quatre, comme a fait Platon dans ses traités sur cette matière.

10. Au reste, c'est avec raison qu'on donne le nom d'aristocratie à ce genre de gouvernement dont nous avons parlé précédemment (1); c'est la seule dénomination convenable pour désigner l'état où le pouvoir est confié aux hommes les plus excellents en vertu, prenant ce mot dans sa signification absolue, et non pas relative, comme on le fait, quand on parle des gens de bien dans une hypothèse donnée ou particulière. Car c'est le seul où l'homme de bien, dans toute la rigueur du terme, soit le même que le bon citoyen; au lieu que, dans

---

(1) A la fin du troisième livre, dont les derniers chapitres ont été perdus.

les autres gouvernements, les bons citoyens ne sont ainsi appelés, qu'eu égard à la forme particulière des gouvernements sous lesquels ils vivent. Cependant, il s'en trouve à qui l'on donne aussi le nom d'aristocratie, et qui diffèrent à quelques égards de ceux qui sont régis par des formes oligarchiques, et de ce qu'on appelle proprement république; ce sont ceux où l'on a égard, dans le choix des magistrats, non-seulement à la richesse, mais aussi au mérite personnel et à la vertu.

11. Dans ce cas-là, le gouvernement diffère de l'une et de l'autre (c'est-à-dire de l'oligarchie et de la république proprement dites), et est appelé aristocratique. Car, dans les états où l'on ne donne pas une application exclusive et constante à la vertu, il se trouve pourtant des personnes qui ont une juste réputation, sous ce rapport, et qui passent pour des gens de mérite et de probité. Ainsi, dans les pays où la constitution a principalement égard à la richesse, à la vertu et à l'intérêt du peuple, comme à Carthage, c'est le gouvernement aristocratique; et aussi lorsqu'on a en vue deux de ces choses seulement, comme chez les Lacédémoniens, où l'on ne considère que la vertu et le peuple; et c'est un mélange (ou une combinaison) de ces deux éléments, démocratie et vertu. Voici donc deux espèces d'aristocratie, outre la première et la plus parfaite constitution; toutes les formes de ce qu'on appelle proprement république, quand elles ont quelque tendance à se rapprocher de l'oligarchie, constituent une troisième espèce.

VI. Il nous reste à parler de la forme appelée communément république, et de la tyrannie. Nous la plaçons à ce rang, comme n'étant pas plus que les sortes d'aristocratie dont nous parlions tout à l'heure, une déviation ou corruption de la constitution la plus parfaite, parce que, à vrai dire, toutes s'en écartent plus ou moins, comme nous l'avons dit au commencement. Mais c'est avec raison que nous avons résolu de ne parler de la tyrannie qu'en dernier lieu, parce que c'est de tous les gouvernements celui qui mérite le moins ce nom, et que l'objet de ce traité est le gouvernement. Nous venons d'indiquer la cause de l'ordre que nous avons adopté : nous allons maintenant parler de la république.

2. Les caractères de ce gouvernement seront plus faciles à reconnaître, à présent que nous avons défini ceux de l'oligarchie et de la démocratie : car la république est, à proprement parler, un mélange de ces deux formes. Mais on donne plus communément le nom de république aux gouvernements qui ont quelque tendance vers la démocratie, et le nom d'aristocratie à ceux qui inclinent plus vers l'oligarchie, parce que la noblesse et la bonne éducation sont plus généralement le partage des riches : d'ailleurs il semble que, possédant, plus que les autres, ce qui provoque l'injustice des hommes disposés à la commettre [ils s'en abstiennent]; et c'est ce qui leur a fait donner le nom de gens de bien et d'honneur, d'hommes distingués et considérables.

3. Or, comme l'aristocratie ne consent à accor-

der la prééminence qu'aux plus vertueux d'entre les citoyens, on prétend aussi que ce qui constitue l'oligarchie, c'est plus spécialement le pouvoir des gens de mérite et d'honneur. Mais il paraît tout-à-fait impossible qu'un état dont le gouvernement est réellement aristocratique, et non dirigé par des hommes méprisables et sans vertu, ne soit pas bien administré et n'ait pas des lois justes et sages; et pareillement, il semble qu'un état qui a de pareilles lois, est nécessairement aristocratique. Au reste, la bonté et la sagesse des lois, si on ne leur obéit pas, ne constitue pas une bonne administration; c'est pourquoi il faut admettre qu'il y a une bonne administration, caractérisée par l'observation exacte des lois établies, et une autre qui consiste dans la bonté des lois auxquelles on obéit, (car on peut aussi obéir à de mauvaises lois). Et cela s'entend de deux manières: puisque les lois peuvent être, ou les meilleures qui conviennent actuellement aux citoyens, ou les meilleures en elles-mêmes, et dans un sens absolu.

4. L'aristocratie consiste essentiellement dans la distribution des honneurs à raison de la vertu: car le caractère propre de l'aristocratie est la vertu, comme celui de l'oligarchie est la richesse, et celui de la démocratie, la liberté. Mais, dans tous les gouvernements, c'est toujours l'opinion du plus grand nombre qui prédomine; et, en effet, dans l'oligarchie, dans l'aristocratie et dans la démocratie, il n'y a de force et d'autorité que dans ce qui est sanctionné par l'opinion de la plus grande partie de

ceux qui participent à l'autorité. Aussi est-ce là ce qui, dans la plupart des états, constitue la forme du gouvernement ; car on n'y vise qu'à opérer le mélange et, pour ainsi dire, la fusion des riches et des pauvres, de la richesse et de la liberté. C'est qu'aux yeux de la plupart des hommes, la richesse semble tenir lieu de mérite et de vertu.

5. Mais, puisqu'il y a trois éléments qui se disputent, en quelque manière, l'égalité de rang dans le gouvernement, la liberté, la richesse et la vertu (car le quatrième, ou la noblesse, est une suite assez naturelle des deux derniers, puisque la noblesse n'est qu'une possession ancienne de richesse et de vertu), on voit que c'est au mélange de ces deux éléments, les riches et les pauvres, qu'il faut donner le nom de république : et que la combinaison des trois est plus spécialement ce qu'on nomme aristocratie ; sans compter celle qui mérite réellement et essentiellement ce nom. Nous avons donc fait voir qu'il y a, outre la monarchie, la démocratie et l'oligarchie, d'autres formes de gouvernement ; nous avons dit quelles elles sont, et en quoi les aristocraties et les républiques diffèrent, soit les unes des autres, soit de l'aristocratie proprement dite, et qu'elles ont assez d'analogie entre elles.

VII. Montrons maintenant, en conséquence de ce que nous avons dit, de quelle manière se forme, outre la démocratie et l'oligarchie, le gouvernement appelé république, et comment il faut le constituer ; ce sera donner en même temps la définition de la démocratie et de l'oligarchie : car il faut prendre d'abord ces deux formes séparées, et ensuite, en les rapprochant l'une de l'autre, composer de leur réunion une forme unique; à peu près comme on le fait des deux parties de ces *symboles* [qui sont un signe de reconnaissance dans les liaisons d'hospitalité] (1).

2. Or, il y a trois manières de faire cette composition ou ce mélange : car, ou bien il faut prendre la partie de la législation qui est commune à chacune des deux formes de gouvernement, par exemple, en ce qui regarde l'administration de la justice. En effet, dans les oligarchies, on taxe les riches à une amende, s'ils négligent de remplir les fonctions de juges, et on n'accorde aucune rétribution aux pauvres, quand ils les exercent; au lieu que dans les démocraties, on donne un salaire aux

---

(1) Le *symbole* (σύμβολον), appelé en latin *tessera*, était ou une pièce de monnaie, ou un morceau de métal, de bois, etc., qu'on coupait en deux, et dont les personnes qui voulaient se rappeler au souvenir l'une de l'autre, après une longue absence, ou faire reconnaître par l'une des deux celui qui lui serait envoyé et recommandé par l'autre, gardaient chacune une partie; de sorte qu'en les rapprochant on pût reconnaître qu'elles composaient le même tout. On s'en servait pour les liaisons d'hospitalité; on les donnait comme arrhes, quand on faisait un marché, etc. Voyez, à ce sujet, la note de Schneider (to. 2, p. 252, 253), et les auteurs qu'il cite, tels que les commentateurs de Plaute (*ad Cistellar.* 2, 1, 27. *ad Pœnul.* 5, 1, 25). Les scholies d'Helladius sur Euripide (*ad Medeam.* vs. 6, 13); Casaubon sur Athénée (l. 3, c. 32), etc.

pauvres, et on n'exige point d'amende des riches.
Or, en adoptant ces deux procédés [l'amende pour
les riches et la rétribution pour les pauvres], on aura
un moyen terme, commun aux deux espèces de gouvernement, et, par cette raison, convenable à la république ; car il sera une sorte de mélange des procédés de l'une et de l'autre formes. Voilà donc un
premier mode de combinaison.

3. Une autre manière, c'est de prendre le terme
moyen entre les réglements de l'une et de l'autre
espèces de gouvernement. Ainsi, l'une accorde le
droit de délibérer dans les assemblées générales,
sans aucune condition de cens, ou du moins à la
condition d'un très-petit revenu : tandis que l'autre
exige [pour l'exercice de ce même droit] un cens
très-considérable. Sans doute, il n'y a rien de commun entre ces deux conditions, mais on peut prendre un milieu entre les cens exigés par chacune
d'elles. La troisième manière consiste à prendre,
des règles adoptées dans les deux gouvernements,
une partie de ce que prescrit la loi oligarchique, et
une partie de ce qu'exige la loi démocratique. Par
exemple : on regarde comme une institution démocratique la distribution des magistratures par le
sort, et leur distribution par voie d'élection, comme
une institution oligarchique. La démocratie n'admet, dans ce cas, aucune condition de revenu, et
l'oligarchie exige un cens déterminé. Par conséquent, il conviendra à l'aristocratie et à la république d'adopter une partie de chacune de ces institutions ; de l'oligarchie, le mode des magistratures

électives ; et de la démocratie, le principe de n'exiger aucune condition de revenu. Telle est la manière d'opérer le mélange des deux formes de gouvernement.

4. Le caractère du parfait mélange, c'est qu'on puisse dire du même gouvernement qu'il est une démocratie et une oligarchie : car il est clair que ceux qui s'expriment ainsi, ne font qu'énoncer l'impression que produit sur eux le parfait mélange des deux formes. C'est aussi le résultat du juste milieu [observé entre l'une et l'autre], car chacun des extrèmes semble pour ainsi dire s'y réfléchir ; ce qui arrive, en effet, dans le gouvernement de Lacédémone.

5. Car, bien des gens n'hésitent pas à en parler comme d'une démocratie, parce qu'il y a dans sa constitution beaucoup de choses populaires. Et d'abord, ce qui est relatif à l'éducation des enfants ; car, ceux des riches y sont nourris de la même manière que ceux des pauvres ; et, quant à l'instruction, elle y est telle que les enfants des pauvres puissent aussi la recevoir. Il en est de même pour l'époque suivante de la vie, et lorsqu'ils sont devenus hommes ; car, rien ne distingue le riche du pauvre. Dans ce qui concerne la nourriture, c'est encore la même chose ; tous sont traités également dans les repas communs : et, quant à la manière de se vêtir, les habits que portent les riches sont tels qu'il n'y a pas un individu parmi les pauvres qui ne puisse s'en procurer de pareils. Ajoutons à cela, que des deux plus importantes magistratures,

l'une est conférée par le choix du peuple, et l'autre lui est accessible ; car, c'est lui qui choisit les sénateurs, et il peut exercer les fonctions de l'Éphorie. D'autres nomment ce gouvernement une oligarchie, parce qu'il s'y trouve beaucoup d'institutions oligarchiques, comme celle de l'élection pour toutes les magistratures, dont aucune n'est conférée par la voie du sort ; comme les condamnations à la mort et à l'exil, prononcées par un petit nombre de juges, et plusieurs choses de ce genre.

6. Mais il faut que, dans un gouvernement où le mélange des deux formes est parfait, on croie les reconnaître toutes deux, sans y trouver ni l'une ni l'autre ; qu'il se maintienne par lui-même, et non par aucun secours étranger. Et quand je dis par lui-même, je n'entends pas par la volonté d'un grand nombre d'étrangers qui voudraient le maintenir, car cela pourrait avoir lieu aussi pour un mauvais gouvernement ; mais par l'accord unanime de tous les membres de la société, dont aucun ne voudrait que la constitution fût autre qu'elle n'est. Je viens de dire de quelle manière il convient qu'une république soit constituée, ce qui s'applique également aux gouvernements qu'on désigne aussi par le nom d'aristocraties.

VIII. Il nous reste enfin à parler de la tyrannie ; non que nous ayons beaucoup de choses à en dire, mais afin que cette partie de notre sujet se trouve traitée, puisque nous la comptons parmi les formes de gouvernement. Or, nous avons défini, dans les livres précédents, la notion qu'il faut attacher à la royauté, lorsqu'en considérant l'espèce de gouvernement qui est spécialement exprimé par ce nom, nous examinions s'il est, ou non, utile et avantageux aux états, à qui il en faut confier l'autorité, dans quelles circonstances, et comment.

2. Mais, dans nos considérations sur la question de la royauté, nous avons distingué deux sortes de tyrannie, à raison de la transformation facile que leur puissance peut subir avec la royauté, puisque l'autorité dont jouissent ces deux sortes de tyrannie peut être fondée sur la loi. Car, chez quelques nations barbares, on choisit des monarques auxquels on donne une puissance arbitraire et absolue; et il y eut jadis, chez les Hellènes, des monarques de cette espèce, qu'on appelait Æsymnètes. Toutefois ces tyrannies diffèrent, à quelques égards, les unes des autres : elles étaient royales, comme fondées sur la loi, et sur le consentement des sujets; mais elles étaient tyranniques, en ce que l'autorité y était absolue et tout-à-fait arbitraire.

3. Enfin, il y a une troisième espèce de tyrannie, qui semble plus particulièrement mériter ce nom, comme correspondante à la monarchie absolue. Telle doit être la monarchie qui, n'ayant aucune limite ni aucune responsabilité, exerce sa puissance sur des hommes tous égaux et meilleurs que le tyran, uniquement pour son intérêt et sans aucun égard à celui des sujets : aussi existe-t-elle malgré eux ; car, aucun homme libre ne supporte volontairement une pareille autorité. Voilà donc

quelles sont les diverses espèces de tyrannie et combien il y en a, par les causes que nous avons dites.

IX. Mais quel est le meilleur gouvernement, et quelle est l'existence la plus heureuse, pour la plupart des états et pour le plus grand nombre des individus, indépendamment de toute considération d'une vertu supérieure à celle des hommes ordinaires, et d'une éducation qui exige ou des dispositions naturelles peu communes, ou des dépenses et des soins auxquels une grande fortune peut seule suffire ; indépendamment d'une constitution politique organisée, pour ainsi dire, à souhait ; mais relativement à une manière de vivre qui puisse être celle du plus grand nombre, et à une forme de gouvernement que la plupart des états puissent adopter ?

2. Car, les systèmes d'aristocratie dont il a été question [à la fin du livre précédent], dépendent, à certains égards, de conditions qui ne se trouvent point dans la plupart des états, et se rapprochent, à d'autres égards, de la république proprement dite ; en sorte qu'on peut traiter de l'une et de l'autre comme d'une seule et même forme. Au reste, les mêmes éléments entrent dans tout jugement exact sur tous ces objets. Car, si l'on a eu raison de dire, dans le traité de morale (1), que la vie heureuse est celle qui suit, sans obstacles, le sentier de la vertu ; et que la vertu est une condition ou

____

(1) Voyez *la Morale*, l. 2, c. 6, p. 69 de notre traduction.

situation moyenne [entre deux extrêmes opposés],
il s'ensuit nécessairement que la vie la plus vertueuse est cette condition moyenne; mais consis-
tant dans un état de médiocrité, qui peut être, pour
ainsi dire, le partage de chaque individu.

3. Mais, nécessairement aussi la même définition
pourra s'appliquer à la vertu et aux vices des états
et des gouvernements; car, le gouvernement est,
en quelque sorte, la vie d'un état. Or, tout état, ou
société politique, se compose de trois parties, ou
classes de citoyens : ceux qui sont très-riches, ceux
qui sont très-pauvres, et enfin ceux qui sont dans
une condition moyenne, ou intermédiaire entre
ces deux-là. Puis donc que l'on convient que le
terme moyen est la meilleure mesure, il s'ensuit
évidemment qu'en fait d'avantages de tout genre,
ce qu'il y a de meilleur et de plus désirable, c'est
de les posséder dans un certain degré de médiocrité.

4. En effet, les hommes, dans une telle condition, se soumettent sans peine à la raison : mais,
chez celui qui possède au plus haut degré les avantages de la beauté, ceux de la force, ou de la naissance, ou de la richesse; ou au contraire, chez
celui dont la pauvreté, ou la faiblesse, ou l'abjec-
tion, vont jusqu'à l'excès, cette soumission est
très-difficile à obtenir. Car, les uns sont plus sujets
à devenir violents et emportés, à tenter des entreprises audacieuses contre l'état; et les autres sont
plus enclins à l'intrigue, et à commettre une foule
de petits désordres. Or, la violence et l'intrigue

sont deux sources d'iniquités. Au contraire, les citoyens d'une condition moyenne n'emploient ni violences, ni intrigues, parce qu'ils n'ambitionnent point les magistratures (1).

5. D'un autre côté, ceux qui jouissent ainsi d'immenses avantages, soit sous le rapport de la force, soit sous celui de la richesse, ou du grand nombre de leurs partisans, ou de toute autre manière, ne veulent ni ne savent obéir aux magistrats ; et cet esprit d'insubordination se manifeste en eux dès l'enfance ; car, la mollesse dans laquelle ils sont élevés les empêche de contracter l'habitude de l'obéissance, même dans les écoles. Tandis que ceux qui sont dans un trop grand dénûment de tous ces avantages, deviennent trop humbles et trop rampants : de manière que les uns, incapables de commander, ne savent que montrer une soumission servile ; et les autres, incapables de se soumettre à aucun pouvoir légitime, ne savent exercer qu'une autorité despotique.

6. La cité ne se compose donc plus (en pareil cas) que de maîtres et d'esclaves, et non d'hommes libres : les uns pleins de mépris pour leurs concitoyens, et les autres en proie au sentiment de l'envie ; ce qui est fort éloigné de la bienveillance et du caractère de sociabilité qui font le vrai citoyen. Car, la bienveillance est l'élément ou la condition de la sociabilité : aussi n'aimons-nous pas même à faire route avec nos ennemis. Au lieu

---

(1) Le texte est un peu altéré en cet endroit.

qu'une république a besoin d'être composée, le plus qu'il se peut, de citoyens semblables et égaux ; ce qui n'a lieu qu'autant que tous sont, le plus qu'il est possible, dans une condition moyenne. D'où il suit qu'un état composé de ceux que nous venons de dire, doit nécessairement être l'état le mieux gouverné.

7. Les citoyens de cette classe sont aussi ceux qui se maintiennent et se conservent le mieux ; car, ils ne désirent point le bien d'autrui comme les pauvres, et ils ne sont point, comme les riches, un objet d'envie ou de jalousie. Leur vie est ainsi moins environnée de périls, parce qu'ils ne sont tentés de nuire à personne, et que personne ne cherche à leur nuire. C'est pourquoi l'on ne peut qu'applaudir à ce vœu du poète Phocylide (1) :

« De biens sans nombre ô toi toujours suivie !
« O Médiocrité, viens embellir ma vie ! »

8. Il est donc évident que la société civile la plus parfaite est celle qui existe entre citoyens qui vivent dans une condition moyenne ; et qu'il ne peut y avoir d'états bien administrés que ceux où la classe moyenne est nombreuse, et plus puissante que les deux autres, ou au moins plus puissante que chacune d'elles ; car, elle peut faire pencher la balance en faveur du parti auquel elle se joint, et, par ce

---

(1) Phocylide, de Milet, poète *gnomique* (auteur de sentences ou maximes en vers), était contemporain de Socrate. Il est cité, par Isocrate (*ad Nicocl.* c. 12), avec Hésiode et Théognis, comme un des poètes dont la lecture pouvait le plus contribuer à inspirer la vertu et la sagesse.

moyen, empêcher que l'une ni l'autre n'obtiennent une supériorité décisive. C'est donc un très-grand bonheur que les citoyens ne possèdent qu'une fortune médiocre, et suffisante pour leurs besoins. Car, toutes les fois que les uns ont d'immenses richesses, et que les autres n'ont rien, il en résulte ou la pire des démocraties, ou une oligarchie effrénée, ou une tyrannie insupportable, produit nécessaire des deux excès opposés. Et, en effet, la tyrannie naît ordinairement de la démocratie la plus effrénée, ou de l'oligarchie; au lieu que, parmi des citoyens qui vivent dans une condition moyenne, ou très-voisine de la médiocrité, ce danger est moins à craindre. Nous en dirons ailleurs la cause, quand nous traiterons des changements ou des révolutions qui arrivent dans les gouvernements.

9. On peut se convaincre encore que l'état où les citoyens vivent dans la médiocrité est aussi le mieux administré, parce qu'il est le seul qui soit exempt de troubles et de séditions. Car, il doit y avoir très-peu de pareils désordres, partout où la classe moyenne est nombreuse; et c'est précisément pour cela que les grands états sont moins exposés aux séditions. Au lieu que, dans les petits états, il arrive facilement que la masse entière des citoyens se divise en deux partis; parce que presque tous sont ou riches ou pauvres, et qu'il ne reste plus de parti mitoyen. Les démocraties sont aussi moins exposées aux révolutions, et plus durables que les oligarchies, à cause du moyen ordre des

citoyens ; car, il y en a plus qui sont à même de participer aux honneurs et de s'occuper de l'administration, dans les démocraties, que dans les oligarchies. Aussi, lorsque la multitude des pauvres est devenue excessive, dans une oligarchie ainsi dépourvue de classes moyennes, les désordres et la licence naissent de toutes parts, et l'état ne tarde pas à périr.

10. Il faut encore regarder comme une preuve de la vérité de cette assertion, que les meilleurs législateurs ont été des hommes d'une condition médiocre. Car, Solon était dans ce cas, comme on le voit par ses poésies (1) ; et Lycurgue aussi, puisqu'il n'était pas roi (2) ; et Charondas (3), et la plupart des autres. On voit encore, par tout ce que nous venons de dire, pourquoi il y a des gouvernements qui sont aristocratiques, et d'autres qui sont oligarchiques. Car, comme la classe moyenne y est ordinairement peu nombreuse, soit que la supériorité de forces se trouve dans ceux qui possèdent les richesses, soit qu'elle se rencontre dans le peuple, c'est toujours l'une de ces deux classes, qui sort de l'état médiocre ou mitoyen, qui dirige

---

(1) Plutarque, dans la vie de Solon (c. 2), cite des vers de ce célèbre Athénien, où lui-même rend témoignage de la médiocrité de sa fortune.

(2) Plutarque (*in Lycurg.* c. 3) dit qu'il régna, en tout, huit mois.

(3) Heyne, dans ses *Opuscula academica* (to. 2, p. 261), ne cite, sur la condition de Charondas, que cet endroit d'Aristote.

les affaires au gré de ses désirs; en sorte qu'il en résulte toujours, ou une démocratie, ou une oligarchie.

11. Outre cela, par l'effet des dissensions et des querelles qui s'élèvent entre le peuple et les riches, quel que soit celui des deux partis qui parvient à triompher de l'autre, il n'en profite pas pour établir un gouvernement égal, et dans l'intérêt de tous; mais il s'empare de la domination sur l'autre, comme étant le prix de sa victoire; et [en pareil cas] les uns établissent une démocratie, les autres une oligarchie. Aussi, entre les deux peuples qui ont successivement obtenu le commandement de toute la Grèce, chacun ne considérant que la constitution qui existait chez lui, l'un s'est constamment appliqué à établir la démocratie dans tous les états, et l'autre à y établir l'oligarchie, considérant uniquement son propre intérêt, et non pas celui de ces mêmes états.

12. De sorte que, par toutes ces causes, il n'a jamais existé une véritable forme moyenne de gouvernement, ou du moins elle a existé bien rarement, et chez un bien petit nombre de peuples. Car, il ne s'est rencontré qu'un seul homme (1),

____

(1) Parmi les divers commentateurs et traducteurs de ce traité, les uns ont pensé que ce *seul homme*, que notre philosophe ne fait qu'indiquer ici, sans le nommer, était Gélon, roi de Syracuse, au sujet duquel Élien (*Var. Hist.* l. 6, c. 11, et l. 13, c. 37) fait deux récits assez contradictoires. Les autres ont cru que c'était Théopompe, roi de Lacédémone, qui insti-

parmi ceux qui anciennement ont eu l'autorité sur leurs concitoyens, qui ait conçu la pensée de leur donner une telle constitution. Les hommes ont dès long-temps contracté l'habitude de ne pouvoir supporter l'égalité ; au contraire, ils ne cherchent qu'à commander, ou à se résigner au joug de ceux qui ont le pouvoir. On voit donc clairement, par tout ceci, quelle est la meilleure forme de gouvernement, et par quelle cause elle est la meilleure.

13. Mais, quand on a défini celle-ci, il n'est pas difficile de voir, parmi les autres constitutions (puisque nous reconnaissons plusieurs sortes de démocratie et d'oligarchie), quelle est celle qu'il faut mettre au premier rang, et celle à qui il faut assigner le second, en suivant le même mode d'examen. Car, celle qui se rapproche le plus de la meilleure, doit nécessairement être préférable ; et celle qui s'éloigne davantage du juste milieu,

---

tua le tribunal des Éphores ; d'autres que c'était Clisthène. (Voy. ci-dessus la note de la page 156.) Enfin, Schneider, dans les additions à son édition de ce traité d'Aristote (to. 2, p. 487), réfutant ces diverses conjectures, soupçonne, de son côté, que notre philosophe a voulu parler de Thésée, qui, suivant ce que dit Plutarque (*in Thes.* c. 24), fut le premier roi qui se montra favorable au peuple, et abdiqua la royauté, pour se vouer à la défense des opprimés, comme le remarque aussi Isocrate (*Panathen.* § 49, 50). Cette opinion est sans doute plus probable qu'aucune de celles qui ont été proposées avant Schneider, mais ce n'est, et ce ne peut jamais être, qu'une conjecture qui laisse toujours quelque place à l'incertitude.

doit être plus mauvaise, à moins qu'il ne s'agisse d'en juger relativement à un état de choses déterminé, et dans une hypothèse donnée. Je dis dans une hypothèse donnée, parce que, bien qu'une certaine constitution fût préférable, il arrive souvent qu'une constitution différente de celle-là peut être plus avantageuse à certains états.

X. Un sujet qui se rattache immédiatement à celui que nous venons de traiter, c'est l'examen des qualités ou des conditions propres à la constitution qui convient à la nature et au caractère de tel ou tel peuple. Mais il faut d'abord considérer ce qui convient, en général, à toutes les formes de gouvernement. En effet, il faut que la portion des citoyens qui veut le maintien de la constitution, soit plus puissante que celle qui ne le veut pas. Or, toute société politique se compose de deux éléments, qualité et quantité. J'entends par qualité, la liberté, la richesse, l'instruction, la noblesse; et par quantité, la supériorité du nombre dans le peuple.

2. Cependant, il peut arriver que la qualité se rencontre dans la seconde des deux parties dont se compose une cité; et la quantité, dans la première. Par exemple, il est possible que les hommes sans noblesse soient plus nombreux que les nobles, ou les pauvres plus nombreux que les riches : mais que pourtant ils ne l'emportent pas autant, sous le rapport de la quantité, qu'ils sont inférieurs sous celui de la qualité; et, par cette raison, il faut comparer entre eux ces divers avantages.

18.

Partout donc où la multitude des pauvres l'emporte, suivant la proportion que nous venons de dire , il doit naturellement y avoir une démocratie; et chaque espèce de démocratie doit s'y établir, à raison de la supériorité numérique de chaque classe du peuple. Par exemple, si c'est la multitude des laboureurs qui est la plus nombreuse, ce sera la première espèce de démocratie; si c'est celle des artisans et des mercenaires, ce sera la dernière espèce; et il en sera de même pour les espèces intermédiaires entre ces deux-là.

3. Mais, partout où la classe des riches et des hommes distingués a une supériorité plus marquée, sous le rapport de la qualité, qu'elle n'est inférieure sous celui de la quantité, là doit s'établir l'oligarchie; et pareillement, chaque espèce d'oligarchie, à raison du genre de supériorité qui distingue la classe oligarchique. Cependant, le législateur doit toujours admettre dans le gouvernement les hommes d'une condition moyenne : car, c'est cette classe de citoyens qu'il doit avoir en vue, si les lois qu'il établit sont oligarchiques; et si elles sont démocratiques, c'est encore au moyen ordre des citoyens qu'il doit les adapter.

4. Lorsque la classe moyenne l'emporte par le nombre, ou sur les deux classes extrêmes, ou sur l'une d'elles seulement, il en peut résulter une équilibre durable du gouvernement. Car, il n'y a pas lieu de craindre que jamais les riches et les pauvres conspirent contre la classe intermédiaire, attendu que jamais les uns ne consentiront à se

voir asservis par les autres. Si donc ils cherchent la constitution la plus convenable à la masse entière des citoyens, en général, ils n'en sauraient trouver d'autre que celle-là. Car, ils ne s'accorderont jamais à exercer tour-à-tour le pouvoir, à cause de la défiance où ils sont les uns des autres; au lieu que partout un arbitre est l'homme qui inspire le plus de confiance. Or, l'arbitre est celui qui se trouve dans une situation moyenne; par conséquent, plus le mélange des partis dans l'état sera parfait, plus le gouvernement sera durable.

5. Une faute que commettent la plupart de ceux qui veulent établir des constitutions aristocratiques, c'est non-seulement d'accorder trop de prérogatives aux riches, mais aussi de chercher à tromper le peuple. Car, à la longue, il faut nécessairement qu'il résulte un mal véritable des biens illusoires [par lesquels on cherche à le séduire]. En effet, les prétentions excessives et la cupidité des riches sont plus propres à détruire la constitution, que celles du peuple.

6. Or, tous les artifices par lesquels on cherche à le rendre dupe de prétextes spécieux, sont au nombre de cinq, et se rapportent aux assemblées générales, aux magistratures, aux tribunaux, au service militaire, et aux exercices du gymnase. Et d'abord, relativement aux assemblées générales, [on trompe le peuple] lorsque, tous les citoyens ayant le droit d'y assister, on n'impose une amende qu'aux riches qui s'en exemptent, ou lorsqu'on les

soumet à une amende beaucoup plus considérable; relativement aux magistratures, quand on ne permet pas à ceux qui ont un revenu déterminé de s'en affranchir par serment, tandis qu'on le permet aux pauvres; et, relativement aux fonctions judiciaires, quand on fait payer l'amende aux riches qui négligent de les remplir, tandis qu'on en exempte les pauvres; ou bien, quand l'amende est très-forte pour les uns, et très-faible pour les autres, comme on le voit dans les lois de Charondas.

7. Dans quelques républiques, tous ceux qui se sont fait inscrire sur les registres publics, ont le droit de délibérer dans l'assemblée générale, et de siéger dans les tribunaux de justice; mais s'ils n'exercent pas leurs droits, après s'être fait inscrire, ils sont condamnés à de grosses amendes; ce qui a pour but tout à la fois d'empêcher les citoyens pauvres de se faire inscrire, à cause de l'amende dont ils sont menacés, et de les exclure des assemblées et des tribunaux, à défaut d'inscription sur les registres. Les lois qui concernent le droit d'avoir des armes, ou de suivre les exercices du gymnase, sont établies dans les mêmes vues : car il est permis aux pauvres de n'avoir point d'armes; et l'on condamne les riches à l'amende quand ils négligent de s'en procurer; les premiers ne sont soumis à aucune peine, s'ils négligent les exercices du gymnase, et les riches sont condamnés pour le même fait : afin que ceux-ci, par crainte de l'amende, aient soin de s'exercer, et que ceux-là, n'ayant rien à craindre, négligent de se procurer

un pareil avantage (1). Tels sont les artifices de la
législation dans le système de l'oligarchie.

8. Mais, dans les démocraties, on a recours à d'autres artifices en sens contraire: car on donne un
salaire aux citoyens pauvres, quand ils assistent
aux assemblées, ou quand ils siégent dans les tribunaux, et l'on n'impose point d'amende aux riches, quand ils y manquent. Par où il est facile
de voir que si l'on veut faire de ces institutions
un juste mélange, il faut réunir celles qui sont
admises de part et d'autre, et accorder un salaire
aux pauvres, tandis qu'on imposera une amende
aux riches. Car c'est là le moyen de les faire participer tous au gouvernement; au lieu que, de
l'autre manière, ce n'est plus que le gouvernement
de l'une des deux parties. D'un autre côté, il faut
sans doute que la république ne se compose que
de ceux qui ont des armes; mais, quant à la quotité du cens [qu'il convient d'exiger pour constituer
le droit de cité], il n'est guère possible de déterminer d'avance, et en général, ce qu'elle doit être;
mais on ne doit la fixer qu'après avoir considéré
quelle est la plus grande extension qu'elle puisse
atteindre, pour que ceux qui participent au gou-

----

(1) Suivant les lois de Solon, les Athéniens devaient cultiver
avec soin les exercices de la gymnastique, comme l'observe
Platon, dans le *Criton* (c. 12). Lorsque ensuite la démocratie
devint plus forte que les lois, les exercices furent fort négligés
par le peuple. (Voyez Xénophon *De. Rep. Athen.* c. 1, § 13, et
De Vectigal. c. 4, § 52.) Aristophane (*In Ran.* vs. 1069) fait
aussi la même observation.

vernement soient en plus grand nombre que ceux qui n'y participent pas.

9. Car les pauvres, et ceux qui sont exclus des emplois publics, sont assez disposés à rester en repos, si on ne les outrage pas, et si on ne les dépouille pas de ce qu'ils possèdent. Mais cela n'est pas facile : car il n'arrive pas toujours que les hommes qui sont à la tête du gouvernement, soient d'un caractère doux et bienveillant. Et communément, lorsqu'on est en guerre, les citoyens pauvres n'ont que peu d'ardeur [pour la défense du pays], si l'on ne pourvoit pas à leur subsistance ; et si on leur fournit les moyens de vivre, ils ne demandent pas mieux que de s'exposer aux dangers.

10. Au reste, chez certains peuples, la république se compose non-seulement de ceux qui portent les armes, mais aussi de ceux qui ont cessé de les porter. Chez les Maliéens, par exemple, cela était ainsi ; mais on choisissait les magistrats parmi ceux qui faisaient actuellement partie de l'armée. Et chez les Grecs, la première république qui s'établit, après l'abolition de la royauté, fut composée de guerriers. Et même ce furent, au commencement, des cavaliers ; car la cavalerie était la principale force, et assurait la supériorité dans les combats. L'infanterie n'est pas, en effet, d'un grand secours, quand elle combat sans méthode et en désordre. Or, dans les anciens temps, on n'avait ni l'expérience ni la méthode nécessaires pour s'en servir avec succès, en sorte que toute la force était dans la cavalerie.

11. Mais, lorsque les états se furent accrus, et que la force de l'infanterie fut devenue prépondérante, on admit plus de personnes dans le gouvernement. C'est pour cela qu'on appela d'abord démocraties ce que nous appelons aujourd'hui des républiques. Et il était naturel que les anciennes républiques fussent oligarchiques et royales, car, vu le peu de population, la classe moyenne n'y était pas nombreuse; tellement que, le nombre des habitants étant peu considérable et ne pouvant pas fournir une cavalerie redoutable (1), ils se soumettaient plus volontiers au joug de l'obéissance. Nous avons donc fait connaître pourquoi il y a plusieurs sortes de républiques, et pourquoi il y en a d'autres, outre celles dont on a parlé (car il n'y a pas qu'une seule espèce de démocratie, et il en est de même des autres formes) : nous en avons fait voir aussi les différences, et à quelles causes elles sont dues; enfin nous avons fait connaître quelle est la meilleure constitution, au moins le plus généralement; et nous avons dit quelle est, parmi les autres, celle qui convient à tel ou tel peuple en particulier.

XI. Après avoir parlé de ces formes, en général, et avoir traité de chacune à part, examinons les conséquences qui en résultent, en remontant, pour

---

(1) J'ai adopté ici le sens proposé par Mr Coray, qui a développé avec quelque étendue, dans ses remarques, les expressions un peu obscures de cette phrase. Voyez l'édition grecque de ce savant, p. 294.

chacune d'elles, au principe qui lui est propre. Or, il y a dans tout gouvernement, trois parties dont un sage législateur doit consulter l'intérêt et la convenance particulière. Quand elles sont bien constituées, le gouvernement est nécessairement bon, et ce sont précisément les différences qui se trouvent entre ces parties, qui constituent les gouvernements divers. L'une est la partie chargée de délibérer sur les affaires publiques, la seconde est celle qui exerce les magistratures, à l'occasion de quoi il faut régler quelles sont celles qu'on doit établir, quelle doit être leur autorité, et comment il faut élire les magistrats. La troisième est celle qui est chargée de rendre la justice. La partie délibérante décide de la guerre et de la paix, des alliances et des traités, fait les lois, et prononce la peine de mort, ou l'exil, ou la confiscation, et reçoit les comptes des agents comptables.

2. Or, il faut nécessairement que la décision de toutes ces choses soit attribuée à tous les citoyens, ou seulement à quelques-uns; par exemple, à quelque magistrat unique, ou bien à plusieurs; ou les unes aux uns, et les autres aux autres; ou quelques-unes à tous, et d'autres à un certain nombre de citoyens. Au reste, accorder à tous le droit de prononcer sur tout, est essentiellement conforme à l'esprit de la démocratie, car c'est là l'espèce d'égalité à laquelle le peuple aspire sans cesse.

3. Cependant, il y a plusieurs manières de donner à tous les citoyens la décision des affaires: l'une est de les appeler à prononcer à tour de rôle,

et non tous à la fois, et c'est ainsi que cela est établi dans la *République* de Téléclès de Milet. Dans d'autres gouvernements, les délibérations se font dans des conseils ou colléges des magistrats; mais les fonctions publiques de tout genre sont confiées à tous les citoyens tour-à-tour, et les diverses tribus, jusqu'aux plus petites divisions, sont appelées à l'exercice des différentes charges, jusqu'à ce que tous y aient pris part. D'ailleurs, il n'y a d'assemblée générale de tout le peuple, que lorsqu'il s'agit de faire des lois, ou des réglements particuliers, ou de proclamer les ordonnances des magistrats.

4. Une autre manière, c'est de faire délibérer la masse des citoyens; mais de ne les réunir que pour donner leur vote dans l'élection des magistrats, pour les actes législatifs, et pour délibérer sur la guerre et sur la paix, ou sur la gestion des comptables. Pour tout le reste, on s'en remet aux magistrats préposés pour chaque objet, et qui d'ailleurs peuvent être pris, par voie d'élection, dans toutes les classes, ou tirés au sort. Une autre manière encore, c'est de n'assembler les citoyens que pour les élections et la reddition des comptes, pour délibérer sur la guerre et sur les alliances, et de laisser tout le reste à la discrétion de toutes les magistratures qui peuvent être électives : or, ce sont toutes celles dont l'exercice exige nécessairement de l'instruction et de l'expérience.

5. Une quatrième méthode, c'est de soumettre toutes les affaires aux délibérations de tout le peuple réuni, en sorte que les magistrats ne peuvent

prendre de décision sur aucun objet, et ne font que préparer les décisions de l'assemblée générale. C'est ainsi que les choses se passent de nos jours dans la pure démocratie, ou dans la dernière espèce de cette forme de gouvernement qui, suivant nous, correspond à l'oligarchie la plus arbitraire, ou à la monarchie tyrannique. Ce sont là tous les divers modes du gouvernement démocratique.

6. Mais, la décision de toutes les affaires entre les mains de quelques-uns, voilà l'oligarchie. Cependant il s'y trouve aussi plusieurs différences. Car, lorsque ces individus sont éligibles, sous la condition d'un cens déterminé et peu considérable, lorsqu'ils sont en assez grand nombre, à cause de la modicité du cens exigé, qu'ils ne changent rien à ce qui est établi et garanti par la loi, mais qu'au contraire ils s'y conforment, et que tout homme qui possède le revenu exigé peut prendre part au gouvernement ; c'est bien une oligarchie, mais qui se rapproche de la république, par le caractère de modération qui y règne. Lorsque tous ne participent pas aux délibérations, mais que ce sont seulement des hommes choisis, et qui exercent l'autorité en se conformant à la loi, comme dans le cas précédent, c'est encore un gouvernement oligarchique. Mais, lorsque ceux qui seuls ont droit de délibérer se choisissent entre eux, que le fils succède à son père, et qu'ils sont maîtres de faire les lois à leur gré, nécessairement un pareil ordre de choses est ce qu'il y a de plus oligarchique.

7. Quand les décisions relatives à de certaines

choses, comme la paix et la responsabilité des comptables, sont attribuées à tous les citoyens, et que des magistrats élus, ou nommés par la voie du sort, ont la décision des autres choses, c'est ce qu'on appelle aristocratie, ou république. Mais, si des magistrats nommés par voie d'élection ont la décision de quelques affaires, tandis que d'autres sont attribuées à ceux qui ont été tirés au sort; et s'ils sont tirés au sort, ou indistinctement parmi tous les citoyens, ou seulement dans une classe choisie et déterminée; ou s'ils sont tous à la fois nommés par élection et par la voie du sort, alors c'est un gouvernement qui tient en partie de l'aristocratie, et en partie de la république proprement dite. Telles sont donc les variétés qu'introduit dans les constitutions l'organisation du corps délibérant, et la manière dont chaque gouvernement est administré, est conforme aux différences que nous avons signalées.

8. Il serait avantageux, dans la démocratie, surtout telle qu'on l'entend aujourd'hui (je veux dire celle où le peuple est maître, même des lois), pour donner plus de perfection aux délibérations, de faire ce qu'on fait dans les aristocraties, à l'égard des tribunaux. En effet, on y prescrit des amendes contre ceux qu'on veut voir assidus aux jugements, afin qu'ils ne négligent pas de rendre la justice; tandis que, dans les démocraties, on accorde une rétribution aux pauvres; il serait, dis-je, avantageux de faire la même chose à l'égard des assemblées générales. Car il y aura plus de sagesse dans

les délibérations, quand tous y prendront part ;
quand le peuple délibérera avec les citoyens les
plus distingués, et ceux-ci avec la multitude. Il y
aurait aussi de l'avantage à n'admettre aux délibérations que des hommes qu'on élirait, ou qu'on ti-
rerait au sort, également dans toutes les classes de
citoyens. Enfin, il serait utile, (dans le cas où le
nombre des gens du peuple surpasserait de beaucoup celui des hommes intelligents et instruits dans
la science du gouvernement,) ou de ne pas accorder de rétribution à tous, mais seulement dans une
proportion déterminée, par rapport au nombre des
citoyens distingués, ou bien d'en faire désigner
par le sort une certaine quantité [qui seuls pren-
draient part à la délibération].

9. D'un autre côté, dans les gouvernements oligarchiques, il faudrait, ou choisir dans le peuple un
certain nombre de personnes qui seraient admises
aux délibérations, ou, en constituant une magistrature, comme il y en a dans quelques républiques, composée de ceux qu'on appelle rapporteurs
[chargés de préparer les sujets de discussion] et
gardiens des lois, mettre en délibération les affaires
sur lesquelles ils feraient leur rapport. Car, de cette
manière, la multitude aura part aux conseils, sans
pouvoir abolir aucune partie essentielle de la constitution. On pourrait statuer encore que le peuple confirmât par ses décrets les propositions qui
lui seraient faites, ou au moins ne décrétât rien
qui y fût contraire. Enfin, on pourrait accorder à
tous les citoyens le droit d'être consultés, en lais-

sant aux seuls magistrats la faculté de prendre une résolution définitive.

10. Il faudrait aussi faire le contraire de ce qui se pratique dans les républiques : car, quand le peuple absout un accusé, il faut que sa résolution ait toute autorité, et non pas quand il condamne ; mais on doit, dans ce cas, renvoyer l'affaire aux magistrats. C'est, en effet, tout l'opposé de ce qui a lieu dans les républiques ; car le petit nombre y est maître d'absoudre un accusé, et non de le condamner : dans ce cas, l'affaire est toujours remise à la décision du plus grand nombre.

XII. En voilà sans doute assez pour faire connaître ce que c'est que le corps délibérant, et par conséquent le souverain, dans un gouvernement. La question relative à la division des magistratures tient immédiatement à celle que nous venons de traiter : car cette partie de la constitution des états présente aussi de nombreuses différences, soit sous le rapport du nombre des magistratures diverses, soit sous celui de l'étendue des pouvoirs, ou de la durée des fonctions. Combien de temps pour chacune? Les uns veulent qu'elles ne se prolongent pas plus de six mois, d'autres moins encore; ceux-ci veulent que les magistratures soient annuelles, ceux-là, qu'elles durent plus long-temps. Enfin, faut-il qu'elles soient à vie, ou pour un temps très-long, ou ne faut-il ni l'un ni l'autre? Peut-on y appeler plusieurs fois les mêmes personnes, ou vaut-il mieux que la même personne ne soit pas chargée deux fois des mêmes fonctions, mais une fois seulement ?

2. Quant à la nomination ou à l'élection aux magistratures, [il y a encore à considérer] qui doit les remplir, par qui et comment ceux-là doivent être nommés. Car il faut qu'on puisse avoir des idées précises sur toutes ces choses, qu'on sache de combien de manières elles peuvent se faire, et qu'ensuite on puisse adapter à chaque mode de gouvernement les conditions particulières qui lui sont avantageuses. Il n'est pas facile non plus de déterminer quels sont ceux qu'il faut appeler magistrats : car la société politique a besoin de plusieurs chefs, et c'est pour cela qu'il ne faut pas considérer comme tels tous ceux qui sont élus par la voie des suffrages, ni tous ceux qui sont tirés au sort. Et d'abord les prêtres, par exemple : car on doit reconnaître que leurs fonctions sont autre chose que celles des magistrats civils. Ajoutons-y les Chorèges (1) et les hérauts ; et aussi les ambassadeurs, qui sont nommés par voie d'élection.

3. Mais, entre les fonctions civiles, il y en a dont l'autorité s'étend sur tous les citoyens, et qui ont pour but une certaine action ; telle est, par exemple, celle du *Stratège* [ou général d'armée] quand on est en guerre. D'autres ne sont relatives qu'à quelque partie des citoyens, comme les fonctions du *Gynéconome* [directeur ou inspecteur de l'éducation des femmes] et du *Pædonome* [inspecteur de l'éducation

---

(1) Ceux qui faisaient la dépense des *chœurs* de danse ou de musique.

des enfants]. Il y en a de relatives à l'économie : car souvent on élit des préposés au mesurage des grains; enfin, il y a des fonctions publiques tout à fait serviles, et quand l'état est dans l'opulence, ce sont des esclaves qu'on en charge. Cependant, il faut, à proprement parler, donner le nom de magistrats, à tous ceux qui sont dans le cas de délibérer sur certains objets, de juger et d'ordonner; ce dernier point, surtout, est celui qui caractérise davantage l'autorité. Au reste, cela ne fait rien, pour ainsi dire, dans la pratique; car on n'est pas bien d'accord sur le sens qu'il faut attacher au mot de magistrat, mais [sa véritable signification] peut être l'objet de quelque recherche [plus étendue].

4. Quelles sont les magistratures nécessaires pour qu'une société existe, et en quel nombre les faut-il? combien y en a-t-il qui, sans être nécessaires, sont cependant utiles dans un état bien réglé? voilà des questions assez difficiles à résoudre pour toute espéce de gouvernement, et surtout pour les petits états. Car, dans les grands, on doit attacher une seule magistrature à une seule espèce de fonctions; et cela est possible, puisque beaucoup de gens peuvent arriver aux emplois, attendu le grand nombre des citoyens : de sorte qu'il y en a qui sont un long temps sans y parvenir, et d'autres qui n'y arrivent qu'une fois. Au reste, chaque fonction est bien mieux remplie par les soins d'un homme qui ne fait que cette chose là, que par celui qui en a plusieurs à faire.

Tome II.   19

5. Au lieu que, dans les petits états, on est forcé de réunir plusieurs emplois sur un petit nombre de personnes; parce que le peu de population fait qu'il n'est pas facile de trouver beaucoup de gens à qui donner les emplois. D'ailleurs, qui trouverait-on pour les remplacer? Cependant, les petits états ont quelquefois besoin des mêmes magistratures que les grands; excepté que ceux-ci sont souvent dans le cas d'y avoir recours, tandis que cela n'arrive guère à ceux-là, que dans un long intervalle de temps. Voilà pourquoi rien n'empêche qu'on ne se charge de plusieurs fonctions à la fois, car elles ne s'entraveront point les unes les autres; et la disette d'hommes oblige à faire que les charges soient (s'il le faut ainsi dire) des outils à deux fins (1).

6. Si donc nous pouvons dire combien il faut nécessairement d'emplois publics dans tout état, et combien il doit y en avoir, quoiqu'ils ne soient pas d'une nécessité indispensable : il sera plus facile, quand on le saura, d'en conclure quels sont ceux qu'on peut réunir sous une seule magistrature. Pourtant, il ne faut pas négliger de connaître quels

---

(1) Ὀϐελισκολύχνια. Apparemment des piques, ou lances auxquelles on adaptait une lanterne ou un flambeau. Aristote s'est encore servi de ce mot, dans le traité intitulé : *De Partibus animalium* (l. 4, c. 6). Pollux (l. 10, sect. 118) dit que c'étaient des instruments à l'usage des soldats, et cite, à ce sujet, deux vers du poète Théopompe, tirés d'une comédie intitulée *la Paix*, et où le mot ξιφομάχαιρα est joint au mot ὀϐελισκολύχνιον. Sur quoi l'on peut voir encore un passage d'Athénée (l. 15, p. 701), et la note de la page 6 de ce volume.

sont, suivant les lieux, les colléges de magistrats (1) qui doivent embrasser la surveillance de plusieurs objets, et sur quelles choses il convient qu'une même magistrature ait une autorité absolue. Par exemple, si c'est l'inspecteur du marché qui doit y faire la police, et si ce doit être ailleurs un autre officier public, ou partout le même? Si les fonctions doivent être distinguées, par rapport à la chose et aux personnes; c'est-à-dire, si un magistrat unique doit être chargé de la police, ou s'il en faut un pour les enfants, et un pour les femmes?

7. Quant aux divers gouvernements, y a-t-il quelque différence relative à chacun d'eux, dans les magistratures de même genre, ou n'y en a-t-il aucune? ainsi, dans la démocratie, dans l'oligarchie, dans l'aristocratie et dans la monarchie, sont-ce les mêmes autorités qui ont tout pouvoir, quoique n'étant pas composées d'hommes égaux ni semblables, mais différents pour chacune de ces formes: puisque, en effet, dans l'aristocratie ce sont les citoyens sages et éclairés, dans l'oligarchie les riches, et dans la démocratie les hommes libres? ou bien se trouve-t-il des différences essentielles et intimes entre

____

(1) Le mot grec ἀρχεῖαν, que je traduis par *collége de magistrats* (chargés d'un même genre d'affaires ou de surveillance), correspond aussi, à quelques égards, à ce que nous appelons, en français, *département*, comme lorsque nous disons le *département de la marine*, *de la guerre*, etc., ainsi que l'a remarqué Mr Coray, dans ses notes (p. 295).

19.

quelques-unes de ces sortes de hautes fonctions, en sorte qu'il y ait des cas où les mêmes magistratures se ressemblent, et des cas où elles diffèrent : puisque ici, il convient qu'elles soient grandes et imposantes, et là, qu'elles ne soient pas accompagnées d'un grand appareil ?

8. Ajoutons à cela qu'il y en a qui ont un caractère spécial et particulier ; telle est, par exemple, l'institution des *Rapporteurs* (1) [chargés de préparer les sujets de délibération], car elle n'est pas démocratique : au contraire, c'est la délibération ou la discussion immédiate, qui est essentiellement populaire. Cependant, il est nécessaire qu'il y ait quelque commission de ce genre, chargée de préparer le travail de la délibération, afin que le peuple puisse n'être pas trop distrait de ses occupations. Mais, si cette commission se compose de peu de personnes, ce sera une institution oligarchique ; or, il n'est jamais possible qu'elle soit fort nombreuse : en sorte qu'elle est bien réellement oligarchique. Au reste, partout où les deux sortes d'autorités existent, les rapporteurs ont plus de pouvoir que les simples membres du conseil : car le conseil est une institution populaire, et la commission chargée des rapports est une institution oligarchique.

----

(1) Ces *Rapporteurs* ou conseillers (πρόβουλοι), sont mentionnés encore par notre auteur, dans sa *Rhétorique* (l. 3, c. 18). Ce furent eux qui établirent à Athènes le gouvernement oligarchique des Quatre-Cents, vers l'an 411 avant J.-Chr., dans le cours de la guerre du Péloponnèse.

9. Cependant, le pouvoir du conseil général ne tarde pas à se détruire dans les démocraties, où le peuple assemblé traite de toutes les affaires ; mais cela n'arrive guère que lorsque le peuple jouit d'une sorte d'aisance, ou lorsqu'on peut accorder une rétribution à ceux qui assistent aux délibérations. Alors, en effet, les citoyens ayant du loisir, peuvent se réunir fréquemment, et décident de tout par eux-mêmes. Quant à l'inspection sur l'éducation des enfants, sur la conduite des femmes, et aux autres fonctions de ce genre, qui donnent une grande autorité sur de tels objets, c'est une institution aristocratique, et qui n'est nullement populaire. Car, comment empêcher les femmes des pauvres de sortir de chez elles ? Ici même, le principe de l'oligarchie est en défaut : car [dans cette espèce de gouvernement] les femmes des chefs de l'état se livrent ordinairement à toutes sortes de désordres. Mais en voilà assez, quant à présent, sur ce sujet.

10. Essayons maintenant de remonter aux principes sur lesquels se fonde l'établissement des magistratures. Or, leurs divers caractères dépendent de trois conditions, dont les combinaisons doivent nécessairement donner tous les différents modes d'existence de ces autorités. L'une de ces trois conditions, c'est de savoir qui sont ceux qui doivent nommer aux magistratures. La seconde, qui sont ceux qu'on doit y appeler ; et enfin de quelle manière on doit procéder à leur nomination. Mais chacune de ces conditions peut admettre quelque différence : car, ou ce sont tous les citoyens qui con-

courent à la nomination d'un magistrat, ou seulement quelques-uns : ou tous peuvent être élus, ou seulement quelques-uns, à des conditions précises de cens, de naissance, de vertu, ou de telle autre circonstance de ce genre : comme à Mégare (1), où l'on n'admettait aux charges que ceux qui, ayant émigré, étaient revenus en force dans la ville, et avaient combattu contre le peuple; et, dans tous ces cas, on peut procéder par la voie de l'élection, ou par celle du sort.

11. Ces conditions peuvent, d'un autre côté, se combiner deux à deux : je veux dire, celle qui exige le concours de quelques-uns, ou celui de tous; celle en vertu de laquelle on admet seulement quelques citoyens, ou on les admet tous ; et enfin la voie de l'élection, ou la voie du sort. Mais d'ailleurs, chacune de ces diversités peut admettre quatre modes divers d'exécution: car, tous peuvent prendre les magistrats entre tous, par élection ou par sort; et ils peuvent les prendre entre tous, ou successivement et par parties, par exemple, par tribus, par bourgs, par phratries, jusqu'à ce que l'on ait épuisé toutes les classes de citoyens; ou bien on peut toujours les prendre dans la masse du peuple tout entier; et tantôt d'une façon (par élection), tantôt de l'autre (par sort). Il y a encore le cas où quel-

---

(1) Aristote, dans sa *Poétique* (c. 3, § 5), parle du gouvernement démocratique qui avait existé à Mégare, et dans le livre suivant de ce traité (c. 6), de la révolution qui y changea cet ordre de choses.

ques-uns seulement prennent les magistrats entre tous les citoyens, par élection, ou entre quelques-uns, par sort. En sorte qu'il en résulte douze modes d'établissement, indépendamment de la double combinaison deux à deux.

12. Or, entre ces modes de nomination, il y en a deux qui sont populaires, c'est lorsque tous peuvent prendre les magistrats dans la totalité des citoyens, par sort ou par élection : ou par ces deux moyens à la fois, certains magistrats devant être nommés par le sort, et d'autres par le choix des citoyens. Au contraire, quand tous ne concourent pas à la nomination des magistrats, qu'ils soient pris entre tous, ou dans une partie seulement, par sort ou par élection ; ou que certaines magistratures soient accessibles à tous, et d'autres à quelques-uns seulement, par les deux procédés à la fois, c'est-à-dire par la voie de l'élection pour les uns, et par la voie du sort pour les autres : c'est une institution républicaine. Et que ce soit une classe de citoyens qui prenne les magistrats dans la masse du peuple, soit par élection, soit par la voie du sort, ou des deux manières, c'est-à-dire par la voie de l'élection pour certaines magistratures, et par la voie du sort pour d'autres : cela est oligarchique ; et plus encore, quand on emploie les deux manières.

13. La condition de prendre certains magistrats parmi tous les citoyens, et d'autres, seulement dans une certaine classe, ou d'en nommer quelques-uns par élection, et d'autres par le sort, est

une institution républicaine, mais qui se rapproche de l'aristocratie. Mais le droit exclusif pour quelques-uns de prendre dans une classe déterminée, soit par sort, soit par élection, soit des deux manières, est oligarchique. Le privilége pour quelques-uns de choisir parmi tous, n'est pas oligarchique; et le droit accordé à tous de choisir parmi quelques-uns est aristocratique. Tel est donc le nombre des modes divers de nomination aux magistratures, et c'est ainsi qu'ils se divisent, relativement aux diverses formes de gouvernement. Il sera facile de voir (d'après cela), ce qui peut être utile ou avantageux à telle ou telle forme, comment il convient d'organiser les constitutions, et, en même temps, quel degré de puissance il convient de donner aux magistratures. Or, j'entends par degré d'autorité d'une magistrature, par exemple, le droit de disposer des revenus, ou des forces militaires de l'état; car c'est une sorte d'autorité fort différente, sans doute, de celle qui donne le commandement de l'armée, et de celle qui prononce, dans les tribunaux, sur les transactions entre particuliers.

XIII. Entre les trois parties constitutives de tout état, il nous reste à parler du corps judiciaire. Or, on peut en reconnaître les divers modes d'existence, en suivant la même méthode que nous avons déja employée. Les tribunaux peuvent être différents, suivant trois conditions; savoir : les personnes qui les composent, la nature des objets qui leur sont soumis, le mode de la nomination des juges. J'entends par les personnes qui les composent, savoir si elles seront prises parmi tous les citoyens, ou seulement dans une certaine classe. Mais la nature des objets est ce qui détermine le nombre des espèces de tribunaux; et j'entends par le mode d'établissement, savoir s'ils sont nommés par la voie de l'élection, ou par le sort. Commençons par déterminer le nombre des espèces de tribunaux. On peut en compter jusqu'à huit : celui qui juge les agents comptables ; celui qui prononce sur les délits publics (1); celui qui prononce dans tous les cas où la constitution est intéressée (2); celui qui décide entre les simples particuliers et les magistrats, dans les cas où il y a contestation, au sujet des peines ou des punitions [imposées par ceux-ci]; celui qui juge les procès relatifs aux transactions entre particuliers, et qui ont quelque importance; et, outre cela, le tribunal pour les étrangers, et celui qui connaît des accusations de meurtre.

2. Les espèces en ce genre (soit que le jugement de toutes soit soumis aux mêmes juges, soit qu'on

---

(1) C'est ce qu'on appellait, chez les Athéniens, δημόσια ἀδικήματα, comme concussion, infidélité dans l'administration des deniers publics, dans la gestion d'une tutelle, etc. Voyez Pollux (l. 8, sect. 47).

(2) C'était le cas de l'accusation appelée γραφὴ παρανόμων, chez les Athéniens, dont le cas le plus grave était la tendance à changer la forme du gouvernement, ou à abolir la démocratie. Voyez Pollux (l. 6, sect. 152 et 154), et les prolégomènes de Mr Volf ad Demosthen. Leptin. Orat.

ait des tribunaux particuliers pour chacune d'elles),
sont le meurtre de dessein prémédité, le meurtre
involontaire, le meurtre reconnu et avoué par son
auteur, mais dont il prétend avoir eu des motifs légitimes ; enfin, c'est une quatrième espèce,
quand l'auteur d'un meurtre, après s'être exilé
volontairement, répond aux allégations de ceux
qui s'opposent à ce qu'il puisse rentrer dans sa
patrie. Le tribunal qui siége dans le quartier appelé *Phreatte* à Athènes, connaît, dit-on, de ces
sortes de causes. Au reste, elles sont très-rares,
même dans les cités assez considerables. Quant aux
procès des étrangers, il y en a de deux sortes : l'une,
quand les deux contendants sont étrangers, l'autre
lorsqu'il s'élève une contestation entre des étrangers et des citoyens. Outre cela, il y a encore les
procès pour des sommes de peu de valeur ; par
exemple, pour les valeurs d'une drachme, de cinq
drachmes, ou un peu plus : car il faut bien aussi
que ces contestations soient jugées ; mais elles ne
sont pas du ressort d'un tribunal nombreux.

3. Mais, sans nous arrêter sur les causes de
meurtre, ou sur celles qui concernent des étrangers, disons quelque chose de la justice civile,
qui, lorsqu'elle n'est pas bien administrée, peut
donner lieu à des séditions, ou à de graves désordres dans l'état. Or, il faut nécessairement, ou
que tous soient appelés à juger de tous les sujets
de contestation, par sort ou par élection ; ou que
tous y soient appelés par sort, pour de certains
sujets, et par élection pour d'autres : ou bien que,

pour de certaines causes déterminées, les juges soient en partie élus, et en partie tirés au sort. Voilà donc quatre modes distincts. Il y en aura autant si l'on n'admet à siéger dans les tribunaux qu'une partie des citoyens : car, dans cette portion destinée à fournir des juges pour toutes les sortes de causes, ou ils seront nommés par élection, ou ils le seront par la voie du sort, ou l'on élira ceux qui devront juger de certaines causes, ou l'on tirera au sort ceux qui devront en juger d'autres, ou certains tribunaux chargés d'un même genre de causes, seront composés de juges élus, et de juges tirés au sort. Voilà donc autant de modes qui correspondent à ceux dont nous venons de parler.

4. Enfin, on peut encore combiner ces conditions deux à deux : c'est-à-dire, d'une part, la condition que tous soient appelés à juger ; de l'autre, que ce soit seulement une partie des citoyens ; et aussi l'on peut réunir les deux modes à la fois, par exemple, si les membres d'un même tribunal étaient pris, les uns dans la masse des citoyens, les autres dans une certaine classe ; et cela, ou par sort, ou par élection, ou des deux manières à la fois. Voilà, sans doute, tous les modes possibles de formation de tribunaux. Or, parmi tous ces différents modes, en premier lieu, on doit regarder comme populaires ceux où tous sont appelés à prononcer sur toutes les affaires. En second lieu, tous ceux où quelques-uns jugent toutes les causes, sont oligarchiques. En troisième lieu, tous ceux où les

juges sont pris en partie dans la totalité des citoyens, et en partie dans une certaine classe, sont
plus conformes aux principes de l'aristocratie et de
la république.

LIVRE V.

ARGUMENT.

I. En traitant du nombre et de la nature des causes qui produisent les révolutions des états, et des moyens de salut qui peuvent les en garantir, il faut d'abord rappeler le principe déja énoncé, sur les fausses notions qu'on se fait, en général, de l'égalité et de l'inégalité entre les citoyens. L'une et l'autre sont ordinairement regardées comme absolues, tandis qu'elles ne doivent être considérées que comme relatives et proportionnelles. Les séditions n'ont ordinairement pour but que de rétablir cette prétendue égalité absolue. La démocratie et l'oligarchie ont le défaut de violer les règles de l'égalité proportionnelle. Une république, administrée par des hommes de la classe moyenne, se rapproche plus de la démocratie que celle où un petit nombre d'hommes disposent de l'autorité, et c'est le gouvernement qui a le plus de stabilité. — II. La principale cause des séditions et des discordes civiles, est la fausse idée qu'on se fait communément de l'égalité politique; ceux qui sont réellement inférieurs en mérite aspirent aux honneurs et aux dignités, tandis que ceux qui croient avoir droit à des priviléges veulent tout envahir : l'outrage et l'insolence, d'un côté, la crainte et l'état d'avilissement, de l'autre, l'extrême différence des mœurs, l'intrigue et les cabales font fermenter de toutes parts les germes de division. Mais l'insolence et la cupidité des hommes en pouvoir en sont les causes les plus actives. L'excès de puissance ou de crédit de quelques particuliers a aussi cet inconvénient, et pour y remédier, on a recours, dans quelques états, à l'*Ostracisme*, mais ce moyen n'est ni sûr, ni juste. —

III. Les querelles entre les hommes puissants sont encore une occasion de troubles graves dans les états, et il faut les prévenir, autant qu'on le peut, dès l'origine. L'accroissement de puissance d'un tribunal, ou de quelque corps dans l'état, peut devenir une cause de révolution. La violence n'est pas toujours le moyen qu'emploient ceux qui altèrent la forme du gouvernement; souvent aussi ils ont recours à la ruse, au moins dans le commencement, et acquièrent ainsi une force dont ils ne tardent pas à abuser. — IV. Ces causes diverses agissent avec plus ou moins d'énergie suivant la différence des gouvernements où elles se manifestent. Dans les démocraties, l'insolente perversité des démagogues produit ordinairement des révolutions, soit que quelqu'un d'entre eux parvienne à s'emparer de la puissance absolue, surtout quand il a une autorité militaire, comme cela avait lieu dans les anciens temps chez les Grecs, soit qu'ils mettent les riches et les hommes puissants du pays dans la nécessité de conspirer contre eux, et d'abolir la constitution démocratique. — V. Les gouvernements oligarchiques sont exposés à des révolutions, 1° lorsque le peuple y est exposé à trop de vexations, car alors il adopte le premier chef qui se présente; et si ce chef est lui-même un des membres du gouvernement, l'état court de plus grands dangers; 2° lorsqu'il y a division entre les oligarques eux-mêmes: s'il y en a beaucoup qui soient exclus des fonctions importantes, ou s'il s'élève parmi eux quelque démagogue, ou chef de parti; 3° lorsque les membres de l'oligarchie ont dissipé leur fortune, par le luxe et les plaisirs; 4° lorsqu'une minorité ambitieuse, concentrant le pouvoir entre ses mains, forme comme un nouvel état dans la république; 5° lorsqu'en temps de guerre, par défiance contre le peuple, on a recours à des soldats étrangers, dont le chef se fait tyran; ou, lorsque, par le même motif, on emploie un pareil moyen, même en temps de paix; 6° enfin, les altérations qu'amène à sa suite le cours naturel des choses, dans la quotité du cens exigé pour les magistratures, produisent aussi des changements dans la constitution. — VI. Les séditions et les révolutions ont lieu, dans les aristocraties, par des causes assez semblables à celles qu'on a signalées pour les oligarchies. Ce qui les met en danger, ainsi que les républiques, c'est la violation de la justice dans le gouvernement même; c'est le défaut d'une juste proportion entre la démocratie et l'oligarchie, et d'une juste combinaison de ces deux éléments avec la vertu. Car il n'y a de durable que ce qui est fondé sur l'égalité proportionnelle, et ce qui conserve à chacun la jouissance de ce qu'il possède. Cependant, tous les gouvernements peuvent être détruits par des causes extérieures, lorsqu'il se trouve dans leur voisinage, ou même au loin, quelque état puissant, et intéressé à faire prévaloir un système opposé. — VII. Les moyens généraux de salut et de conservation, pour l'aristocratie et l'oligarchie, sont de ne commettre point d'injustices envers ceux qui ne participent point au pouvoir, d'appeler aux emplois ou aux dignités ceux que l'opinion du grand nombre y appelle, de ne point irriter le courage des hommes fiers et ambitieux, en les privant injustement de toute considération, de ne point diminuer l'aisance du peuple. Il faut aussi ne pas s'abandonner à une sécurité trompeuse, veiller à ce que les lois relatives au cens ne s'altèrent pas insensiblement, à ce qu'aucun citoyen ne puisse devenir trop puissant; et surtout à ce que la fortune publique ne soit pas dilapidée par les hommes en pouvoir. On doit exiger d'eux attachement à la constitution établie, talents pour l'administration, amour de la justice, et l'espèce de vertu qui convient au système du gouvernement. Cependant, il y a du danger à exagérer même le principe sur lequel il se fonde. Enfin, l'un des points qui importent le plus à la stabilité des états, en général, c'est que l'éducation y soit conforme à ce principe même: il importe aux gouvernements populaires, en particulier, qu'on s'y fasse des notions exactes de la liberté et de l'égalité. — VIII. La royauté et la tyrannie ayant une assez grande analogie avec l'aristocratie et avec l'extrême démocratie, les moyens de conservation des deux premières espèces de gouvernement ont aussi de l'analogie avec ceux qui sont propres à conserver ces deux dernières. Le *Roi* doit être le protecteur des citoyens, empêcher que personne ne souffre d'injustice dans sa propriété,

et que le peuple n'éprouve ni vexations ni outrages. Le tyran,
au contraire, n'a en vue que sa propre utilité. La tyrannie
réunit à la fois les vices de l'oligarchie et ceux de la démocratie. On conspire ou contre la personne des princes, ou contre
leur autorité : contre leur personne, par vengeance, quand on
en a reçu quelque violent outrage ; ou par crainte, quand on
se croit exposé à leur injustice ; ou par mépris, quand on se
persuade qu'ils ont perdu toute affection et toute estime de la
part des sujets, et que l'on peut compter sur un succès facile.
On conspire contre leur autorité, par ambition, par amour de
la gloire ; mais ces sortes de conspirations sont rares. La royauté
est sans doute moins exposée aux révolutions que la tyrannie ;
mais si le monarque devient tyran, s'il cherche à étendre son
pouvoir en violant les lois, la monarchie peut être détruite.
— IX. Elle peut se conserver, en général, par des procédés
contraires à ceux de la tyrannie, et spécialement par tout ce
qui tend à modérer le pouvoir royal. Quant à l'autorité despotique, ou tyrannique, les moyens qu'elle emploie pour se
maintenir sont de deux sortes : 1° faire périr tous ceux qui ont
quelques sentiments d'honneur et de vertu ; tenir les citoyens
isolés et étrangers les uns aux autres, au moyen d'espions et
de délateurs capables d'employer, au besoin, le mensonge et la
calomnie ; surcharger le peuple de travaux et d'impôts, pour
l'appauvrir, le traiter avec dureté et insolence pour l'avilir,
n'admettre auprès du tyran aucun homme libre et qui ait quelque dignité, afin que le tyran ne voie autour de lui personne
qui lui soit supérieur ; en un mot, arriver, par tous les moyens
possibles, au dernier degré de la perversité humaine. 2° Suivre
un système directement opposé, et qui se rapproche le plus
possible de la véritable royauté, en sorte que le tyran ait, au
moins en apparence, les vertus du monarque, que son gouvernement ne paraisse pas égoïste, mais protecteur des sujets,
qu'on y observe la modération, et qu'on évite les excès ; qu'il
se concilie, par l'affabilité, l'affection de la multitude. Au reste,
il est à remarquer qu'entre tous les gouvernements, c'est l'oligarchie, et surtout la tyrannie, qui a le moins de stabilité, et que

les tyrannies qui ont eu le plus de durée sont celles où l'on a observé le second système de moyens, dont on vient de parler. — X. Platon, dans sa *République*, parle aussi de ces révolutions des diverses formes de gouvernement ; mais il les attribue à des causes tout-à-fait extérieures et étrangères aux considérations purement politiques. Il y a encore beaucoup d'objections à faire contre ce qu'il dit au sujet des changements naturels que subissent ces formes diverses, et de la manière dont elles se transforment quelquefois les unes dans les autres.

I. Nous avons traité à peu près toutes les parties du sujet que nous avons entrepris de considérer. Il nous reste maintenant à examiner quel est le nombre et la nature des causes qui produisent les révolutions des états ; quelles sont les dégénérations propres à chaque forme de gouvernement ; quelles modifications produit une forme donnée ; enfin, quels sont, en général, les moyens de salut pour tous, et, en particulier, pour chacun d'eux.

2. Mais d'abord, on doit supposer que le plus grand nombre des sociétés ont été formées par des hommes qui tous adoptèrent les idées de justice et d'égalité proportionnelle, mais qui erraient sur ce point de la manière que nous avons dite précédemment. En effet, la démocratie est venue de ce que les hommes, parce qu'ils sont égaux, à quelques égards, croient l'être absolument en tout ; car, étant tous également libres, ils s'imaginent qu'il y a entre eux égalité absolue. L'oligarchie vient de ce que les hommes, n'étant pas les égaux les uns des autres, sous quelque rapport,

supposent qu'il y a entre eux inégalité absolue;
car, étant inégaux sous le rapport de la richesse,
ils s'imaginent qu'il n'existe plus aucune égalité.

3. Il suit delà que les uns, sous le prétexte qu'ils
sont égaux, prétendent avoir à tout un droit égal;
et les autres, se croyant inégaux, aspirent à obtenir davantage; car, qui dit plus, dit inégal. Il y
a donc dans tous ces gouvernements un fonds de
justice; mais il y a une erreur capitale qui leur est
commune : et, par cette raison, lorsque les citoyens
ne participent pas à l'administration, d'après l'opinion qu'ils se sont formée de leurs droits, il s'élève
parmi eux des dissensions. Ceux qui seraient le plus
autorisés à exciter de pareils troubles, et qui ne le
font jamais, seraient sans doute les hommes d'une
vertu éminente; car, ce sont eux surtout que la
raison appelle au privilége d'une inégalité absolue.
Cependant, il y a des citoyens qui, ayant sur les
autres l'avantage d'une illustre naissance, ne veulent souffrir d'égalité sous aucun rapport; car on
regarde comme nobles ceux à qui leurs ancêtres
ont transmis des richesses et des vertus.

4. Tels sont donc les principes et les sources des
dissensions civiles : voilà pourquoi les révolutions
ont lieu de deux manières. Car, quelquefois les citoyens se révoltent contre le gouvernement, afin
de changer la constitution établie en une autre
forme : par exemple, la démocratie en oligarchie,
ou l'oligarchie en démocratie, ou celles-ci en république et en aristocratie, ou réciproquement.
D'autres fois, ce n'est pas contre la forme établie

qu'on se révolte; mais, en consentant à la laisser subsister, les mécontents veulent eux-mêmes gouverner; comme il arrive dans l'oligarchie ou la monarchie.

5. Quelquefois même ce n'est que pour le plus ou le moins : ainsi, on veut que le principe de l'oligarchie soit plus concentré ou plus relâché; et il en est de même de la démocratie et des autres formes de gouvernement. Il arrive aussi que l'insurrection a lieu contre quelque partie de la constitution, comme pour établir ou abolir une magistrature. C'est ainsi, dit-on, qu'à Lacédemone, Lysandre conspira pour abolir la royauté, et le roi Pausanias pour abolir le tribunal des Éphores.

6. A Épidamnus, le gouvernement n'a été changé qu'en partie; car, à la place des *Phylarques* [espèce de tribuns du peuple], on a établi un sénat; et il faut, de plus, que ceux des magistrats qui sont employés dans le gouvernement se rendent dans le tribunal appelé *Éliée*, lorsque l'on y recueille les voix pour quelque nouvelle magistrature (1). C'était aussi une institution oligarchique que l'existence d'un Archonte, ou chef perpétuel, dans cette république; car, partout l'inégalité produit des dissensions, lorsque ceux qui ne sont point privilégiés n'obtiennent pas quelque dédommagement pro-

---

(1) Le texte est ici fort obscur, et il paraît à peu près impossible d'en tirer aucun sens satisfaisant, comme on pourra s'en convaincre en lisant la longue note de Schneider sur cet endroit.

portionnel. En effet, une royauté perpétuelle, établie sur des citoyens égaux, détruit l'égalité ; et, en général, les séditions ont pour but de la rétablir.

7. Au reste, il y a deux sortes d'égalité : l'une *en nombre* et l'autre *en dignité* (1). J'appelle égalité en nombre, lorsqu'il y a identité, sous le rapport de la multitude ou de la grandeur ; mais l'identité de rapport constitue l'égalité en dignité : par exemple, *trois* surpasse *deux*, et *deux* surpasse *un* d'une unité *en nombre* ; mais *quatre* diffère de *deux*, et *deux* de *un* en même proportion ; car, *deux* est la moitié de *quatre*, et *un* est la moitié de *deux*. Or, les citoyens, en s'accordant à regarder comme juste l'égalité absolue, ne s'accordent plus sur l'égalité en dignité, comme on l'a dit précédemment ; les uns, parce que, s'ils sont égaux en quelque chose, ils s'imaginent devoir l'être en tout ; les autres, parce que, s'ils ont quelque juste avantage, ils prétendent à tous les genres de priviléges.

8. Voilà pourquoi il y a essentiellement deux sortes de gouvernement, la démocratie et l'oligarchie ; car, la noblesse et la vertu ne sont le partage que d'un petit nombre : les conditions contraires

---

(1) L'auteur applique encore ici les notions de rapports que l'on appelle *Arithmétique* et *Géométrique*, comme il l'a fait dans sa *Morale* (l. 5, c. 4) ; mais les idées qu'il exprime auraient peut-être plus de clarté, s'il ne cherchait pas autant à les préciser, par la comparaison des nombres, et l'on trouvera, en effet, ces mêmes idées mieux exprimées par Plutarque dans la Vie de Solon (c. 14), et surtout par Isocrate (*In Areopagit.* c. 8).

se trouvent dans le plus grand nombre. Nulle part on ne trouvera cent individus nobles et vertueux, mais partout une infinité d'hommes sans ressources. Il y a d'ailleurs de l'inconvénient à établir l'une ou l'autre égalité d'une manière absolue, comme on le voit par les résultats ; car, aucune de ces deux sortes de constitutions n'est durable. C'est qu'il est impossible, lorsqu'on part d'un principe erroné, qu'il n'en résulte pas à la fin quelque inconvénient grave. Voilà pourquoi il faut admettre, dans certaines choses, l'égalité en nombre, et, dans d'autres, l'égalité en proportion.

9. Toutefois la démocratie est plus stable, et moins exposée aux dissensions, que l'oligarchie ; car, dans cette forme de gouvernement, la discorde peut naître, ou des querelles des oligarques entre eux, ou de leurs querelles avec le peuple : au lieu que, dans la démocratie, il n'y a de soulèvement que contre l'oligarchie. Les divisions qui peuvent naître au sein du peuple même, n'ont presque jamais d'importance. Outre cela, une république administrée par des hommes de la classe moyenne s'approche plus de la démocratie, que celle où un petit nombre d'hommes disposent de l'autorité ; et c'est, dans ce genre de gouvernements, celui qui a le plus de stabilité.

II. Puisque nous examinons quelles sont les circonstances d'où naissent les changements et les révolutions dans les états, il faut d'abord faire entendre quels en sont les principes et les causes. Or, il y en a trois principales, dont il faut d'abord donner une idée sommaire; car, il convient d'observer quel état de choses produit les dissensions, pourquoi elles naissent, et en troisième lieu, quels sont les principes des troubles et des discordes parmi les citoyens. On peut regarder, en général, comme cause principale de la disposition à un changement, celle dont nous avons déja parlé : car, ceux qui aspirent à l'égalité se révoltent, s'ils viennent à croire que, quoiqu'ils aient des droits égaux, ils sont inférieurs aux privilégiés; et les partisans de l'inégalité et du privilége troublent la paix, s'ils supposent qu'ils n'ont, dans le pouvoir, qu'une part égale, ou moindre que celle d'hommes qui ne sont pas leurs égaux.

2. Mais de tels désirs peuvent quelquefois être légitimes, et quelquefois injustes, parce que les séditions ont lieu, de la part de ceux qui sont dans une situation inférieure, pour obtenir l'égalité; et de la part de ceux qui sont égaux, pour parvenir à la supériorité. Telle est donc la disposition des esprits qui donne lieu aux troubles. Les motifs de ces troubles sont ordinairement les avantages pécuniaires, les honneurs, ou, au contraire, la privation de ces choses; puisque c'est pour échapper eux-mêmes à l'humiliation et aux pertes d'argent, ou pour en garantir leurs amis, que les citoyens se révoltent.

3. Les causes et les principes de ces mouvements qui amènent les dispositions que nous venons de dire, peuvent se réduire au nombre de sept, et quelquefois il y en a davantage. Nous venons d'en

indiquer deux; mais elles n'agissent pas toujours de la même manière : par exemple, les citoyens s'irritent les uns contre les autres par des motifs d'intérêt ou d'ambition, non qu'ils veuillent acquérir eux-mêmes de l'argent ou des honneurs, mais parce qu'ils les voient obtenus par d'autres, tantôt à juste titre, et tantôt sans aucun droit. Il faut y joindre l'outrage, la crainte, l'élévation du rang, le mépris, les avantages disproportionnés, et, sous d'autres rapports, la brigue, l'inattention à des choses [en apparence] très-peu importantes, et l'extrême différence des mœurs.

4. Entre ces causes, l'outrage et les gains illicites ont une influence remarquable, et il est facile de voir comment; car, ceux qui exercent le pouvoir, se livrant à toutes sortes d'excès et satisfaisant leur cupidité, les citoyens sont divisés entre eux, et se révoltent contre les gouvernements qui autorisent une pareille licence. Au reste, la cupidité des magistrats se satisfait, tantôt aux dépens des particuliers, tantôt aux dépens du public. On voit également ce que peuvent les honneurs, et comment ils deviennent causes de mécontentements; car, ceux qui sont privés de considération s'indignent de voir les autres élevés aux dignités; et il y a injustice, à cet égard, toutes les fois qu'on les obtient sans y avoir droit, ou qu'on en est privé sans l'avoir mérité. L'élévation du rang produit le même effet, lorsqu'un seul ou plusieurs jouissent d'un pouvoir trop grand pour l'état, ou eu égard à la forme du gouvernement; car, il en

résulte ordinairement, ou la monarchie, ou l'oligarchie.

5. C'est pour cela qu'on a quelquefois établi
l'*Ostracisme*, comme à Argos et à Athènes : cependant, il aurait mieux valu prévenir cet inconvénient, que d'avoir à y remédier quand on l'a laissé
s'établir. La crainte cause des séditions, lorsque
ceux qui ont commis des injustices s'attendent à
en être punis, et que ceux qui se voient exposés à
en souffrir veulent prévenir le mal qu'ils redoutent.
C'est ainsi qu'à Rhodes les citoyens les plus distingués se liguèrent contre le peuple, à cause des
procès qu'on leur intentait continuellement.

6. Mais le mépris produit aussi des conspirations :
par exemple, dans les oligarchies, lorsqu'il y a trop
de gens qui ne participent point au gouvernement ;
car, ils se croient les plus forts ; et dans les démocraties, lorsque les riches en sont venus à mépriser
le désordre et l'anarchie qui y règnent. C'est ce qui
arriva à Thèbes, où la démocratie fut abolie, après
la bataille d'OEnophyte (1), à cause de la mauvaise
administration du peuple ; et aussi à Mégare (2),
où l'anarchie et le désordre avaient été cause d'une

---

(1) Cette bataille, où Mironides commandait l'armée des
Athéniens, se donna dans la 4ᵉ année de la 80ᵉ olympiade.
Voyez Diodore de Sicile (l. 11, c. 83), et la note de Wesseling
sur cet endroit de l'histoire.

(2) Thucydide (l. 5, c. 31) fait entendre qu'à Mégare on pré-
férait le gouvernement aristocratique, ou oligarchique, à la
démocratie.

défaite : enfin, à Syracuse, avant la tyrannie de Gélon (1) ; et à Rhodes, avant la conjuration des riches (2).

7. Les révolutions ont lieu aussi, lorsque quelques personnes obtiennent des avantages qui sont hors de proportion [avec leur mérite ou leurs services]. Car, de même que le corps est composé de parties, qui doivent s'accroître dans une proportion régulière, pour que l'harmonie y subsiste ; (autrement, il se dégrade, lorsque, par exemple, le pied a quatre coudées, et le reste de la taille deux spithames ; et même il pourrait quelquefois prendre la forme d'un autre animal, si cet accroissement disproportionné se faisait, non-seulement sous le rapport de la quantité, mais aussi sous celui de la qualité) : ainsi, un état se compose de parties, dont quelqu'une s'accroît souvent sans qu'on s'en aperçoive ; par exemple, le nombre des pauvres dans les démocraties et dans les républiques.

8. Cela arrive aussi quelquefois par l'effet d'événements fortuits, comme à Tarente, peu après la guerre médique, où la république fut changée en

---

(1) Les *Géomores* (propriétaires de terres), persécutés par le peuple de Syracuse, eurent recours au crédit et à la puissance de Gélon, qu'ils se donnèrent pour chef. Voyez Hérodote (l. 7, c. 155).

(2) On ne sait pas bien à quel évènement de l'histoire des Rhodiens ceci peut se rapporter. Voyez, à ce sujet, le commentaire de Schneider (to. 2, p. 292—294), où il relève une méprise de la traduction de Mr Champagne.

démocratie, parce qu'un grand nombre de citoyens riches et puissants avaient péri dans une bataille gagnée par les Japyges (1). A Argos, après la mort des citoyens égorgés par le Lacédémonien Cléomènes (dans la journée du sept) (2), on fut obligé d'admettre [aux droits de cité] un certain nombre de *Périœciens*, [ou serfs] : et, à Athènes, après une défaite sur terre, le nombre des citoyens notables se trouva fort diminué, parce qu'on avait fait une levée considérable dans la guerre contre Lacédémone. Cela arrive aussi dans les démocraties, mais moins; car, le nombre des pauvres s'augmentant, ou la fortune [de quelques particuliers] devenant plus considérable, le gouvernement devient oligarchique, ou tout-à-fait arbitraire.

9. La brigue, même sans dissensions, suffit quelquefois pour produire de pareils changements; comme il arriva à Hérée. Car on y rendit éligibles, par le sort, les magistrats, qui étaient nommés

----

(1) Cette bataille, qui eut lieu la 4ᵉ année de la 76ᵉ olympiade, est racontée assez au long par Diodore de Sicile (*Hist.* l. 11, c. 52), et Hérodote (l. 7, c. 170) fait également mention du désastre qu'éprouvèrent les Tarentins à cette époque.

(2) Hérodote (*Hist.* l. 6, c. 76—80) raconte en détail l'expédition de Cléomènes contre Argos. Voyez aussi Pausanias (l. 2, c. 20), et Plutarque (*De Virtut. mulier.* to. 7, p. 11 , Reisk.), dont les paroles autorisent la manière dont nous traduisons l'expression d'Aristote, en cet endroit, (ἐν ἑϐδόμῃ) *le septième jour du mois.* Le même écrivain s'accorde aussi avec notre auteur, en ajoutant que ce furent des *Périœciens* qui furent admis alors, à Argos, au rang des citoyens.

auparavant par la voie des suffrages ; parce qu'on élisait toujours ceux qui étaient désignés par la cabale. La négligence est aussi une cause de révolution, lorsqu'on laisse arriver aux principales magistratures, ceux qui ne sont pas dévoués à la république : comme à Orée, où l'oligarchie fut abolie, et changée en démocratie, parce que Héracléodore devint un des archontes. Il faut quelquefois peu de chose : je dis peu de chose, parce que souvent il s'introduit dans l'ordre légal une altération notable, que pourtant on ne remarque pas, lorsqu'on néglige de petites circonstances. Comme à Ambracie, où le cens exigé pour les charges était peu considérable, et où l'on finit par les obtenir sans rien payer. Comme s'il n'y avait point, ou presque point, de différence entre rien et peu de chose.

10. La différence des mœurs est aussi une cause de troubles, jusqu'à ce que l'harmonie se soit établie entre les habitants. Car, de même qu'une multitude d'hommes, pris au hasard, ne suffit pas pour composer une cité, ainsi il y faut un certain temps. Voilà pourquoi presque tous ceux qui ont admis des étrangers, comme citoyens, ou comme simples habitants, ont été exposés à des séditions. Ainsi les Achéens, réunis aux Trézéniens, fondèrent Sybaris : ensuite, les Achéens, étant devenus plus nombreux, chassèrent les Trézéniens ; et de là le désastre qui affligea les Sybarites. A Thurium, les Sybarites exercèrent la même injustice envers ceux qui les avaient admis ; car ceux-ci affectant

la supériorité, comme gens à qui le territoire appartenait, furent chassés (1). A Bysance, la conspiration de ceux qui avaient été admis comme habitants, ayant été découverte, ils furent obligés de quitter le pays, après une bataille (2).

11. Les Antisséens aussi, ayant reçu dans leur ville les exilés de Chios, furent obligés de les chasser par suite d'une guerre civile. Les Zancléens (3) furent eux-mêmes chassés par les Samiens, qui étaient venus s'établir chez eux. Les Apolloniates, sur les bords de l'Euxin, eurent de violents démêlés avec les étrangers (4) à qui ils avaient permis d'habiter parmi eux : et les Syracusains, après l'abolition de la tyrannie, ayant accordé le droit de cité aux étrangers et aux mercenaires, en vinrent avec eux à une guerre civile (5). A Amphipolis, la plupart des citoyens furent chassés par des habi-

----

(1) Voyez le récit détaillé de ces faits, concernant les Sybarites et les Thuriens, dans Diodore de Sicile (l. 12, c. 9—11).

(2) On ne sait rien d'ailleurs sur ce qui est dit ici des Byzantins et des Antisséens de l'île de Lesbos.

(3) Voyez Hérodote (l. 6, c. 23 suiv.)

(4) On ne sait rien de l'histoire des Apolloniates.

(5) Diodore de Sicile (l. 11, c. 73) parle de cette révolte des mercenaires à Syracuse, dans la 2e année de la 78e olympiade. Quant à la révolution d'Amphipolis, mentionnée immédiatement après par Aristote, on lit dans Thucydide (*Hist.* l. 4, c. 103) le récit d'une trahison des Chalcidiens envers les Amphipolitains, mais qui n'est pas sans doute le fait que notre auteur a en vue ici ; et plus bas (c. 5, § 6) ce qu'il dit d'une sédition arrivée à Amphipolis, donne lieu de croire que le gouvernement de cette ville était oligarchique.

tants de Chalcis, qu'ils avaient reçus parmi eux. Dans les oligarchies, la multitude se révolte, parce qu'elle regarde comme une injustice de ne pas partager les avantages auxquels l'égalité lui donne des droits, comme il a été dit précédemment; et, dans les démocraties, ce sont les hommes distingués qui s'irritent de n'avoir aucun privilége, parmi des citoyens qui ne sont pas leurs égaux.

12. La différence des localités est quelquefois aussi une cause de troubles, lorsque le pays n'est pas bien disposé pour que la cité soit une. Ainsi, à Clazoméne, ceux qui habitaient Chytrum étaient en guerre contre les habitants de l'île (1) : il en est de même des citoyens de Colophon et des Notiens (2). Enfin, à Athènes, ceux qui habitent le Pirée, sont plus partisans de la démocratie que les habitants de la ville : car de même que, dans les guerres, les corps de troupes se trouvent rompus et séparés les uns des autres, quand ils ont traversés des canaux même assez étroits, ainsi toute différence semble propre à faire naître des dissensions. Cependant la cause la plus puissante peut-être est la différence du vice à la vertu, ensuite, celle de la pauvreté à

---

(1) *Chytrum*, ou *Chyton*, ou, suivant Strabon (l. 14, p. 645) *Chytrion*, était la partie de l'enceinte, ou le faubourg de Clazomene, situé sur le continent; tandis que la ville était dans une île. Voyez les notes de Schneider (*Ad Xenoph. Hellenic.* l. 5, c. 1, § 31).

(2) *Notium*, place plus voisine de la mer que Colophon, était dans la dépendance de cette ville. Voyez Thucydide (l. 3, c. 34).

la richesse, et ainsi des autres, entre lesquelles il faut compter celle que nous venons de dire.

III. Ainsi donc les dissensions ont lieu, non pas pour de petites choses, mais par de petites causes; leur objet a toujours de l'importance. C'est surtout lorsque des querelles, dont la cause est peu considérable, divisent des hommes puissants, qu'elles deviennent graves; comme il arriva à Syracuse, dans les anciens temps : car une dispute d'amour, entre deux jeunes gens élevés en dignité, fit une révolution dans le gouvernement (1). L'un d'eux s'étant absenté, un de ses amis trouva le moyen de séduire un jeune homme qu'il aimait; l'autre, à son retour, irrité de cette action, attira chez lui la femme de celui qui l'avait offensé, et toutes les personnes qui avaient part au gouvernement, prenant parti pour l'un ou pour l'autre, il en résulta une discorde générale.

2. Voilà pourquoi il faut bien prendre garde à ces faibles commencements, et s'appliquer à concilier les différends qui naissent entre les chefs et les puissants; car, c'est dans le principe qu'est la faute; le commencement, comme on dit, est la moitié du tout, de sorte qu'une petite erreur, qui s'y trouve, influe proportionnellement sur tout le reste. En général, les dissensions des principaux citoyens entraînent la cité tout entière : c'est ce qu'on vit à Hestiée, après la guerre médique, dans la querelle

____

(1) Voyez le même récit plus détaillé dans Plutarque (*De Præcept. ben. ger. Reip.* p. 281. Reisk.).

qu'eurent deux frères, à l'occasion de l'héritage de
leur père. Car l'un, qui était pauvre, voyant que
l'autre refusait de faire connaître la fortune de son
père, et le trésor qu'il avait trouvé, ameuta contre
lui les gens du peuple; et celui-ci, qui avait beaucoup de richesses, fut soutenu par les riches.

3. A Delphes, une querelle survenue à l'occasion
d'un mariage, devint le principe des séditions qui
eurent lieu dans la suite : le fiancé, ayant été frappé
par hasard de quelque présage fâcheux, lorsqu'il
fut dans la maison de celle qu'il devait épouser, se
retira sans vouloir la prendre : et les parents, pour
se venger de cet outrage, glissèrent parmi ses effets
quelques vases sacrés, pendant qu'il était occupé à
faire un sacrifice, et ensuite ils le firent périr comme
sacrilége (1). Et à Mitylène, une sédition occasion-
née pour de riches héritieres, fut la cause de beaucoup de malheurs, et même de la guerre qu'on sou-
tint contre les Athéniens, dans laquelle Pachès
s'empara de Mitylène (2). En effet, Timophanes,
un des riches citoyens de ce pays, ayant laissé deux

---

(1) Plutarque (*Præcept. Politic.* p. 32) raconte le même fait
avec plus de détail, et Élien (*Var. Hist.* l. 21, c. 5) d'une manière plus abrégée. Les Delphiens firent, dit-on, périr Ésope,
par une perfidie semblable, comme nous l'apprend encore
Plutarque, dans le traité *De ser. Num. Vindict.* (to. 8,
p. 203. Reisk.)

(2) Thucydide (*Hist.* l. 3, c. 2) fait mention de la prise de
Mitylène par Pachès; et Agathias, dans une de ses épigrammes,
(**voy. Brunck. Analect.** to. 3, p. 64) raconte la mort de ce général athénien, que firent périr deux femmes de Mitylène qu'il
avait outragées.

filles, Doxander n'ayant pu les obtenir pour ses fils, commença la sédition et aigrit [contre sa patrie] les Athéniens, dont il était le *Proxène* [consul ou chargé d'affaires].

4. De même, des querelles ayant eu lieu chez les Phocéens, pour une héritière, entre Mnaséas père de Mnéson, et Euthycrate fils d'Onomarchus, ce fut là l'origine de la guerre sacrée dont la Phocide fut le théâtre (1). Un mariage causa aussi une révolution dans le gouvernement d'Epidamnus: car un des citoyens, ayant fiancé sa fille à un jeune homme, le père de celui-ci, qui occupait une charge, condamna à une amende le père de la jeune fille, lequel, se regardant comme outragé, souleva en sa faveur tous ceux qui étaient exclus du gouvernement.

5. Lorsque quelque tribunal, ou quelque classe de citoyens, affecte l'orgueil, ou prend trop d'accroissement, le gouvernement peut se changer en oligarchie, en democratie ou en république. Ainsi le sénat de l'Aréopage, enorgueilli des succès de la guerre médique, sembla exercer l'autorité avec trop de rigueur (2); et, à leur tour, ceux qui servaient sur mer, ayant principalement contribué à la

---

(1) Voyez dans Diodore de Sicile (l. 16, c. 23) le récit du commencement de cette guerre.

(2) Cette circonstance donna au gouvernement d'Athènes une tendance aristocratique, à laquelle Périclès substitua des institutions plus conformes à la démocratie. Voyez Plutarque (*In Solon.* c. 10), et Isocrate (*Areopagit.* c. 14).

toire de Salamine, et, par elle, à la suprématie des Athéniens sur mer, fortifièrent la démocratie (1). A Argos les nobles, fiers de la victoire remportée à Mantinée sur les Lacédémoniens, entreprirent d'abolir le gouvernement populaire (2).

6. A Syracuse, le peuple, qui avait été cause des succès remportés dans la guerre contre Athènes, changea la république en démocratie (3). Le peuple de Chalcis, après avoir, de concert avec les nobles, abattu le tyran Phoxus, se trouva tout à coup maître du gouvernement (4). De même à Ambracie, le peuple, ayant contribué avec les conjurés à chasser le tyran Périander, finit par s'attribuer toute l'autorité (5).

7. Mais, en général, il ne faut pas oublier que tous ceux qui ont créé la puissance, soit simple particulier, soit magistrat, soit tribu ou toute au-

______

(1) Voyez ci-dessus (l. 2 , c. 9, § 4).

(2) Voyez Thucydide (*Hist.* l. 5 , c. 76); Plutarque (*In Alcibiad.* c. 15); Diodore de Sicile (*Hist.* l. 12 , c. 80); Pausanias (l. 2 , c. 20).

(3) Il paraît, par ce que dit à ce sujet Diodore (l. 13, c. 34), que ce changement s'opéra par une loi que fit Dioclès, le plus ardent ennemi des Athéniens, et en vertu de laquelle les magistratures, dont les citoyens pauvres étaient exclus, devaient être données, par la voie du sort, à tous les citoyens indistinctement.

(4) On ne sait de ce fait que ce qu'en dit ici Aristote.

(5) On ne sait si ce Périander, tyran d'Ambracie, est le même qui régna à Corinthe, et qui fut compté parmi les sept sages. Voyez Diogène Laërce (l. 1, § 98). Voyez ci-dessus c. 8, § 9.

tre portion quelconque d'un peuple, excitent des séditions. Car, ou ceux qui sont envieux des honneurs qu'ils obtiennent, commencent la révolte; ou eux-mêmes, fiers de leur supériorité, ne veulent plus reconnaître d'égaux. Les états sont encore troublés, lorsque les classes de citoyens qui semblent opposées, sont égales entre elles, (par exemple les riches et le peuple); tandis qu'il n'existe pas de classe intermédiaire, ou qu'elle est trop peu nombreuse. Car, si l'une quelconque des classes opposées est évidemment trop supérieure à l'autre, celle-ci n'ose rien hasarder. Voilà pourquoi les hommes supérieurs en vertu, n'excitent presque jamais de troubles : car ils sont trop peu nombreux, en comparaison de la multitude. Telles sont donc, en général, les causes des désordres et des révolutions qui arrivent dans tous les gouvernements, telle en est l'origine.

8. Il y a des révolutions qui sont produites par la force, et d'autres par la ruse. La force se montre ou dès le principe et à l'instant même, ou produit plus tard la contrainte : car il y a en ce genre deux manières de tromper. Quelquefois, après avoir commencé à séduire les citoyens, on change avec leur consentement la constitution de l'état, et ensuite on les contient malgré eux par la force. C'est ainsi que du temps des quatre cents (1), on trompa le peuple Athénien, en publiant que le roi

____

(1) Voyez le récit de ce fait dans Thucydide (*Histor.* l. 8, c. 47 et suiv.).

de Perse fournirait de l'argent pour la guerre contre les Lacédémoniens; mais ceux qui l'avaient trompé s'efforcèrent de conserver le pouvoir. Quelquefois aussi on exerce l'autorité que l'on a obtenue par persuasion, et l'on continue à l'exercer du consentement des citoyens. Ainsi, il peut arriver des changements, dans toutes les espèces de gouvernement, par les causes que nous venons de dire.

IV. Il faut maintenant observer ce qui résulte de ces causes, appliquées à chaque espèce de gouvernement. Ce qui contribue surtout aux révolutions dans les démocraties, c'est l'insolente perversité des démagogues : car, à force de diffamer et de calomnier les riches particuliers, ils les obligent à se liguer entre eux; la crainte unissant ceux qui d'ailleurs auraient été le plus divisés. D'une autre part, ils irritent sans cesse la multitude, ainsi qu'on peut l'observer dans beaucoup de pays.

2. Par exemple à Cos, le gouvernement démocratique fut changé, lorsque des démagogues, devenus tout-à-fait scélérats, forcèrent les riches à se coaliser (1). De même à Rhodes, où les chefs du peuple employaient les revenus publics en gratifications accordées aux plus pauvres, et empêchaient qu'on ne payât aux Triérarques ce qui leur était dû ; mais ceux-ci furent forcés, par les procès continuels qu'on leur intentait, de se révolter et d'a-

---

(1) Suivant Hérodote (*Hist.* l. 7, sect. 163, 164), le dernier tyran de Cos s'appelait Cadmus, et se démit volontairement de son autorité, par amour pour la justice.

21.

bolir la démocratie. Elle fut aussi abolie à Héraclée, par la faute des démagogues, peu de temps après que cette colonie eut été fondée : car les citoyens les plus notables, se voyant en butte aux injustices, sortirent de la ville ; mais ensuite ils y rentrèrent, et abolirent le gouvernement populaire (1).

3. Pareille chose à peu près arriva à Mégare. Les chefs populaires bannissaient un grand nombre de citoyens distingués, afin de pouvoir confisquer leurs biens ; jusqu'à ce que ces exilés, qui étaient devenus très-nombreux, rentrèrent dans la ville, vainquirent le peuple dans une bataille, et établirent le gouvernement oligarchique. La même chose arriva aussi à Cume, où Thrasymaque abolit la démocratie (2). Au reste, si l'on y fait attention, on verra des changements à peu près du même genre, produits dans d'autres états par les mêmes causes. Car les chefs, pour se rendre agréables à la populace, forcent les riches à se coaliser, par mille injustices, soit en partageant les terres, soit en épuisant le trésor, par des dépenses publiques trop considé-

---

(1) C'est probablement d'Héraclée, ville du Pont, que notre auteur veut parler ici, et non de la ville du même nom, dans la Phthiotide. Si l'époque indiquée ne se refusait à l'application qui se présente ici de ce qu'en dit Justin (*Hist.* l. 16, c. 4), on serait tenté de croire, dit Schneider, qu'il s'agirait plutôt des évènements qui s'y passèrent au temps d'Épaminondas et du général athénien Timothée.

(2) On ne connaît point d'ailleurs les évènements auxquels l'auteur fait ici allusion, et on ne sait pas même laquelle des villes du nom de Cume il prétend désigner.

rables, soit en calomniant ceux qui ont quelque fortune, pour pouvoir confisquer leurs biens.

4. Mais, dans les anciens temps, où le même individu était démagogue et chef militaire, ces révolutions amenaient la tyrannie : car la plupart des anciens tyrans furent des chefs populaires. Et ce qui fait que cela avait lieu dans ces temps là, et non pas aujourd'hui, c'est qu'alors les démagogues étaient pris parmi ceux qui avaient l'autorité militaire, car on n'était pas encore fort habile dans l'art de la parole. Au contraire, aujourd'hui que l'éloquence a fait des progrès, ceux qui sont capables de parler en public obtiennent, à la vérité, un grand crédit sur le peuple ; mais, n'ayant aucune expérience des choses de la guerre, ils ne conspirent pas, ou du moins on n'a vu en ce genre que des entreprises peu considérables.

5. Il y avait autrefois plus de tyrannies qu'à présent, parce qu'on confiait à quelques individus des magistratures très-importantes, comme la Prytanie (1) à Milet, où le Prytane disposait du plus grand pouvoir. D'un autre côté, comme les villes n'étaient pas fort grandes, et que le peuple, occupé aux travaux de la culture, habitait dans les champs,

____

(1) La *Prytanie* était, chez les anciens Grecs, la magistrature la plus considérable, et Pindare (*Pyth.* 2, vs. 106) donne à Hiéron le titre de Prytane. Plutarque (*Præcept. Politic.* p. 113) compare les fonctions de *Prytane*, chez les Rhodiens, à celles de *Béotarque*, chez les Thébains, et à celles de *Stratége* chez les Athéniens.

ces chefs lorsqu'ils étaient guerriers aspiraient à la tyrannie, et tous réussissaient dans leurs desseins, par la confiance que leur accordait le peuple, confiance toujours motivée sur la haine qu'ils portaient aux riches. C'est ainsi qu'à Athènes Pisistrate, en hostilité ouverte contre les habitants de la plaine (1), à Mégare, Theagène (2), ayant égorgé les troupeaux des riches, qu'il avait surpris paissant le long du fleuve; et Denis, en accusant Daphnéus (3) et les citoyens opulents de Syracuse, s'élevèrent à la tyrannie, par la confiance que leur accorda l'inimitié du peuple, qui les croyait de son parti.

6. Mais la démocratie, quand elle est établie depuis long-temps, peut s'altérer, et prendre la forme qu'on lui a vue dans ces derniers temps. Car partout où les magistratures sont électives, mais sans condition de revenu exigible pour y parvenir, et lorsque c'est le peuple qui nomme aux places, ceux qui les ambitionnent, afin d'acquérir du crédit près de la multitude, amènent les choses au point de la rendre maîtresse même des lois. Le moyen de remédier à cet inconvénient, ou au moins de le rendre moins grave, c'est de faire nommer les ma-

----

(1) Voyez Hérodote (*Hist.* l. 1, c. 59).

(2) Aristote fait aussi mention de cet usurpateur dans sa *Rhétorique* (l. 1, c. 2). L'Athénien Cylon, qui périt victime de son ambition, avait épousé la fille de ce Théagène. Voyez Thucydide (*Hist.* l. 1, c. 126), et Pausanias (l. 1, c. 28).

(3) C'était un général de l'armée de Syracuse. Voyez Diodore (l. 13, c. 91), et les notes de Wesseling.

gistrats par les tribus, et non par le peuple tout
entier. Telles sont les causes qui produisent à peu
près tous les changements auxquels les démocraties
sont exposées.

V. Les révolutions ont lieu, dans les oligarchies,
de deux manières très-remarquables : l'une, lorsque
la multitude est exposée à souffrir des injustices :
car alors tout citoyen peut devenir chef de parti,
surtout si c'est un des membres du gouvernement :
comme Lygdamis, à Naxos, qui finit par devenir
tyran des Naxiens (1).

2. Au reste, les dissensions peuvent avoir des
principes assez divers : tantôt la révolution se fait
par quelques citoyens riches, qui sont exclus des
magistratures, tandis qu'il n'y en a que très-peu
qui aient part aux honneurs : comme il arriva à
Marseille (2), à Istros, à Heraclée, et dans d'autres
villes. Car ceux qui ne participaient point au pouvoir excitèrent des troubles, jusqu'à ce qu'ils eus-

---

(1) Athénée (l. 8, p. 348) raconte, d'après Aristote, dans
son traité, ou livre de la République de Naxos, comment ce
Lygdamis se mit à la tête des Naxiens, pour venger l'insulte
que des jeunes gens avaient faite à un citoyen qui jouissait d'une
grande popularité.

(2) Le même écrivain (l. 13, p. 576) cite aussi le traité d'Aristote
sur la république de Marseille, sur laquelle on peut voir encore
ce que disent Plutarque (*Vit. Solon.* c. 2), Strabon (l. 4, p. 179),
Cicéron (*Pro Flacco*, c. 26). Voyez aussi le chapitre 7 du livre
suivant de ce traité. Quant aux républiques d'Istros et d'Héraclée, on ne connaît rien de leur histoire; on ne sait pas même
de quelle ville l'auteur fait ici mention, parmi celles qui ont
eu le nom d'Héraclée.

sent fait admettre dans les places, d'abord les aînés des familles, et ensuite les plus jeunes. Car il y a des pays où l'autorité n'est point exercée en même temps par le père et par le fils, et d'autres où elle ne l'est point par deux frères; et, dans ces pays là, l'oligarchie prit une forme plus approchante de la république; mais, à Istros, elle finit par se changer en démocratie; et à Heraclée, le nombre des membres du gouvernement, qui était moins considérable auparavant, fut porté à six cents.

3. A Cnide (1) l'oligarchie fut changée, à l'occasion d'une dissension survenue entre les citoyens les plus riches, parce que peu d'entre eux participaient au gouvernement; et, comme on vient de le dire, si le père y était admis, le fils en était exclu; et, entre plusieurs frères, il n'y avait que l'aîné qui pût exercer une charge. Le peuple les ayant attaqués, au milieu de ces dissensions, et s'étant donné un chef, pris parmi les citoyens distingués, eut l'avantage dans la lutte, et devint le maître : car, ce qui est divisé est toujours faible.

4. A Erythrée (2) où les Basilides, dans les an-

---

(1) L'histoire ne nous apprend rien de la république de Cnide. On sait seulement, d'après Diogène Laërce (l. 8, § 86), qu'Eudoxus, disciple de Platon, et qui était de Cnide, donna des lois à sa patrie, ce qui est attesté aussi par Plutarque et par Théodoret.

(2) Érythrée, ville de l'Ionie, était une colonie Athénienne. On ne sait pas bien ce que c'étaient que ces *Basilides*, dont parle ici notre auteur. Voyez, dans le commentaire de Schneider

ciens temps, composaient l'oligarchie, quoique ceux qui avaient l'autorité gouvernassent avec sagesse, cependant le peuple, indigné de se voir sous le joug d'un petit nombre d'hommes, changea la forme du gouvernement. Ces révolutions ont lieu aussi, dans les oligarchies, par l'empressement que des oligarques ambitieux mettent à obtenir la faveur populaire. Or, il y a, pour ainsi dire, deux sortes de démagogie, l'une au sein même du petit nombre des hommes qui ont le pouvoir; car il peut se trouver parmi eux quelqu'un qui ait un grand ascendant, comme Chariclès (1), qui obtint un grand crédit parmi les trente tyrans d'Athènes, et de même Phrynicus, dans le conseil des quatre cents.

5. Ou lorsque ceux qui composent l'oligarchie flattent la multitude et s'en rendent maîtres : comme à Larisse, où ceux qu'on appelait *Politophylaces* (2), [c'est-à-dire gardiens des citoyens], recherchaient la faveur du peuple, parce que c'était lui qui les nommait. Cela arrive dans toutes les oligarchies, où les dépositaires du pouvoir ne sont pas pris parmi ceux

---

(p. 5o8), ce que ce savant a pu recueillir d'autorités diverses sur ce sujet.

(1) Sur ce Chariclès, voyez Xénophon (*Hellenic.* l. 2, c. 3, et *Memor. Socrat.* l. 1, c. 2) : sur Phrynicus, voyez l'histoire de Thucydide (l. 8, c. 47, suiv.).

(2) Plus haut (l. 2, c. 5, § 5,), Aristote se sert encore du mot πολιτοφύλακες, qu'il joint au mot ϛρατηγοὶ, ce qui semble indiquer, entre ces deux mots, une analogie à peu près complète de signification, exprimant l'autorité suprême, dans ce qui est relatif à la guerre et au commandement de l'armée.

qui nomment aux places, mais où les magistratures ne peuvent être données qu'aux hommes qui possèdent une grande fortune, ou qui appartiennent à de certaines corporations, tandis que le droit d'élire appartient aux soldats ou au peuple, comme cela avait lieu à Abydos (1). Enfin, cela arrive aussi, lorsque ceux qui composent les tribunaux ne font pas partie du gouvernement; car alors, cherchant à capter la faveur populaire par leur manière de rendre la justice, ils parviennent à changer la constitution : c'est ce qui arriva à Heraclée, ville du Pont.

6. Lorsque quelques-uns cherchent à concentrer le pouvoir de l'oligarchie dans un plus petit nombre, l'état est encore troublé; car les partisans de l'égalité sont forcés de recourir à l'appui du peuple. Il arrive encore des révolutions dans l'oligarchie, lorsque quelques-uns des chefs ont dépensé leur fortune en de vaines profusions : car alors, ils désirent des changements, ou bien ils aspirent à la tyrannie, ou ils favorisent un nouveau tyran, comme fit Hipparinus (2) à l'égard de Denys à Syracuse; et, à Amphipolis, un certain Cléotimus introduisit des colons de Chalcis, et quand ils

(1) Abydos, colonie des Milésiens, avait un gouvernement oligarchique, et des espèces de corporations (ou *Hétéries*), dont Aristote fait encore mention un peu plus loin.

(2) Cet Hipparinus était frère d'Aristomaque, femme de Denys l'ancien, et il commanda avec lui l'armée de Syracuse. Voyez la vie de Dion, par Plutarque (to. 6, p. 134, éd. Coray). Voyez aussi Polyen (*Statagem.* p. 163, éd. Coray).

furent arrivés il les souleva contre les riches (1).
A Egine, celui qui avait été l'auteur de la trahison
par laquelle Charès s'en empara (2), entreprit, par
un semblable motif, de changer la forme du gouvernement.

7. Quelquefois donc ils cherchent à exciter des
troubles, d'autres fois ils volent le trésor public,
ce qui produit des querelles parmi eux, ou la révolte de ceux qui entreprennent de s'opposer à
leurs brigandages, comme il arriva à Apollonie ville
du Pont. Une oligarchie où il y a accord de sentiments résiste assez par elle-même au changement;
témoin la république de Pharsale (3) : car, bien que
les chefs y soient en petit nombre, ils y conservent une grande autorité, parce qu'ils se conduisent
sagement.

------

(1) C'est probablement le même fait auquel Aristote fait allusion plus haut (c. 2, § 11).

(2) Voyez Hérodote (*Hist.* l. 6, § 88), qui nous apprend que
le personnage qu'Aristote ne fait que désigner ici, s'appelait
Nicodromus.

(3) L'éloge que fait ici notre philosophe de cette république,
semble être confirmé par ce que dit Xénophon (*Hellenic.* l. 6,
c. 1), que seule, entre les villes de la Thessalie, elle parvint
à échapper à la domination de Jason, tyran de Phères. Le
même auteur raconte, à cette occasion, le noble désintéressement d'un des citoyens de cette république, nommé Polydamas,
que les factions qui divisaient l'état prirent, en quelque sorte,
pour arbitre, et entre les mains duquel elles purent remettre
la citadelle et le trésor public, sans que leur liberté courût
aucun risque.

8. L'oligarchie est quelquefois détruite, lorsqu'il se forme dans son sein une autre oligarchie ; c'est-à-dire, lorsque le nombre des gouvernants étant peu considérable, tous ne sont pas admis aux grandes magistratures. C'est ce qu'on vit autrefois à Elis : car la république y étant gouvernée par peu de personnes, tout y dépendait d'un petit nombre de sénateurs, attendu que les quatre-vingt-dix membres de cette compagnie l'étaient à perpétuité, et que l'élection s'en faisait d'une manière tout-à-fait arbitraire (1), comme celle des *Gérontes* [ou sénateurs] à Lacédémone.

9. Il peut arriver des révolutions dans l'oligar-

---

(2) Il y a dans le grec δυναςευτικὴν, (voyez ci-dessus la note sur le mot δυνάςης), et cette leçon a paru suspecte à qnelques éditeurs. Peut-être néanmoins rend elle assez bien la pensée de l'auteur, qui veut dire, ce me semble, que ce mode d'élection n'avait rien de sensé, ni de réfléchi, mais n'exprimait que la faveur, souvent irréfléchie, de la multitude, et son caprice du moment. Car les sénateurs de Sparte étaient nommés par acclamation ; les candidats traversaient la place publique ; des hommes placés dans un lieu d'où ils ne pouvaient voir personne, tenaient compte du bruit qu'ils entendaient à chaque fois, et l'acclamation la plus forte, à leur jugement, décidait en faveur du candidat qui y avait donné occasion. C'est ce mode que notre auteur appelle, avec beaucoup de raison, tout-à-fait puéril. (ci-dessus, l. 2, c. 6, § 18). On ne sait, au reste, presque rien de cette république des Éléens. Thucydide n'en dit que quelques mots (*Hist.* l. 5, c. 47), et Plutarque (*Præcept. Polit.* p. 255) semble indiquer le fait auquel Aristote fait ici allusion, quand il dit qu'un certain Phormion, ayant restreint chez les Éléens le pouvoir de l'oligarchie, comme avait fait Éphialte, à Athènes, y acquit à la fois de la gloire et de la puissance.

chie, en temps de guerre comme en temps de paix. En guerre, parce que la défiance que l'on a du peuple oblige à employer des troupes mercenaires; alors celui à qui l'on en confie le commandement s'empare souvent de la tyrannie, comme fit Timophanes (1) à Corinthe; et si on le confie à plusieurs, ceux-ci se rendent maîtres du gouvernement. Quelquefois, dans la crainte de pareils événements, on donne quelque part d'autorité à la multitude, dans la nécessité où l'on est de se servir du peuple. En temps de paix, la défiance des oligarques, à l'égard les uns des autres, les détermine à donner la garde de l'état à des soldats étrangers, sous un chef qui n'est d'aucun parti, (2), et qui devient quelquefois maître des deux factions opposées : c'est ce qu'on vit à Larisse, sous le commandement de Samus de la famille des Aleuades (3); et à Abydos, au temps des *héteries* [factions] dont l'une était celle d'Iphiades (4).

10. Les dissensions ont lieu aussi à cause des of-

---

(1) Timophanes était le frère du célèbre Timoléon. Voyez le *Voyage du jeune Anacharsis*, chap. 8, to. 2, p. 179 suiv.

(2) Un *médiateur*, un *arbitre*. Aristote se sert ici de l'expression ἄρχων μεσίδιος, qu'il a employée dans sa *Morale*, (l. 5, c. 4). Voyez page 210 de la traduction française.

(3) Les *Aleuades*, l'une des plus illustres et des plus puissantes familles de la Thessalie, étaient *Héraclides*, ou de la race d'Hercule. Voyez, sur cela, une longue note de Schneider (*In Addend.* p. 294—299).

(4) C'est à ce fait que se rapporte un stratagème de cet Iphiades, rapporté par Æneas (*Tactic.* c. 25).

fenses réciproques que se font ceux qui sont à la tête de l'oligarchie, soit par des procès, soit à l'occasion des mariages. Nous avons donné précédemment des exemples de ce dernier genre, on peut y joindre celui de la république d'Erétrie, où l'autorité oligarchique des chevaliers fut détruite par Diagoras, qui avait été offensé au sujet d'un mariage. Il s'éleva une sédition à Héraclée, à l'occasion d'une sentence prononcée par le tribunal; et à Thèbes, pour une cause d'adultère; la punition était juste, mais la sentence avait été rendue par esprit de parti, à Héraclée contre Erytion, et à Thèbes contre Archias. En effet, leurs ennemis portèrent la fureur au point de les faire condamner à être attachés à un pieu, au milieu de la place publique (1).

11. Plusieurs gouvernements ont été détruits par quelques-uns de ceux que l'excès du despotisme oligarchique avait irrités, comme à Cnide et à Chios. Quelquefois aussi les révolutions, dans la république proprement dite, et dans l'oligarchie, sont l'effet de circonstances imprévues, lorsqu'on y est admis à exercer les fonctions de sénateur, de juge et

____

(1) On n'a presque point d'autres documents sur les divers évènements qu'Aristote ne fait qu'indiquer, dans tout ce § 10, à moins qu'on ne suppose avec l'un des commentateurs que le dernier fait, concernant Archias de Thèbes, ne soit celui que mentionne Élien (*Var. Hist.* l. 11, c. 6), et que ce ne soit le même personnage qui livra la citadelle de Thèbes aux Lacédémoniens. Voy. Plutarque (*Vit. Agesil.* c. 23. *De Genio Socrat. ec.*)

les autres magistratures, d'après un cens déterminé :
car, comme la quotité de revenu exigée d'abord,
eu égard au temps présent, avait été calculée de
manière que, dans l'oligarchie, peu de gens eussent
part à l'autorité, et dans la république seulement
les citoyens du moyen ordre, il arrive souvent que,
par suite de l'abondance produite par un long état
de paix, ou par d'autres circonstances favorables,
les mêmes propriétés ont acquis une valeur plusieurs fois plus considérable (1) ; en sorte que tous
ont part à tout, le changement s'étant opéré quelquefois par un progrès insensible, et d'autres fois
d'une manière plus rapide.

12. Telles sont donc les causes des révolutions
dans les oligarchies, en général, ainsi que dans les
démocraties ; elles ne se changent pas toujours en
gouvernements d'une forme opposée, mais quelque fois en d'autres espèces du même genre : par
exemple, lorsqu'une démocratie ou une aristocratie, fondées sur les lois, se changent en une domination plus arbitraire, ou réciproquement.

VI. Il s'élève des séditions dans les aristocraties,
ou parce que trop peu de gens participent aux honneurs, ce qu'on a dit être aussi une occasion de
troubles dans les oligarchies, attendu que l'aristocratie est à quelques égards une oligarchie : car le
pouvoir, dans l'une et dans l'autre, est entre les

----

(1) Aristote revient encore ailleurs sur ce sujet. Voyez ci-
dessous, c. 7, § 6.

mains de peu de personnes (non pas pourtant par les mêmes motifs, quoique l'aristocratie semble être pour cette raison une oligarchie). Mais cela arrive nécessairement lorsqu'il y a une assez grande quantité de citoyens qui peuvent avoir des prétentions égales, sous le rapport de la vertu, comme à Lacédémone, ceux qu'on appelait *Parthéniens* (1), car ils avaient une naissance égale aux autres citoyens, mais ayant été surpris dans une conspiration, ils furent envoyés comme colonie à Tarente.

2. Ou bien lorsque quelques citoyens puissants, et qui ne reconnaissent aucun supérieur en mérite, sont privés de leurs honneurs par ceux qui sont plus élevés en dignité, comme Lysandre le fut par les rois de Sparte (2); ou lorsqu'un homme de courage est exclu des honneurs, comme Cinadon qui, sous le règne d'Agésilaüs, trama un complot contre les Spartiates (3) : et aussi lorsque les uns sont dans une excessive opulence, et les autres dans la pau-

---

(1) Les enfants nés à Sparte pendant l'absence de leurs pères, tout le temps que dura la première guerre de Messénie, furent ainsi appelés, pour indiquer leur naissance illégitime, et cette flétrissure leur ayant inspiré un vif ressentiment, les excita à conspirer, comme on le voit dans Strabon (l. 6, p. 278); leur complot ayant été découvert, ils allèrent s'établir en Italie, où ils fondèrent la ville de Tarente. Justin (l. 3, c. 4), en parlant de ce dernier fait, ne dit rien de la conspiration qui leur est imputée ici.

(2) Voyez la vie de Lysandre, dans Plutarque, ou dans Cornelius Nepos.

(3) Voyez Xénophon (*Hellenic.* l. 3, c. 3).

vreté, ce qui arrive surtout dans les temps de guerre, comme on le vit à Lacédémone à l'époque de la guerre de Messénie. C'est ce que prouve encore le poëme de Tyrtée, intitulé *Eunomia* (1): car plusieurs de ceux qui avaient souffert de la guerre demandaient un partage des terres. Enfin, lorsqu'un citoyen est devenu puissant, et peut le devenir davantage, au point de se rendre maître absolu, comme il paraît que l'était à Lacédémone Pausanias, qui avait commandé l'armée dans la guerre Médique, et Hannon à Carthage (2).

3. Ce qui détruit surtout les républiques et les aristocraties, c'est la violation de la justice, dans le gouvernement même. Cela vient de ce qu'il ne se trouve pas, dans la République, un mélange convenable de démocratie et d'oligarchie, et de ce que, dans l'aristocratie, ces éléments ne sont pas combinés avec la vertu, surtout les deux premiers. Car c'est à cette combinaison que s'attachent prin-

---

(1) Le fait qu'Aristote a en vue est rapporté, avec assez de détail, par Pausanias (l. 4, c. 18), qui dit que Tyrtée parvint à rétablir la concorde parmi les Lacédémoniens. Quant à son poëme intitulé *Eunomia*, il ne nous en reste absolument rien, car la conjecture du traducteur allemand Schlosser, que les vers cités par Plutarque (*In Lycurg.* c. 6), sont peut-être un fragment de ce poëme, paraît peu fondée.

(2) L'histoire de Pausanias est bien connue; voyez sa vie dans Cornélius Népos. Quant à Hannon, il faut se contenter de ce qu'en disent Justin (l. 21, c. 4), et Plutarque (*Præcept. Politic.* p. 14, ed. Hutt.).

cipalement les républiques, et la plupart des gouvernements aristocratiques.

4. En effet, c'est en cela que les aristocraties diffèrent des républiques proprement dites; et c'est par là que les unes sont plus durables, et les autres moins: car on appelle aristocraties, celles qui ont plus de tendance vers l'oligarchie; et républiques, celles qui penchent plus vers le gouvernement populaire. Voilà pourquoi celles-ci sont plus stables que les autres: car il y a plus de force dans le plus grand nombre, et on s'y contente mieux de l'égalité; mais ceux qui jouissent d'une grande opulence, si la constitution leur accorde quelques priviléges, deviennent insolents et avides.

5. En général, quelle que soit la tendance du gouvernement, elle détermine les changements qui s'y font; chacune des parties s'appliquant à accroître ses avantages. Ainsi la république dégénère en démocratie, et l'aristocratie en oligarchie; ou bien le changement se fait en sens opposé: par exemple, de l'aristocratie en démocratie, car les plus pauvres citoyens, comme étant victimes de l'injustice, entraînent l'état en sens contraire. Mais la république se change en oligarchie: car il n'y a de durable que ce qui est fondé sur l'égalité proportionnelle, et qui conserve à chacun la jouissance de ce qui lui appartient.

6. Ce qu'on vient de dire arriva chez les Thuriens: car, comme on y exigeait un cens considérable pour les magistratures, on le réduisit et on multiplia le nombre des charges; et comme les no-

bles se trouvaient maîtres de tout le territoire, contre le vœu des lois, (car le gouvernement républicain y était devenu trop oligarchique, en sorte qu'ils avaient eu beaucoup de moyens de s'enrichir), le peuple s'étant aguerri dans les combats, remporta la victoire sur les gardes, de sorte que ceux qui avaient le plus de biens furent obligés d'abandonner leurs terres(1).

7. De plus, comme tous les gouvernements aristocratiques sont aussi oligarchiques, les riches y accroissent davantage leur fortune. C'est ainsi qu'à Lacédémone les propriétés tombent en un petit nombre de mains, les riches y peuvent faire tout ce qui leur plaît et contracter des alliances avec qui ils veulent. Ainsi encore le mariage de Denys causa la ruine de la république des Locriens (2), ce qui ne fût pas arrivé dans une démocratie, ni même

---

(1) Ce récit est tellement succinct, qu'on ne peut guère se faire d'idées claires, ni du mode de gouvernement des Thuriens, ni des évènements qui donnèrent lieu à la révolution dont parle ici Aristote. Le texte même n'a pas, en cet endroit, la clarté désirable, et semble avoir été tronqué ou altéré. Voyez les remarques de Schneider, p. 317—321.

(2) Diodore de Sicile (l. 14, c. 44) raconte le double mariage contracté par Denys l'ancien, dans le même jour, avec Doris, d'une des plus puissantes familles de Locres, et avec Aristomaque, Syracusaine, sœur de Dion. Mais on ne sait pas précisément comment ce mariage fut cause de la ruine de l'état des Locriens. Seulement, on voit dans Strabon (l. 6, p. 259), et dans Athénée (l. 12, p. 541), que Denys le jeune exerça chez eux une tyrannie révoltante, dont ils tirèrent, dans la suite, la plus cruelle vengeance.

dans une aristocratie sagement combinée. Ce sont surtout les aristocraties, qui, par des altérations insensibles, éprouvent de grands changements : parce que (comme on l'a dit précédemment), en général, dans toutes les républiques, la cause des révolutions agit quelquefois insensiblement. Car, lorsqu'on a négligé quelqu'une des choses qui influent sur le gouvernement, il est ensuite plus facile qu'il s'opère de nouveaux changements plus importants, jusqu'à ce qu'enfin tout l'édifice soit ébranlé.

8. C'est ce qui arriva encore dans la république de Thurium : car, comme il y avait une loi qui ne permettait de commander l'armée qu'après un intervalle de cinq ans, quelques jeunes gens, qui étaient devenus habiles dans l'art militaire, et qui avaient acquis du crédit sur les soldats, méprisant ceux qui avaient la conduite des affaires, et s'imaginant qu'ils viendraient facilement à bout de leur dessein, entreprirent d'abolir cette loi (en sorte qu'ils pussent conserver le commandement sans interruption), surtout lorsqu'ils virent le peuple disposé à leur donner ses suffrages. Cependant ceux des magistrats qui sous le nom de *Conseillers* (1) devaient surveiller cette partie, et qui d'abord avaient résolu de s'opposer au changement, consentirent à céder, dans la persuasion que ceux qui voulaient

---

(1) Ou *membres du conseil* (σύμβουλοι). Heyne (*Opuscul. Academ.* t. 2, p. 151) suppose que c'étaient des magistrats chargés de veiller au maintien des lois, ou *Gardiens des lois* (νομοφύλακες) dont parle Cicéron (*De Legib.* l. 3, c. 20).

abolir la loi ne changeraient rien d'ailleurs au gouvernement. Mais lorsque, dans la suite, ils voulurent s'opposer à de nouvelles propositions, ils se trouvèrent sans aucune force, et la république fut ainsi transformée en un gouvernement arbitraire, dans les mains de ceux qui avaient introduit ces nouveautés.

9. Au reste, toutes les républiques peuvent être renversées, soit par des causes intérieures, soit par des causes extérieures, lorsqu'il se trouve dans leur voisinage, ou même au loin, quelque gouvernement opposé, qui dispose de la force. C'est ainsi que les Athéniens, par exemple, abolissaient partout l'oligarchie, et les Lacédémoniens la démocratie. Nous avons donc dit quelles sont à peu près les causes des changements et des séditions qui arrivent dans les gouvernements.

VII. Il convient à présent de parler des moyens de salut, tant généraux que particuliers, pour chaque forme de gouvernement. Et d'abord, il est clair que si nous connaissons les causes de leur dépérissement, nous connaissons aussi les moyens de leur conservation; car les effets contraires sont le produit de causes contraires : or, le dépérissement est le contraire de la conservation. Dans les républiques sagement tempérées, ce qu'il faut surtout observer, c'est de prévenir les plus petites atteintes qui pourraient être portées aux lois.

2. Car l'illégalité s'introduit quelquefois sans qu'on s'en aperçoive, comme les petites dépenses souvent répétées dérangent les fortunes. La dévia-

tion est presque insensible, parce que tout ne se fait pas à la fois : car l'esprit se fait illusion en pareil cas; c'est le sophisme connu, si chaque partie est petite, le tout doit l'être aussi : mais cela est vrai quelquefois, et quelquefois non, puisque le tout ou l'ensemble n'est pas toujours une petite chose, quoiqu'il soit composé de petites choses. Il faut donc se précautionner contre ces commencements, ensuite se défier des sophismes habilement présentés pour tromper la multitude, **car ils se réfutent d'eux-mêmes par les faits. Au reste, nous avons dit précédemment quels sont ces sophismes des gouvernements (1).**

3. Il faut de plus considérer que non seulement des aristocraties, mais aussi des oligarchies se conservent, non pas pour être des gouvernements stables en eux-mêmes, mais par le bon emploi que ceux qui sont dans les charges font des ressources de la république, tant au dedans qu'au dehors, en ne commettant pas d'injustices envers ceux qui ne participent point au pouvoir; en appelant aux charges, ou aux dignités, ceux qui ont le plus de talent pour gouverner; en ne privant pas injustement les ambitieux de toute considération, et les gens du peuple de tout profit; enfin en mettant une sorte d'affabilité et de popularité dans leurs procédés les uns à l'égard des autres. Car cette égalité que les partisans du régime populaire exigent en faveur de

---

(1) Voyez ci-dessus l. 4, c. 10, § 6.

la multitude, est non-seulement juste, mais utile, parmi les hommes du même rang.

4. Voilà pourquoi, si ceux qui administrent les affaires sont nombreux, beaucoup de réglements populaires peuvent leur être utiles, comme de borner à six mois l'exercice des charges, afin que tous ceux qui sont de même condition puissent y participer, car ils forment alors comme un peuple. Aussi s'élève-t-il souvent des démagogues parmi eux, comme on l'a déjà dit. D'ailleurs, l'oligarchie et l'aristocratie sont moins sujettes à tomber dans l'arbitraire ; car il n'est pas aussi facile d'intriguer, quand on n'a l'autorité que pour peu de temps, que lorsqu'on la possède long-temps. C'est ce qui fait que, dans les oligarchies et dans les aristocraties, il s'élève souvent des tyrans : car, ou les plus grands aspirent, dans les unes et dans les autres, au pouvoir absolu (ici, les démagogues, là, les hommes puissants), ou ce sont ceux qui possèdent les plus grandes magistratures, lorsqu'ils les exercent trop long-temps.

5. Les états se conservent quelquefois, non-seulement par l'éloignement des causes qui pourraient les renverser, mais aussi par leur proximité. Car la crainte fait qu'on surveille plus attentivement l'administration ; en sorte qu'il faut que ceux qui ont à cœur le salut de l'état, ménagent pour ainsi dire quelques sujets d'alarmes, afin qu'on se tienne sur ses gardes, qu'on ne tente rien contre la sûreté publique, et qu'à l'exemple d'une sentinelle de nuit on tienne compte du danger éloigné, comme s'il

était près. Il faut aussi s'appliquer à prévenir, par de sages lois, les rivalités des hommes puissants, les séditions, et empêcher à temps que ceux qui n'y sont pas encore engagés soient tentés d'y prendre part. Car, juger dès le principe le vice qui existe, n'est pas le fait d'un homme ordinaire, mais de celui qui est habile dans la politique.

6. Quant au changement de l'oligarchie en république, produit par la quotité des revenus, lorsqu'il arrive que, le cens restant le même, la richesse en numéraire s'est accrue, il est utile de comparer l'état présent des fortunes à l'état passé, chaque année, par exemple, si c'est l'époque prescrite par la loi pour le recensement ; et, tous les trois ans, ou tous les cinq ans (1), dans les états plus considérables. Alors, suivant que l'on trouve une somme plusieurs fois moindre ou plus considérable qu'auparavant, relativement au cens établi pour les magistratures, il faut ou le diminuer ou l'augmenter par une loi : le diminuer, si le résultat est moindre ; et l'augmenter proportionnellement à l'accroissement de la richesse, si le résultat est plus considérable.

7. Car, dans les oligarchies et dans les républiques où l'on n'en agit pas ainsi, il arrive que celles-ci se changent en oligarchies, et que le pouvoir

---

(1) On voit dans Xénophon (*De Republ. Atheniens.* c. 3, § 5) que le rôle et la répartition des impôts, surtout de ceux que les Athéniens exigeaient des habitants des îles, qu'ils appelaient leurs *alliés*, se faisait tous les cinq ans.

arbitraire s'établit dans celles-là ; et, dans le cas ou le cens exigé est trop faible, la république se change en démocratie, et l'oligarchie devient, ou république, ou état populaire. Une règle générale, dans la démocratie, dans l'oligarchie, dans la monarchie, et en toute forme de gouvernement, c'est que personne ne puisse s'agrandir outre mesure ; c'est de s'appliquer plutôt à n'établir que des magistratures peu considérables, lorsqu'elles doivent durer longtemps, ou de peu de durée, quand elles sont considérables ; car elles se corrompent promptement, et il y a bien peu d'hommes capables de supporter la prospérité. Autrement, il faut observer de ne pas donner beaucoup de pouvoir à la fois, et aussi de ne pas l'ôter tout d'un coup, mais par degrés.

8. Il faut surtout s'attacher à ce que, par l'effet des lois, personne ne puisse acquérir ni une grande puissance, ni un grand crédit, par sa fortune ou par ses amis, ou bien mettre de tels citoyens dans la nécessité de s'absenter. Mais, comme ceux qui mènent une vie privée peuvent aussi tenter des innovations, il est bon qu'il y ait quelque magistrature chargée de surveiller les simples citoyens dont le genre de vie n'est pas conforme au système du gouvernement, c'est-à-dire, à la démocratie dans le gouvernement populaire, à l'oligarchie dans un état oligarchique, et ainsi de chacun des autres. Il est bon aussi d'empêcher, pour les mêmes causes, que quelque partie de l'état n'acquière une prépondérance trop grande ; le remède à cela est de remettre l'action du gouvernement et les magistratures aux mains

des partis naturellement opposés. J'entends par partis opposés, les hommes distingués, par rapport à la multitude, et les pauvres à l'égard des riches. Il faut aussi s'appliquer à mêler, en quelque sorte, la multitude des pauvres avec la classe des riches, ou augmenter la classe moyenne. Car c'est elle qui peut concilier les dissentiments qui naissent de l'inégalité.

9. Mais ce qu'il y a de plus important, dans tout gouvernement, c'est que tout soit réglé par les lois et par l'ensemble des institutions, de manière qu'il ne soit pas possible aux magistrats de faire des profits. C'est ce qu'il faut surtout observer dans les gouvernements oligarchiques ; car, par là, les citoyens, loin de s'indigner de se voir éloignés des charges, sont bien aises de pouvoir vaquer à leurs affaires particulières ; ce qui n'arrive pas, lorsqu'on s'imagine que les magistrats dilapident la fortune publique ; car alors, on éprouve le double chagrin de se voir frustré des profits et des honneurs.

10. Cependant, il y aurait une manière d'unir ensemble la démocratie et l'aristocratie, ce serait de faire en sorte que les puissants et le peuple eussent, chacun de son côté, ce qu'il peut désirer. En effet, le droit de parvenir aux charges, accordé à tous, est une institution démocratique ; et n'admettre aux dignités que les citoyens d'un rang élevé, est le caractère de l'aristocratie. Or cela aura lieu, lorsqu'il n'y aura pas occasion de s'enrichir dans les emplois. Car les pauvres ne voudront pas les occuper, puisqu'il n'y aura aucun profit, mais ils préfére-

ront de veiller à leurs propres intérêts ; et les riches le pourront, n'ayant aucun besoin de s'enrichir aux dépens du public. De cette manière, les pauvres, en vaquant à leurs travaux, s'enrichiront ; et les citoyens distingués ne seront pas soumis à l'autorité d'hommes sans talents et sans éducation.

11. Pour que le trésor public ne soit pas dilapidé, il faut que le dépôt en soit fait, en présence de tous les citoyens ; que des états en soient remis entre les mains des communautés, des centuries et des tribus ; et que la loi décerne des honneurs à ceux qui auront exercé leurs charges avec désintéressement. Mais, dans les démocraties, il faut ménager les riches, et non-seulement ne point avoir recours aux partages des terres, mais pas même à celui des produits, ce qui se pratique, sans qu'on s'en aperçoive, dans quelques états. Il vaut même mieux interdire les dépenses publiques et considérables, mais qui ne seraient pas utiles, lorsque les riches veulent s'en charger ; comme celles que l'on fait pour les spectacles, pour les courses avec des flambeaux, et autres solennités de ce genre (1).

12. Mais, dans l'oligarchie, il faut avoir beaucoup d'égards à la classe pauvre, et lui laisser la jouissance de tous les emplois lucratifs. Et, si quelqu'un

---

(1) C'est probablement cet endroit de la *Politique* d'Aristote que Cicéron a eu en vue (*De Offic.* l. 2, c. 16), lorsqu'après avoir censuré l'opinion de Théophraste, grand admirateur de ces sortes de profusions, il lui oppose le jugement qu'en porte notre philosophe.

des riches les traite avec insolence, il faut le punir avec plus de sévérité que s'il avait insulté ses égaux. Il faut que les héritages ne puissent point être donnés à d'autres qu'aux personnes de la famille; et que le même individu ne puisse pas hériter de plusieurs personnes. Car, de cette manière, il y aura plus d'égalité dans les fortunes, et plus de pauvres qui parviendront à une sorte d'aisance.

13. Il est utile aussi, dans la démocratie et dans l'oligarchie, d'accorder l'égalité, et même la préférence, à ceux qui participent moins au gouvernement; aux riches dans la démocratie, et aux pauvres dans l'oligarchie, excepté pour les principales magistratures : celles-là ne doivent être confiées qu'aux seules personnes qui composent le gouvernement, ou du moins au plus grand nombre d'entre elles.

14. Mais on doit exiger trois conditions chez ceux qui sont destinés à remplir les places les plus importantes : premièrement, l'attachement au gouvernement établi; ensuite, les talents les plus distingués pour l'administration; en troisième lieu, l'amour de la justice, et l'espèce de vertu la plus convenable à la forme du gouvernement. Car, si le droit n'est pas le même dans toutes, il faut nécessairement que les notions de justice y soient différentes. Mais, dira-t-on peut-être, lorsque toutes ces conditions ne se trouveront pas réunies, on sera fort embarrassé de savoir comment choisir. Par exemple, si un citoyen a des talents pour la guerre, et qu'il soit en même temps vicieux et

peu affectionné au gouvernement; ou si celui qui est juste et dévoué, n'a aucun talent pour la guerre, comment se décidera-t-on dans le choix?

15. Il convient donc de considérer à quoi tous les hommes sont plus généralement propres, et à quoi ils le sont moins. Voilà pourquoi, dans le commandement des armées, il faut avoir plus d'égards à l'expérience qu'à la vertu; car il est plus rare de trouver de bons généraux, que des hommes probes. Mais, pour la surveillance et la garde du trésor public, c'est tout le contraire; car il y faut plus de vertu que n'en a le commun des hommes, au lieu que tout le monde peut en avoir la science. On pourrait demander quel besoin on a de la vertu, lorsque le talent de l'administration se trouve réuni à l'affection pour le gouvernement, car ces deux qualités suffiront pour que l'on soit utile. Ou bien serait-ce qu'il est possible que ceux qui possèdent ces deux qualités ne soient pas des hommes d'un caractère sûr : tellement que, de même qu'ils ne soignent pas leurs propres intérêts, bien qu'ayant la science nécessaire et l'amour d'eux-mêmes, ainsi rien n'empêche qu'ils ne sacrifient aussi l'intérêt public?

16. En général, tout ce que nous déclarons être utile aux gouvernements, dans les lois établies, tend à leur conservation; et la condition principale, dont on a déjà parlé bien des fois, est d'observer que le nombre de ceux qui veulent que l'état subsiste, l'emporte sur celui des personnes qui ne le veulent pas. Mais, outre cela, il ne faut point perdre de vue

ce juste milieu, méconnu aujourd'hui des républiques qui s'écartent des véritables principes. Car, bien des choses favorables, en apparence, au gouvernement populaire, ou au gouvernement oligarchique, contribuentà la ruine des démocraties et des oligarchies.

17. Mais ceux qui s'imaginent que c'est là l'unique mérite, tombent dans l'excès : ils ne songent point que, de même qu'un nez qui s'écarte de la ligne la plus favorable à la beauté, de manière à paraître ou aquilin ou camus, peut cependant donner quelque agrément à la physionomie : cependant, si l'on exagère à l'excès ce défaut, d'abord il perdra la dimension propre à cette partie, et enfin on fera si bien que, par l'excès ou le défaut de proportion, il n'y aura plus de nez du tout (1); il en sera ainsi des autres parties. Or, la même chose peut arriver à l'égard des états.

18. Car il est possible qu'une oligarchie, ou une démocratie, bien qu'elles n'aient pas la constitution la plus parfaite, aient un degré de bonté suffisant; mais, si on exagère le principe de l'une ou de l'autre, d'abord on rendra le gouvernement plus mauvais, et enfin il n'y aura plus de république. Il faut donc que le législateur et l'homme d'état sachent quelles sont les institutions populaires qui peuvent être nuisibles à la démocratie, et quelles institutions oligarchiques sont nuisibles à l'oligarchie. Car

---

(1) Aristote se sert encore de cette comparaison dans sa *Rhétorique* (l. 1, c. 4).

ni l'un ni l'autre de ces gouvernements ne peut subsister qu'avec des riches et une masse populaire : mais, quand l'égalité dans les fortunes s'est établie, il faut nécessairement que la forme du gouvernement change. De sorte que ceux qui altèrent les lois relatives à la prééminence des classes, les unes à l'égard des autres, altèrent aussi la forme du gouvernement (1).

19. Il se commet encore des fautes dans les démocraties et dans les oligarchies. Dans les unes, par les démagogues, lorsque la multitude est maîtresse des lois. Car, en s'élevant contre les riches ils divisent sans cesse la société en deux partis opposés, tandis qu'il faudrait au contraire avoir l'air de parler pour les riches ; et que les chefs de l'oligarchie parussent toujours défendre les intérêts du peuple. En un mot, il faudrait que les oligarques fissent un serment tout contraire à celui qu'ils prêtent aujourd'hui dans quelques républiques, car telle est la formule de ce serment : *je serai toujours ennemi du peuple, et je conseillerai ce que je saurai lui être nuisible.* Mais il faudrait penser et feindre tout le contraire, et dire, en prêtant serment : *je ne ferai aucun tort au peuple* (2).

---

(1) Le texte n'est pas ici assez clair, pour qu'on soit sûr d'avoir saisi la véritable pensée de l'auteur ; on a donc cru devoir suivre plutôt la liaison des idées.

(2) Opposons à l'absurde serment des oligarques, dont parle ici Aristote, celui que prêtaient tous les jeunes Athéniens, dans la chapelle d'Aglaure [ou Agraule], lorsque, parvenus à leur

20. Au reste, dans tout ce que nous avons dit, le point le plus important pour la stabilité des états, et que tous négligent aujourd'hui, c'est que l'éducation soit appropriée à la forme du gouvernement : car les lois les plus utiles, et qui réunissent le plus l'assentiment de tous les citoyens, ne serviront de rien, si l'on n'a pas pris des habitudes et reçu une éducation analogues à la constitution ; c'est-à-dire, populaires, si les lois sont populaires, et oligarchiques, si elles sont oligarchiques ; car si l'intempérance est un vice des individus, elle est aussi un vice des états.

21. Mais avoir reçu une éducation analogue à la forme du gouvernement, ce n'est pas faire ce qui plaît aux chefs de l'oligarchie, ou aux partisans de la démocratie ; c'est faire ce qui contribuera à assurer aux uns la durée de l'oligarchie, et pour les autres celle de la démocratie. De nos jours, les enfants de ceux qui sont à la tête des gouvernements

---

vingtième année, ils étaient enrôlés parmi les défenseurs de l'état : « Je ne déshonorerai point mes armes : je n'abandonne- « rai point le compagnon, quel qu'il soit, près de qui je me « trouverai placé dans les rangs : je défendrai les temples, les « choses saintes, soit seul, soit avec un grand nombre d'autres : « je ne trahirai point ma patrie, et je travaillerai à la rendre « plus grande et plus glorieuse : je me conformerai aux sentences « des juges, j'obéirai aux lois établies, et à celles que le peuple « aura sanctionnées dans sa sagesse ; et si quelqu'un ose y déso- « béir ou les enfreindre, je ne le souffrirai pas ; mais je les dé- « fendrai, soit seul, soit de concert avec tous. » Voyez Pollux, l. 8, § 105 ; Stobée, *Serm.* 41, p. 243.

oligarchiques, vivent dans la mollesse et dans les délices; tandis que les enfants des pauvres s'exercent aux travaux et s'endurcissent à la fatigue : il arrive de là que ceux-ci sont plus enclins à tenter des nouveautés, et plus capables d'y réussir.

22. D'un autre côté, dans les démocraties qui passent pour être le plus populaires, il existe un état de choses tout opposé à ce qui serait avantageux. Cela vient de ce qu'on définit mal la liberté : car il y a, ce semble, deux conditions pour que la démocratie existe; l'une, que la multitude ait l'autorité, l'autre que l'on jouisse de la liberté. En effet, on regarde l'égalité comme le fondement de la justice, et l'on prétend que ce qui est déclaré égal, suivant l'opinion de la multitude, ait force de loi; que la liberté et l'égalité consistent à faire ce qu'on veut : en sorte que, dans de pareilles démocraties, chacun vit à sa fantaisie, et au gré de son caprice, comme dit Euripide (1), mais c'est un inconvénient. Car il ne faut pas croire que vivre pour l'état soit une servitude (2), c'est plutôt un moyen de salut.

---

(1) Il semble que ce soit plutôt une manière de s'exprimer, qu'une pensée d'Euripide que l'auteur a eue ici en vue. Voyez, sur cet endroit du texte, les remarques de Mr Coray, p. 3o1.

(2) Un des commentateurs rappelle, à cette occasion, cette belle pensée de Cicéron (*Pro Cluent.* c. 53): *Legum ministri magistratus, legum interpretes judices, legum denique idcirco omnes servi sumus, ut liberi esse possimus.* « Les magistrats sont « les ministres des lois, les juges sont les interprètes des lois; « en un mot, nous sommes tous esclaves des lois, afin de pouvoir vivre libres. »

Telles sont donc, pour le dire en peu de mots, les conditions et les circonstances qui contribuent aux changements et à la corruption des républiques, et tels sont les moyens qui peuvent les conserver et les affermir.

VIII. Il nous reste à parler aussi de la monarchie, et de ce qui peut le plus ordinairement contribuer à sa ruine, ou à sa conservation ; au reste, les circonstances relatives à la royauté et à la tyrannie, sont à peu près les mêmes que celles dont nous avons parlé en traitant des républiques. Car, la royauté a quelque analogie avec l'aristocratie, et la tyrannie est un résultat de la démocratie et de l'oligarchie, portées au dernier degré. Voilà pourquoi elle est ce qu'il y a de plus dommageable aux sujets, comme étant composée de deux maux, et réunissant les inconvénients et les vices qui se trouvent dans ces deux sortes de gouvernement.

2. Des causes contraires donnent immédiatement naissance à deux espèces de monarchies : car la royauté fut établie pour protéger la classé supérieure contre la violence du peuple ; et l'on choisit pour roi quelqu'un des citoyens distingués par leurs vertus, ou par des actions qui viennent de la vertu, ou à raison d'une naissance qui suppose ce genre de prééminence. Au lieu qu'un tyran est pris dans le sein du peuple et de la multitude, pour l'opposer aux hommes puissants, et afin que le peuple ne souffre aucune injustice de leur part ; c'est ce que les faits prouvent avec évidence.

3. En effet, la plupart des tyrans sont, pour

ainsi dire, sortis de la classe des démagogues qui s'étaient attiré la confiance du peuple, à force de calomnier les hommes puissants : et quelques-unes de ces tyrannies se sont établies ainsi dans des états déja parvenus à un certain degré d'accroissement : d'autres, avant celles-là, l'ont été par des rois violateurs des lois de leur patrie, et avides d'une autorité despotique ; d'autres, par ceux qui avaient été élevés par le choix des citoyens aux principales magistratures. Car anciennement les peuples confiaient [à leurs chefs] l'autorité publique et les plus hautes dignités, pour un temps considérable : d'autres enfin se sont établies dans des oligarchies, où l'on choisissait quelque citoyen qui disposait en maître de la plus grande autorité.

4. Car tous ont pu facilement venir à bout de leurs desseins, par ces divers moyens, s'ils le voulaient, puisqu'ils avaient, les uns, le pouvoir attaché à la dignité de roi, et les autres la considération qui tenait à leur magistrature. C'est ainsi que Phidon à Argos, et d'autres ailleurs, établirent leur tyrannie sur une royauté déja existante : et Phalaris, comme les tyrans de l'Ionie, profita des honneurs qu'on lui accordait pour établir la sienne. Panætius chez les Léontins, Cypsélus à Corinthe, Pisistrate à Athènes, et Denys à Syracuse, profitèrent de leur ascendant sur le peuple pour arriver au même but (1).

------

(1) Phidon d'Argos, de la race d'Hercule, et inventeur des mesures Phidoniennes, ou vases Phidoniens, n'est pas le même

5. La royauté a donc, comme nous l'avons dit, quelque analogie avec l'aristocratie : car elle se fonde sur le mérite, sur la vertu, sur la naissance, ou sur les bienfaits, ou sur la puissance réunie à ces divers avantages; en effet, tous ceux qui ont été, ou qui ont pu être les bienfaiteurs des villes ou des nations, ont obtenu ce genre d'honneur. Les uns, par leurs vertus guerrières, en préservant le peuple de la servitude, comme Codrus; les autres, en l'affranchissant, comme Cyrus; d'autres en devenant les fondateurs d'un état, ou en l'aggrandissant par des conquêtes, comme les rois des Lacédémoniens, des Macédoniens et des Molosses.

6. Le roi doit être le protecteur des citoyens, il empêche que personne ne souffre d'injustice dans sa propriété, et que le peuple ne soit exposé à au-

---

que celui dont il a été parlé ci-dessus (l. 2, c. 6). Il se conduisit, suivant Hérodote (l. 6, c. 127), de la manière la plus insolente envers les Éléens. Voyez aussi Strabon (l. 8, p. 358); Pausanias (l. 6, c. 22), et Plutarque (*Narrat. Amator.* p. 93, Reisk.) Sur les tyrans de l'Ionie, au temps de Darius, voyez Hérodote (l. 4, c. 134). Sur Phalaris, tyran d'Agrigente, voyez Polyen (*Stratagem.* l. 5, c. 1, éd. Coray); il paraît qu'il voulut aussi asservir la ville d'Himère, et, pour engager les citoyens à se défier de lui, Stésichore imagina l'apologue du cheval dompté par l'homme, comme nous l'apprend Aristote lui-même dans sa *Rhétorique* (l. 2, c. 20). On ne sait rien de Panætius, tyran des Léontins, et peu de choses de Cypsélus; mais Pisistrate et Denys sont trop connus pour qu'il soit nécessaire d'indiquer ici les auteurs qui en ont parlé.

cun outrage. Mais la tyrannie, comme on l'a dit plusieurs fois, n'a jamais en vue le bien général, si ce n'est pour sa propre utilité. Le but que se propose le tyran, c'est le plaisir ou l'agrément; le roi n'a en vue que l'honneur. Voilà pourquoi l'un aspire plus à accroître ses richesses, et l'autre sa gloire; la garde d'un roi est composée de citoyens, mais celle d'un tyran, l'est d'étrangers.

7. Au reste, il est évident que la tyrannie réunit à la fois les vices de la démocratie et ceux de l'oligarchie. Elle tient de l'oligarchie son but principal, qui est la richesse; car c'est nécessairement le seul moyen que le tyran ait de pourvoir à sa sûreté et à ses plaisirs. Elle en tient aussi la défiance à l'égard du peuple, et c'est pour cela que l'on a soin de désarmer les citoyens. Molester la multitude, exiler et bannir les citoyens de la ville, est le procédé commun à l'oligarchie et à la tyrannie. D'un autre côté, elle a de commun avec la démocratie, de faire une guerre continuelle aux riches, de leur nuire par toutes sortes de moyens, secrets ou déclarés, de les condamner à l'exil comme des rivaux, et de les écarter comme des obstacles au pouvoir. Ce sont eux en effet qui trament incessamment des complots; les uns voulant exercer euxmêmes l'autorité, et les autres ne voulant pas être asservis; de là le conseil donné à Thrasybule par Périandre, coupant les têtes des épis qui s'élevaient au-dessus des autres, pour lui faire entendre qu'il devait faire périr tous les citoyens qui

auraient acquis quelque crédit, ou quelque prééminence.

8. On doit donc reconnaître que le principe et les causes des changements qui arrivent dans les républiques et dans les monarchies, sont, comme nous l'avons dit, à peu près les mêmes. Car la crainte, les injustices et le mépris déterminent la plupart du temps les sujets à conspirer contre les monarchies : et, en fait d'injustices, c'est surtout l'outrage et quelquefois la privation des biens. D'ailleurs, le but est le même, et dans la tyrannie et dans la monarchie ; car la grandeur des richesses et des honneurs dont jouissent les monarques est l'objet de l'ambition de tous.

9. On conspire quelquefois contre la personne des princes, et quelquefois contre leur autorité : les conspirations contre la personne ont pour causes les outrages ; et comme il y en a de plusieurs espèces, chacune d'elles devient une cause de ressentiment ; mais la plupart de ceux qui l'éprouvent, conspirent pour se venger et non pour s'emparer du pouvoir. Ainsi la ruine des fils de Pisistrate, vint d'un outrage fait à la sœur d'Harmodius, et de l'injure faite à Harmodius lui-même : car celui-ci conspira pour venger sa sœur, et Aristogiton pour venger Harmodius (1). Periander, tyran d'Ambracie, fut victime d'une conjuration, parce qu'en sou-

---

(1) Voyez le détail de cet évènement dans l'*Histoire* de Thucydide (l. 5, c. 54—60), et dans le dialogue de Platon, intitulé *Hipparchus*, p. 229.

pant avec un jeune homme qu'il aimait, il lui avait demandé s'il n'était pas enceint de lui (1).

10. La conspiration de Pausanias contre Philippe vint de ce que ce prince l'avait laissé outrager par Attalus (2). Derdas conspira contre Amyntas surnommé *le Petit*, parce qu'il s'était vanté d'avoir abusé de sa jeunesse; et Eunuchus conspira contre Evagoras, roi de Cypre, parce que le fils de ce prince, lui ayant enlevé sa femme, Eunuchus tua Evagoras pour se venger (3). Enfin, beaucoup de conspirations ont eu lieu contre des monarques, par vengeance des mauvais traitements qn'on avait reçus d'eux.

11. Telle fut celle de Cratæus contre Archelaüs, dont la familiarité lui était devenue insupportable, en sorte que ce prétexte, et même une circonstance encore moins importante, suffit pour le décider, parce que, malgré la promesse que ce prince lui avait faite, il ne lui avait donné aucune de ses deux filles. Mais, se trouvant arrêté par la guerre contre Sirrha et Arabacus, il maria l'aînée au roi d'Elimée, et la cadette au fils d'Amyntas, espérant, par ce moyen, prévenir tout différent entre lui et le fils de Cléopatre. Quoi qu'il en soit, le principe de

______

(1) Voyez ci-dessus, c. 3, § 6.

(2) Voyez le récit de cette conjuration, et de la mort de Philippe, dans Diodore de Sicile (l. 16, c. 93, 94); dans Plutarque (*Vit. Alexand.* c. 10), et dans Justin (*Hist.* l. 9, c. 6).

(3) Voyez Diodore de Sicile (l. 15, c. 47, éd. de Wesseling).

leur querelle fut que Cratæus était importuné à l'excès de son commerce avec Archelaüs (1).

12. Hellanocrates de Larisse conspira aussi avec lui pour la même cause : car, comme Archelaüs n'exécutait pas la promesse qu'il lui avait faite de le rétablir dans sa patrie, il s'imagina que, sans avoir pour lui un véritable attachement, Archelaüs n'avait voulu que l'outrager. Paron et Héraclide, d'Ænos, tuèrent Cotys, pour venger la mort de leur père (2) ; et Adamas abandonna le parti de ce même Cotys, par ressentiment de l'outrage qu'il lui avait fait, en le faisant mutiler dans son enfance.

13. Beaucoup de gens aussi, pour avoir reçu des traitements humilians, ou des coups, ont entrepris de renverser l'autorité des chefs des états, ou des monarques, et plusieurs y ont réussi. Ainsi, à Mity-

---

(1) Tout cet endroit est extrèmement obscur, ne contenant presque que des allusions à une partie de l'histoire de la Macédoine, sur laquelle nous n'avons d'ailleurs que des documents fort imparfaits ; et les recherches des plus savants commentateurs d'Aristote, sur ce point, ne nous rendent pas son texte plus intelligible. On s'en convaincra si l'on prend la peine de lire les remarques de Schneider, p. 338—340, et p. 500 et 501.

(2) *Ænos*, ville de Thrace, à l'embouchure de l'Hèbre. *Cotys*, roi de ce pays, fut tué par *Paron*, ou plutôt *Python*, suivant Diogène Laërce (l. 3, § 46). Plutarque (*Adv. Colot.* to. 10, p. 629, éd. Reisk., et *De sui Laude*, t. 8, p. 146), ajoute qu'après la mort de Cotys, Python se réfugia à Athènes, et que, comme on lui prodiguait les louanges, et les applaudissements, il dit simplement : « Athéniens, je ne suis que le bras dont les « dieux se sont servi pour punir un tyran. »

lène, Mégaclès, conjurant avec ses amis, fit périr les *Penthilides* (1) qui parcouraient les rues en frappant les citoyens à coups de massue; et depuis, Smerdis tua Penthilus, qui l'avait battu et fait traîner par sa femme. Et Décamnichus devint le chef de la conjuration contre Archelaüs, étant le premier à exciter les conjurés, parce que ce prince l'avait livré au poète Euripide pour être battu de verges; et Euripide était irrité contre lui, pour une plaisanterie qu'il avait faite sur ce que. ce poète sentait mauvais de la bouche.

14. Un grand nombre d'autres ont été ou assassinés, ou exposés à des conjurations, pour de semblables causes. Mais la crainte produit aussi de pareils effets: car nous avons vu que c'est encore une des causes de désordres et de troubles dans les républiques, aussi-bien que dans les monarchies. Ainsi Artaban fit périr Xerxès, dans la crainte qu'il eut de se voir accuser, au sujet de Darius, pour l'avoir fait étrangler sans l'ordre du roi, mais espérant qu'on lui pardonnerait, comme ayant perdu la

---

(2) On appela ainsi les descendants de Penthilus, fils d'Oreste. Voyez les commentaires de Bachet de Méziriac sur les *Héroïdes* d'Ovide (to. 2, p. 370 suiv.), et l'*Histoire des premiers temps de la Grèce*, de feu Mr Clavier (to. 2, p. 45 suiv.) Quant à Mégaclès, dont il est question ici, on ne sait d'ailleurs rien de ce personnage, non plus que de Smerdis; le fait de Décamnichus et du poète Euripide est aussi raconté par Suidas, et par les auteurs de la vie d'Euripide, mais d'une manière fort confuse, comme le remarque Schneider (to. 2, p. 341).

mémoire de ce qui s'était dit dans un festin. (1).
D'autres conspirations ont été produites par le mépris, comme celle qui coûta la vie à Sardanapale,
qu'un de ses officiers avait vu filant la laine au milieu des femmes (2), si ceux qui font ce récit disent
la vérité : mais si cela n'est pas vrai de ce prince,
cela pourrait bien l'être de quelqu'autre. Dion aussi
conspira contre le second Denys, par mépris pour
sa personne, voyant que tous les citoyens avaient
le même sentiment pour lui, et qu'il était dans un
état de continuelle ivresse.

15. Le mépris porte même quelquefois des amis
à conspirer, parce qu'ils s'imaginent que la confiance dont ils jouissent fermera les yeux sur leurs
intrigues. Ceux aussi qui croient pouvoir s'emparer de l'autorité, conspirent en quelque sorte par
mépris, car, dédaignant le danger, et se fiant sur
leur puissance, ils tentent facilement des entreprises. Tels sont ceux qui commandent les armées des

---

(1) Ce fait est rapporté tout autrement par Ctésias (*Persic.*
c. 29), par Diodore de Sicile (l. 11, c. 69), et par Justin (l. 3,
c. 1); mais une foule de témoignages des historiens anciens et
modernes confirment la vérité de l'observation que fait ici notre
philosophe, à quoi se rapportent aussi les paroles de Cicéron,
à l'occasion du meurtre de César : *Omnium autem rerum nec
aptius est quidquam ad opes tuendas ac tenendas, quam diligi,
nec alienius quam timeri. Præclare Ennius :*

Quem metuunt odere : quem quisque odit periisse expetit.

*Multorum autem odiis nullas opes posse resistere, si antea fuit
ignotum, nuper est cognitum,* etc.

(2) Voyez la *Morale*, p. 13, de la trad. française.

monarques : par exemple, Cyrus à l'égard d'As-
tyage (1), dont il méprisait la manière de vivre et
l'autorité, parce que l'une était pleine de mollesse,
et l'autre sans énergie; et le Thrace Seuthès (2) à
l'égard d'Aamadocus dont il était le général. D'autres conspirent par plus d'une cause, par exemple,
par mépris et par cupidité, comme Mithridates
contre Ariobarzanes (3). Mais c'est surtout le mépris qui inspire de pareils projets aux hommes naturellement audacieux, qui obtiennent les honneurs
militaires près des monarques. Car le courage joint
à l'autorité devient audace, et voilà ce qui fait
naître les projets de conspiration, c'est l'espoir
d'un succès facile.

16. Quant à ceux que l'ambition engage dans de
telles entreprises, ils s'y déterminent par d'autres
motifs que ceux que nous venons de dire. Car nul
d'entre eux n'entreprend rien contre les tyrans, par
jalousie des grandes richesses et des grands honneurs qu'ils possèdent, et ne consent à courir des
dangers par ce motif; mais ils attentent à l'autorité des monarques, par le même motif qui leur
ferait tenter toute autre entreprise propre à les
illustrer. Ce n'est pas à la monarchie, c'est à la
gloire qu'ils aspirent.

17. Toutefois, il n'y a qu'un très-petit nombre

---

(1) Voyez Hérodote (*Hist.* c. 123 et suiv.)

(2) Voyez Xénophon (*Anab.* l. 7, c. 2; et *Hellenic.* l. 4, c. 8.)

(3) Voyez Xénophon (*Cyroped.* l. 8, c. 8). Si c'est à cet endroit de la *Cyropédie* qu'Aristote fait allusion, il est surprenant
qu'il n'ait pas ajouté que Mithridates était fils d'Ariobarzanes.

d'hommes qui soient susceptibles d'être entraînés par un tel motif; car il faut supposer que le soin de leur propre conservation disparaît entièrement devant le désir d'accomplir leur dessein : il faut qu'ils soient tout-à-fait du sentiment de Dion, mais il est difficile que beaucoup de gens en soient capables. En effet, ce héros se mit à la tête de quelques soldats contre Denys, déclarant qu'à quelque degré qu'il pût conduire son entreprise, il s'en contenterait; que dût-il même périr, après avoir seulement touché la terre, et débarqué ses troupes, une telle mort lui paraîtrait honorable.

18. Il n'y a qu'une manière dont la tyrannie puisse être renversée, ainsi que tout autre gouvernement, par une cause extérieure : c'est lorsqu'il se trouve un gouvernement contraire, qui est plus fort, car il est clair que la volonté se joindra à l'opposition des principes. Or, on fait toujours ce qu'on veut, quand on le peut. J'appelle gouvernements contraires, la démocratie, à l'égard de la tyrannie, de même que le potier à l'égard du potier, comme dit Hésiode. En effet, le dernier degré de la démocratie c'est la tyrannie. La royauté et l'aristocratie ont aussi des principes de gouvernement opposés : c'est pour cela que les Lacédémoniens abolirent un grand nombre de tyrannies, ce que firent aussi les Syracusains dans le temps qu'ils avaient un bon gouvernement (1).

---

(1) Probablement lorsqu'ils eurent chassé le tyran Thrasybule, comme le dit Diodore de Sicile (*Hist.* l. 11, c. 68).

19. La tyrannie se détruit quelquefois elle-même, lorsque ceux qui ont part au pouvoir sont désunis. C'est ce qui arriva autrefois à celle de Gélon, et qui arrive aujourd'hui à celle de Denys. Thrasybule, frère d'Hiéron, s'était fait le flatteur du fils de Gélon, et le jetait dans une vie voluptueuse, afin d'exercer seul l'autorité, tandis que ses proches complotaient, non pas pour abolir la tyrannie, mais seulement l'autorité de Thrasybule. Mais les citoyens, profitant de l'occasion, les chassèrent tous, dans une révolte générale (1). Quant à Dion, qui fit la guerre à Denys son parent, en se servant de l'appui du peuple, il périt lui-même, après avoir chassé le tyran.

20. Entre les deux causes principales des conspirations qui se font contre la tyrannie, je veux dire la haine et le mépris, il faut toujours qu'il y en ait une qui s'attache aux tyrans, c'est la haine. Cependant beaucoup de ces gouvernements ont été abolis pour avoir excité le mépris. Ce qui le prouve, c'est que la plupart de ceux qui se sont arrogé l'autorité suprême, l'ont conservée pendant un certain temps; mais presque tous leurs successeurs ont péri. Car, vivant au milieu des délices, ils deviennent bientôt méprisables, et donnent de fréquentes occasions de conspirer contre eux.

21. Au reste, on doit regarder la colère comme

____

(1) On n'a d'ailleurs aucun autre renseignement sur ce fils de Gélon, dont parle ici Aristote, ni sur ce complot des parents de Thrasybule contre lui.

une partie de la haine, car elle produit jusqu'à un
certain point des actions du même genre. Souvent
même elle est plus active que la haine; car on conspire alors avec plus d'opiniâtreté, entraîné par
une passion qui ne permet pas de faire usage de la
raison, et c'est surtout l'outrage qui donne naissance à la colère. Telle fut, par exemple, la cause
qui fit abolir la tyrannie des Pisistratides et bien
d'autres tyrannies. Mais la haine y contribue encore
davantage ; car la colère est toujours accompagnée
d'un sentiment de peine, en sorte qu'on ne peut
guère réfléchir, au lieu que la haine n'est pas toujours pénible. Pour résumer ce que nous venons
de dire, il faut compter parmi les causes de la tyrannie toutes celles que nous avons montrées,
comme propres à produire le dernier degré de l'o-
ligarchie et de la démocratie, car ce ne sont que
des espèces diverses de la tyrannie.

22. La royauté est beaucoup moins exposée à
être détruite par des causes extérieures : aussi est-
elle assez durable, mais elle porte en elle-même
plusieurs causes d'altération. Elle peut périr de
deux manières : l'une, lorsque ceux qui partagent
l'autorité royale sont divisés ; l'autre, lorsqu'ils
veulent gouverner d'une manière trop tyrannique,
et étendre leur pouvoir en violant les lois. Il n'y a
plus maintenant de royautés : ou s'il s'en trouve, ce
sont plutôt des monarchies et des tyrannies. Parce
que la royauté est une autorité fondée sur l'assentiment des sujets, mais qui s'étend sur un grand
nombre de choses, beaucoup de citoyens peuvent

être jusqu'à un certain point, les égaux du roi, sans que pourtant aucun d'eux ait assez de prééminence pour rivaliser avec la grandeur et l'importance de la dignité royale ; de sorte que ce n'est pas volontairement peut-être qu'on se soumet à ce pouvoir ; mais, quand il a été usurpé par la ruse ou par la force, dès lors on le regarde comme tout-à-fait tyrannique.

23. Lorsque la royauté est fondée sur la naissance, on doit compter parmi les causes qui peuvent entraîner sa ruine, outre celles que nous avons déja dites, le mépris où tombent la plupart des rois, et l'abus insolent qu'ils font d'une puissance qui n'est pas la tyrannie, mais la dignité royale. Car, la ruine d'un pareil gouvernement est facile, puisque le roi cessera de régner, aussitôt qu'on le voudra : mais le tyran continue de l'être, même quand on ne le veut plus. Telles sont donc les causes de la ruine des monarchies.

IX. Elles se conservent, en général, par des procédés contraires, et spécialement par tout ce qui tend à modérer le pouvoir royal. Car nécessairement l'autorité, quelle qu'elle soit, est d'autant plus durable qu'elle s'étend à moins de choses. Les monarques eux-mêmes deviennent moins despotes, se rapprochent plus, par leurs mœurs, de l'égalité, et sont moins exposés à l'envie de leurs sujets. C'est par là que la royauté subsista long-temps chez les Molosses (1), et à Lacédémone : parce que, dès l'o-

____

(1) Leurs premiers rois descendaient, dit-on, de Pyrrhus,

rigine, elle fut partagée entre deux familles, et qu'ensuite Théopompe modéra le pouvoir, par diverses
institutions, et notamment par l'établissement du
tribunal des Ephores. Car, en diminuant la puissance royale, il en augmenta la durée, en sorte
qu'à quelques égards il ne la rendit pas moindre,
mais au contraire plus grande. C'est aussi, dit-on,
ce qu'il répondit à sa femme, qui lui demandait s'il
n'avait pas honte de ne laisser à ses fils qu'une
puissance moindre que celle qu'il avait reçue de son
père : « non certes, dit-il, car je la leur transmettrai
« plus durable » (1).

2. Quant aux tyrannies, elles se maintiennent
par deux moyens contraires : dont l'un, suivi par
la plupart des tyrans dans leur administration, s'est
transmis par une sorte de tradition. On prétend
que ce fut Périandre, de Corinthe, qui imagina un
grand nombre de ces secrets; on en trouve aussi
beaucoup de tels dans le gouvernement des Perses.
C'est, comme on l'a déja dit, (pour affermir autant
qu'il est possible la tyrannie) d'abaisser ceux qui ont
quelque supériorité, de faire périr les hommes qui
ont des sentiments généreux, de ne permettre ni

---

fils d'Achille. Voyez Justin (l. 17, c. 3). Plutarque (*Vit. Pyrrh.*
l. 5) nous apprend que, chaque année, il y avait une assemblée générale, où le roi et le peuple s'engageaient, par des serments réciproques, à se conformer aux lois.

(1) Voyez aussi Plutarque (*In Lycurg.* c. 7). Lampridius,
dans la vie d'Alexandre Sévère, rapporte que ce prince fit une
semblable réponse à sa mère.

les repas en commun ni les associations d'amis, ni l'instruction, ni rien enfin de pareil; mais de se garder de toutes ces choses, propres ordinairement à faire naître la fierté et la confiance; en un mot, de ne souffrir ni assemblées, ni aucunes des réunions où les hommes occupent leurs loisirs, et de tout faire, au contraire, pour que les citoyens soient le plus qu'il est possible inconnus les uns aux autres: car c'est la fréquentation habituelle qui produit le plus de confiance réciproque.

3. Il faut aussi veiller à ce que les voyageurs qui se succèdent, se montrent souvent et fréquentent le palais du monarque, car de cette manière on ne pourra ignorer ce qu'ils font, et cet asservissement continuel les habitue à ne pas prendre des sentiments de fierté. Ces moyens et autres semblables usités chez les Perses et chez les barbares, sont propres à la tyrannie, car tous peuvent produire le même effet. Il faut aussi s'appliquer à ne rien ignorer de ce que dit ou fait chaque citoyen, mais avoir des espions, comme étaient à Syracuse ceux qu'on appelait *Potagogides*, et ces *Écouteurs* (1) qu'Hiéron envoyait partout où il y avait une réunion ou une

---

(1) Ποταγωγίδας καὶ Ὠτακουςάς. La forme ποταγωγίδας est du dialecte dorien, au lieu de προσαγωγίας, dont Plutarque se sert (*In Dion.* c. 28, et *De Curiosit.* to 8, p. 74. Reisk.) Littéralement ce mot signifie *entremetteurs*, *délateurs*, c'est-à-dire, ici des hommes à qui le palais du tyran était toujours ouvert, et qui y amenaient sans cesse, pour les livrer comme des victimes, ceux qu'ils dénonçaient, pour des propos, ou des complots, vrais ou supposés.

assemblée; car on parle avec moins de liberté, lorsqu'on craint d'être entendu par de pareils gens, et si l'on se permet de parler, le tyran peut moins l'ignorer.

4. Il faut encore exciter par des calomnies et diviser entre eux les amis, le peuple et les hommes puissants, animer les riches les uns contre les autres. Appauvrir les sujets est aussi une ressource de la tyrannie, afin de pourvoir à l'entretien de la garde, et afin que les citoyens occupés à vivre au jour le jour n'aient pas le loisir de conspirer. On en voit un exemple dans les pyramides de l'Egypte, dans les offrandes consacrées à Delphes par les Cypsélides, dans la construction du temple de Jupiter Olympien par les Pisistratides, et dans les immenses travaux que fit exécuter Polycrates à Samos; car tout cela a le même but et le même résultat, d'appauvrir les sujets en les occupant (1).

5. Les contributions sont encore un moyen, comme on le vit à Syracuse sous le règne de Denys, où dans l'espace de cinq ans toute la fortune

---

(1) Hérodote (l. 2, c. 124) semble porter sur les pyramides d'Égypte le même jugement qu'Aristote. Quant aux offrandes des Cypsélides, et à la statue colossale d'or massif qu'ils avaient promis de consacrer à Jupiter s'ils recouvraient leur autorité, et qu'ils lui consacrèrent en effet, on peut voir Suidas, au mot Κυψελιδῶν ἀνάθημα, et les scholies sur Platon (*ad Phædr.* p. 235 a). Vitruve, dans la préface de son *Traité d'Architecture,* parle du temple de Jupiter Olympien, bâti par les Pisistratides, et Hérodote (l. 3, c. 60) des monuments construits à Samos, sans les attribuer expressément à Polycrates.

publique entra dans le trésor (1). Le tyran est aussi disposé à faire la guerre, afin que les sujets n'aient point de loisir, et sentent incessamment le besoin qu'ils ont d'un chef militaire. Le monarque peut se maintenir par l'affection de ses amis, mais le propre de la tyrannie est de se défier de l'amitié; car le tyran sait que tout le monde veut sa ruine, mais que ses amis surtout peuvent la consommer.

6. Ce qui se passe dans la démocratie, portée au dernier degré, a tous les caractères de la tyrannie: la domination des femmes dans l'intérieur des familles (2), afin qu'on sache par elles ce que font leurs maris; la licence des esclaves, tolérée par le même motif; car ni les esclaves, ni les femmes, ne conspirent contre les tyrans, et il est naturel que jouissant d'une sorte de bonheur, ils aient pour la tyrannie et pour la démocratie des sentiments de bienveillance. En effet, le peuple est ordinairement un monarque absolu (3), et c'est pour cela que les flatteurs sont en honneur près de l'un et de l'au-

---

(1) L'auteur du petit traité intitulé *OEconomicus*, qui se trouve parmi les œuvres d'Aristote, a recueilli plusieurs traits de ce genre d'exactions et de spoliations les plus odieuses, pratiquées par des princes et par des gouvernements.

(2) Voyez encore ci-dessous (l. 6, c. 4). Platon caractérise à peu près de la même manière les excès de la démocratie et de la monarchie, dans le huitième livre de sa *République*. Il y parle aussi de la licence des esclaves. Xénophon (*De Rep. Athen.* l. 1, § 10), et Démosthène (*Philippic.* 3, p. 111), signalent cet inconvénient comme devenu très-grave chez les Athéniens.

(3) Voyez Aristophane (*Equit.* vs. 1111).

tre, près du peuple le démagogue (car le démagogue est le flatteur du peuple), près des tyrans ceux qui leur font bassement la cour, ce qui est l'œuvre de flatterie. Voilà pourquoi la tyrannie est amie du vice, car les tyrans aiment qu'on les flatte; or aucun homme ayant quelque sentiment de liberté ne descend à ce rôle. Les gens de bien aiment, ou du moins ne flattent point, mais on se sert des méchants pour faire le mal. Car un clou en pousse un autre, comme dit le proverbe.

7. C'est encore un caractère de la tyrannie de ne se plaire au commerce d'aucun homme libre et qui ait de la dignité, car le tyran croit devoir seul posséder ces avantages : tandis que celui qui affecte de montrer quelque sentiment de dignité et de liberté, lui ôte pour ainsi dire sa supériorité. De tels gens lui sont donc odieux, comme le dépouillant en quelque sorte de son autorité; il admet à ses festins et dans son intimité des étrangers, plutôt que des citoyens, parce que les uns sont ses ennemis, et les autres n'ont point de prétentions à son pouvoir. Ces moyens, et autres du même genre, appartiennent à la tyrannie dont ils maintiennent l'autorité; mais il n'y manque aucun degré de perversité (1).

---

(1) On voit assez quel est le sentiment de notre philosophe sur ces épouvantables moyens auxquels les tyrans de tous les pays et de tous les temps ont été obligés de recourir, et qui leur ont la plupart du temps si mal réussi. Les réflexions de l'ancien traducteur français (L. Leroi), sur cette partie de la

8. Ils peuvent tous être compris, en quelque manière, sous trois espèces, car il y a trois choses que se propose la tyrannie : l'une, de dégrader les ames des sujets ; celui qui a une ame basse et lâche ne sera jamais tenté de conspirer. La seconde, de semer la défiance parmi eux, car la tyrannie ne peut pas être renversée, tant qu'il ne se trouve pas des hommes qui puissent avoir confiance les uns aux autres. Voilà pourquoi les tyrans sont en guerre contre les gens d'honneur, comme pouvant nuire à leur autorité, non-seulement pour ne vouloir pas être gouvernés despotiquement, mais à cause de la confiance qu'ils ont en eux-mêmes, ou qu'ils inspirent à d'autres, et parce qu'ils sont incapables de se découvrir eux-mêmes et d'accuser les autres. La troisième, c'est l'impossibilité d'agir ; car personne n'entreprend ce qui est impossible ; et, par conséquent, on n'entreprend pas même d'abolir la tyrannie, quand on n'en a pas le pouvoir.

Politique, me semblent pourtant mériter d'être mises sous les yeux du lecteur. « Aristote (dit-il) semble avoir esté trop cu-
« rieux en la déduction des moyens tyranniques, pour tant que
« les mauvais princes sont assez enclins d'eulx-mêmes à inventer
« ce qui sert à leur grandeur et seureté, sans qu'il soit besoing
« les instruire par livres. Machiavel, formant son prince, a tiré
« d'ici les principaux fondements de telle institution, qui doibt
« estre leuë avec grande discretion, pour estre escritte par un
« autheur sans conscience et sans religion. Mais nous, qui avons
« proposé de ne rien mettre en avant, que n'estimions servir à
« l'honneur de Dieu, et au bien de la société humaine, passe-
« rons ce discours..... etc. »

9. Ce sont là les trois buts où visent les desseins des tyrans. Car on peut ramener à ces trois objets les procédés de la tyrannie; d'une part que les citoyens ne se fient pas les uns aux autres; ensuite qu'ils soient dans l'impuissance de conspirer; enfin qu'ils n'aient aucune élévation dans les sentiments (1). Tel est donc un des moyens de conserver l'autorité tyrannique.

10. L'autre système emploie des procédés presque tout contraires à ceux qu'on vient de décrire (2). Il faut le prendre dans ce qui est une sorte de corruption de la royauté; car, comme le moyen de la détruire c'est de rendre l'autorité plus tyrannique, ainsi le moyen de conserver la tyrannie, c'est de la rendre plus royale; en observant de garder la puissance, afin de commander aux citoyens, non-seulement s'ils y consentent, mais même malgré eux : car, abandonner ce point, c'est renoncer à la tyrannie; or, il faut qu'il subsiste comme étant la base [de l'existence du tyran]. Quant au reste, il doit pratiquer de certaines choses, et

---

(1) Schneider soupçonne que cette nouvelle récapitulation, ou cette répétition presque littérale de ce qui a été dit un peu plus haut, n'est peut-être qu'une glose marginale, insérée mal à propos dans le texte; mais peut-être Aristote pensait-il qu'il y a des vérités qu'on ne saurait trop croire.

(2) Ceci répond à ce qui a été dit précédemment (§ 2). Au reste, les mêmes vues que présente ici Aristote, et à peu près le même système d'idées sont indiqués dans la *Lettre* de Platon aux parents de Dion (*Epist.* 8, p. 157. Bipont.).

paraître vouloir en exécuter d'autres, imitant le mieux possible le gouvernement royal.

11. Premièrement, il doit paraître s'intéresser au bien public, et ne point faire de ces dons et de ces dépenses qui irritent la multitude, lorsqu'elle voit que l'on s'empare violemment du fruit de sa peine et de ses travaux, et qu'on le prodigue à des courtisannes, à des étrangers et à des artistes. Il faut rendre compte de ce qu'on reçoit et de ce qu'on dépense, comme ont fait déja plusieurs tyrans ; car, en administrant ainsi, on paraîtra plutôt être l'économe que le tyran du peuple ; mais il ne faut pas craindre de jamais manquer d'argent, puisqu'on est maître de l'état.

12. D'ailleurs, il est plus avantageux aux tyrans, quand ils font quelque expédition au dehors, d'en agir ainsi, que de laisser des trésors considérables (1) ; parce que ceux qui en ont la garde sont moins tentés de conspirer ; et, quand le tyran s'absente, ces gens-là sont plus à craindre pour lui, que les citoyens ; car ceux-ci l'accompagnent, et les autres restent dans la ville. Il faut de plus que les contributions et les subventions paraissent exigées par des motifs d'économie, et qu'en cas de besoin on en consacre le produit aux expéditions militaires. En un mot, le tyran doit se montrer comme le

---

(1) Voyez le traité de Xénophon, intitulé *Hieron, ou de la Tyrannie* (c. 6, § 11), dont le sujet est presque entièrement le même que celui auquel Aristote a consacré ce chapitre et le précédent.

gardien et le trésorier d'une richesse qui appartient au public plutôt qu'à lui-même.

13. Il doit affecter en public un air plutôt grave, que sévère, propre, non pas à inspirer de la terreur à ceux qui sont admis devant lui, mais plutôt à leur imprimer le respect : ce qui, à vrai dire, n'est pas facile, quand on se rend méprisable. Voilà pourquoi il faut, quand même on négligerait les autres vertus, s'appliquer du moins à la science du gouvernement, et à donner de soi l'opinion qu'on y est habile. Il faut encore, non-seulement que le tyran ne se permette aucun outrage envers les sujets, qu'il ménage la pudeur des personnes de l'un et de l'autre sexe, et n'offense aucun de ceux qui l'environnent ; mais il doit empêcher aussi que les femmes qui lui appartiennent n'en outragent d'autres ; car un grand nombre de tyrannies ont été renversées pour des outrages faits à des femmes.

14. En fait de plaisirs et de jouissances des sens, il faut faire tout le contraire de ce que font aujourd'hui plusieurs tyrans. Car, non-seulement ils s'y livrent dès l'aurore, et plusieurs jours de suite, mais ils sont bien aises que les autres les voient agir ainsi, afin d'exciter l'admiration et l'envie de leur bonheur. On doit, au contraire, se modérer beaucoup sur ce point, ou au moins se donner l'apparence de fuir de tels plaisirs. Car, ce n'est pas l'homme sobre contre qui l'on conspire, ou qu'on méprise facilement, mais c'est celui qui s'enivre ; ce n'est pas celui qui veille, mais celui qui dort.

15. Il faut enfin faire presque tout le contraire de ce que nous avons dit précédemment; car on doit s'appliquer à orner et à embellir la ville, comme en étant le protecteur et non pas le tyran. Il faut aussi se montrer sans cesse pénétré de respect pour les dieux : car les citoyens craignent moins d'éprouver quelque injustice de la part des hommes de ce caractère, lorsqu'ils pensent que celui qui a autorité sur eux respecte la religion et craint les dieux. Ils sont moins portés à conspirer contre lui, en voyant qu'il a les dieux pour alliés, mais il doit paraître pieux, sans superstition. On doit aussi honorer ceux qui ont acquis de la réputation, dans quelque genre que ce soit, de manière qu'ils ne croient pas qu'ils fussent mieux récompensés par les citoyens, s'ils étaient indépendants; et il faut que le tyran lui-même donne de telles récompenses, tandis que les châtiments seront infligés par d'autres magistrats, et par les tribunaux (1).

16. Une précaution utile à la conservation de toute monarchie, c'est de n'agrandir jamais un citoyen tout seul, mais d'en élever plusieurs à la fois, car ils s'observeront les uns les autres. Et, dans le cas où on voudrait en rendre un puissant, que ce ne soit pas un de ces hommes d'un caractère audacieux, toujours prêts à tout entreprendre. Enfin, si l'on croit devoir dépouiller quelqu'un de ses pri-

---

(1) Voyez Xénophon (*Hier.* c. 9, § 3; et *Cyroped.* l. 8, c. 1, § 18; et c. 2, § 27).

viléges, il faut le faire par degrés, et non pas lui enlever tout d'un coup ce qu'il possède.

17. Il faut encore s'abstenir de toute espèce d'outrages, mais surtout de deux, des châtiments corporels et des offenses à la pudeur de la jeunesse ; s'en abstenir surtout à l'égard de ceux qui ont de l'ambition et de l'élévation d'ame, car les hommes avides d'argent supportent avec peine les torts faits à leur fortune, mais les ambitieux et les gens d'honneur s'indignent de tout ce qui blesse leur dignité. C'est pourquoi on ne doit point employer de pareils châtiments, ou au moins leur donner l'apparence d'une correction paternelle, et non celle du mépris. Quant au commerce avec la jeunesse, il faut qu'il ait du moins l'amour pour excuse, et qu'on n'y voie pas l'abus de la puissance ; et, en général, dédommager par de plus grands honneurs ceux qui se croiraient humiliés.

18. Mais, entre ceux qui peuvent entreprendre contre la vie du tyran, les plus redoutables, et contre lesquels il est le plus nécessaire de se garantir, sont ceux qui ne craignent point de sacrifier leur propre vie. Voilà pourquoi il convient de les ménager beaucoup, lorsqu'ils croient avoir été insultés, eux ou leurs parents ; car, emportés par la colère, ils bravent toute espèce de dangers, comme l'a observé Héraclite (1), lorsqu'il dit qu'il est diffi-

______

(1) Voyez la *Morale* (l. 2, c. 3), p. 61, de la trad. franç. Cette pensée d'Héraclite a souvent été citée par les anciens, notamment par Plutarque (*Vit. Coriolan.* c. 22, p. 62, et 381 éd. Coray).

cile de combattre la colère : car on lui sacrifie sa propre vie.

19. Mais, comme les cités ou les états se composent de deux classes, celle des pauvres et celle des riches, il faut qu'elles croient que le gouvernement veille à leur conservation, et empêche que l'une n'éprouve des injustices de la part de l'autre; et, quelle que soit celle des deux qui a le plus de puissance, faire en sorte qu'elle soit dévouée au gouvernement, afin que le tyran se trouve dans une situation telle qu'il ne soit obligé, ni de donner la liberté aux esclaves, ni de désarmer les citoyens; car l'un des deux partis, en se joignant à celui qui dispose de l'autorité, suffit pour contenir ceux qui entreprendraient contre elle.

20. Il est inutile de parler en particulier de chacune de ces circonstances, car le but est évident, c'est qu'il ne faut pas que le gouvernement soit tyrannique, mais royal, et, pour ainsi dire, économique; qu'il ne paraisse pas usurpateur, mais protecteur des droits des sujets; qu'on y observe la modération, et qu'on y évite les excès; il doit de plus se concilier, par l'affabilité, l'amour des riches, et gagner par la popularité l'affection de la multitude. Car l'autorité exercée sur des hommes d'un caractère plus généreux, en sera nécessairement plus honorable, et accompagnée de plus de bonheur: inspirant moins de crainte, elle sera aussi moins exposée à la haine, et par conséquent plus durable. En un mot, il sera utile au tyran d'avoir de bonnes mœurs et des vertus, ou d'être à moitié vertueux; de n'être

pas tout-à-fait méchant, mais [s'il le faut ainsi dire] à moitié méchant.

21. Au reste, entre tous les gouvernements, l'oligarchie et la tyrannie sont les moins durables; car la tyrannie d'Orthagoras et de ses enfants, à Sicyone (1), est celle qui a subsisté le plus long-temps; elle dura un siècle entier. Et ce qui en fut cause, c'est qu'ils usaient de beaucoup de modération à l'égard des sujets, et qu'ils transgressaient rarement les lois; et, comme Clisthène avait des talents militaires, il fut respecté. D'ailleurs, ils se conciliaient l'attachement du peuple, en s'occupant beaucoup de ses intérêts. Aussi, dit-on que Clisthène fit présent d'une couronne à celui qui lui refusait le prix de la victoire; et quelques-uns racontent qu'il fit élever une statue dans la place publique à celui qui avait prononcé ce jugement. On dit aussi que Pisistrate consentit une fois à se défendre devant l'aréopage (2), à l'occasion d'un procès qui lui était intenté.

22. Vient ensuite la tyrannie des Cypsélides à Corinthe: car elle dura soixante-treize ans et six mois. En effet, Cypsélus régna trente ans (3), Périandre

---

(1) Les auteurs où l'on peut trouver quelques renseignements sur cette histoire des tyrans de Sicyone, d'ailleurs assez peu connue, sont Plutarque (*Vit. Arat.* c. 2 et 13); Hérodote (l. 5, c. 67, et l. 6, c 126); Pausanias (l. 2, c. 8, et l. 10, c. 39). Voyez aussi Plutarque (*De Ser. Num. Vind.*, éd. Wyttenbach, p. 28 et 44).

(2) Voyez Plutarque (*Vit. Solon.* c. 31).

(3) Voyez Hérodote (l. 5, c. 80).

quarante (1), et Psammetichus, fils de Gordius, trois ans (2). Mais ce fut à peu près par les mêmes causes; car Cypsélus était un démagogue, et n'eut jamais de gardes tout le temps qu'il exerça son pouvoir. Périandre eut un caractère tyrannique, mais il était guerrier.

23. La troisième est celle des Pisistratides à Athènes; mais elle ne fut pas continue : car Pisistrate fut obligé de s'exiler deux fois, pendant la durée de son régne. En sorte que, dans l'espace de trente-trois ans, il n'en régna que dix-sept; ses enfants gouvernèrent pendant dix-huit ans, de manière que cette tyrannie ne dura en tout que trente cinq ans (3). Quant aux autres, celle d'Hiéron et de Gélon à Syracuse ne subsista pas long-temps, elle ne dura guère que dix-huit ans; car Gélon, après avoir régné sept ans, périt dans la huitième année, Hiéron en régna dix, et Thrasybule périt au bout de onze mois. En général, la plupart des tyrannies ont duré très-peu de temps. (4) Nous avons dit à peu près toutes les causes de destruction, et aussi tous les moyens de conservation propres aux républiques et aux monarchies.

X. Dans la république de Platon, Socrate parle

----

(1) Voyez Diogène Laërce (l. , § 98).

(2) Voyez les notes de Walckenaër sur Hérodote (p. 222, Wessel.).

(3) Hérodote (l. 5, c. 75) dit qu'elle dura trente-six ans.

(4) Voyez Élien (*Var. Hist.* l. 6, c. 13), avec les remarques de Périzonius.

aussi de ces révolutions, mais il n'en parle pas bien ; car il ne fait pas connaître proprement le changement qui peut arriver dans la première et meilleure forme de gouvernement. Il prétend, en effet, que rien ne peut se maintenir, parce qu'il doit toujours survenir des changements dans une période donnée (2), et que cela arrive, lorsque les nombres dont la racine cubique est ajoutée à un multiple de cinq font deux harmonies, c'est-à-dire, lorsque le nombre de cette figure devient solide : attendu qu'alors la nature produit des êtres dépravés et qui résistent à toute éducation. Peut-être cela n'est-il pas sans quelque vérité ; car il est possible qu'il se trouve des individus qui ne peuvent jamais devenir vertueux ; mais en quoi le changement ainsi produit serait-il plus propre à la meilleure forme de gouvernement qu'à toutes les autres ?

2. D'ailleurs, dans l'intervalle de temps où il

---

(2) Voyez Platon (*De Republ.*, l. 8). La plupart des commentateurs se sont donné beaucoup de peines, pour comprendre et pour expliquer ce point de doctrine platonicienne, sans pouvoir y réussir. Schneider, dans son commentaire (p. 358—361), a recueilli un assez grand nombre de passages et d'opinions diverses, relatives à cet endroit de la politique, sans pouvoir arriver à un résultat qui offre quelque chose d'intelligible. Au reste, Polybe dans le 6ᵉ livre de son histoire, Cicéron (*De Divinat.* l. 2, init.), et Tacite (*Annal.* l. 3, c. 55), ont fait allusion à cette doctrine des révolutions, que Platon paraît avoir puisée dans les rêveries mystiques de Pythagore et de ses disciples sur les nombres.

prétend que tout change, ce qui n'a pas commencé
à exister en même temps change néanmoins dans
ce moment là. Par exemple, si des choses ont commencé à exister la veille de cette révolution, elles
ne la subissent pas moins. Outre cela, quelle raison
y aurait-il pour que telle forme de république se
changeât en celle de Lacédémone? Car il arrive
souvent que les gouvernements prennent une forme
tout-à-fait contraire à celle qu'ils avaient, plutôt
qu'une forme voisine. Le même raisonnement s'applique aux autres révolutions : car il prétend
qu'une république comme celle de Lacédémone
se change en oligarchie, puis en démocratie,
et enfin en tyrannie. Cependant les révolutions
se font aussi en sens inverse, comme de la démocratie en oligarchie et plus encore en monarchie.

3. Enfin il ne dit ni si la tyrannie doit subir
quelque révolution, ni en quelle forme elle se chan-
gera, ni, en cas qu'elle n'en doive point subir,
pourquoi cela; c'est qu'il ne lui aurait pas été facile d'en dire la cause, car il n'y a rien là de
déterminé. Puisque, suivant lui, ce changement devrait ramener à la première forme et à la plus excellente, alors ce serait un cercle sans interruption,
cependant la tyrannie se change aussi en tyrannie,
comme à Sicyone où l'autorité de Myron passa aux
mains de Clisthène. Elle se change aussi en oligarchie, comme la tyrannie d'Antiléon à Chalcis; et
aussi en démocratie, comme la domination de Gélon à Syracuse; enfin, en aristocratie, comme il

arriva à Lacédémone, sous le règne de Charilaus (1), et à Carthage.

4. L'oligarchie se change aussi en tyrannie, comme on le vit autrefois dans la plupart des républiques de la Sicile, dans celle des Léontins, où l'autorité fut usurpée par Panætius (2), et à Géla par Cléander, et à Rhegium par Anaxilaüs (3), et de même dans un grand nombre d'autres villes. Au reste, il est absurde de penser qu'une oligarchie s'établisse parce que ceux qui sont dans les charges sont avides de richesses et en acquièrent d'immenses, et non pas parce que ceux qui ont une grande supériorité de fortune, s'imaginent qu'il n'est pas juste que les pauvres aient des droits égaux à ceux des riches. Dans beaucoup de gouvernements oligarchiques, il n'est pas permis de s'enrichir, mais il y a des lois qui le défendent; cependant à Carthage où le gouvernement est démocratique, on s'enrichit; et il ne s'y est point encore opéré de révolution (4).

---

(1) Voyez Plutarque (*In Lycurg.* c. 5). Quant à la révolution arrivée à Carthage, on n'en sait absolument rien, et l'on ignore même à quelle époque de l'existence de cette république il faut la rapporter.

(2) Il a été fait mention ci-dessus (c. 8 , § 4) de ce Panétius. Sur Cléander, voyez Hérodote (l. 7, c. 154).

(3) Anaxilaüs ou Anaxilas, était Messénien d'origine. Voyez Strabon (l. 4 , p. 253), et Pausanias (l. 4 , c. 23 , et l. 5 , c. 26). Voyez aussi Diodore de Sicile (l. 11, c. 48 et 76).

(4) Ceci semblerait en contradiction avec ce que l'auteur a

5. Il est étrange aussi de prétendre que dans un gouvernement oligarchique il y a comme deux cités, celle des riches et celles des pauvres; car quelle différence y a-t-il entre un tel gouvernement et celui de Lacédémone, ou tout autre, dans lequel tous ne possèdent pas des fortunes égales, où tous ne sont pas pareillement vertueux et braves? en supposant qu'aucun citoyen ne soit devenu plus pauvre qu'auparavant, l'oligarchie ne s'en change pas moins en démocratie, si les pauvres deviennent plus nombreux; et la démocratie en oligarchie, si la classe riche devient plus puissante que le peuple; et que les uns négligent leurs intérêts, tandis que les autres s'appliqueront à accroître leur puissance. Parmi un grand nombre de causes propres à amener des révolutions, Socrate n'en énonce qu'une : c'est que les citoyens, par l'effet de la prodigalité et de l'usure, deviennent pauvres; comme si, dès le principe, tous, ou au moins le plus grand nombre, avaient été riches.

6. Mais cela n'est pas vrai. Cependant, lorsque quelques-uns des principaux citoyens ont perdu leur fortune, ils cherchent à changer l'ordre de choses qui existe : lorsque ce sont les autres, il n'en résulte rien de grave, et alors le gouvernement ne se change pas en démocratie plutôt qu'en toute autre forme. Mais s'ils ne sont pas

---

dit plus haut (§ 3), à moins qu'on ne suppose qu'il l'entend depuis l'époque où le gouvernement aristocratique fut établi à Carthage.

admis aux honneurs, s'ils sont exposés à l'injustice ou aux outrages, ils excitent des séditions et changent le gouvernement, quand même ils n'auraient point perdu leur fortune (1)..... parce qu'ils sont en état de faire tout ce qu'ils veulent; c'est cet état de choses que Socrate regarde comme l'effet d'une trop grande liberté. Entre les formes diverses d'oligarchie et de démocratie qui existent, Socrate parle de toutes les révolutions qu'elles peuvent subir, comme s'il n'y en avait qu'une seule......

---

(1) Il y a évidemment ici une lacune dont il est assez difficile d'apprécier l'étendue ; mais on est autorisé à penser que l'auteur, après avoir achevé de développer ses idées sur les causes des révolutions qui peuvent avoir lieu dans les gouvernements oligarchiques, et les changer en démocratie, ajoutait quelques réflexions sur les changements que peut subir cette dernière forme, à laquelle semble se rapporter la 'phrase incomplète qui suit immédiatement. Il paraît même que ce livre n'a pas été entièrement conservé, et qu'il y manque encore la réfutation de l'opinion de Socrate, ou de Platon, énoncée dans la dernière phrase.

LIVRE VI.

ARGUMENT.

I. Il ne suffit pas de considérer les causes qui contribuent à
la ruine ou à la conservation des états; il faut aussi savoir quels
seront les résultats de la combinaison des différents principes
(monarchique, oligarchique et démocratique) qui caractérisent
les formes essentielles du gouvernement, suivant que l'un ou
l'autre se trouvera avoir plus ou moins d'intensité dans chaque
état en particulier. Il faut même avoir au moins quelque idée
de ce qui constitue la perfection en ce genre; et, pour cela,
il convient d'approfondir davantage les notions que l'on s'est
faites jusqu'à présent, et d'abord, de considérer tout ce qui
caractérise la pure démocratie, fondée essentiellement sur la
liberté et sur l'égalité. Ensuite il faut examiner par quels
moyens on peut parvenir à établir cette égalité. — II. La meilleure et la plus parfaite des démocraties est aussi celle qui s'est
établie dès les plus anciens temps. Elle peut exister surtout chez
les peuples agriculteurs, c'est-à-dire chez lesquels la culture des
terres est l'occupation de la classe la plus nombreuse. Livrés à
des travaux assidus, ils n'ont pas le loisir de s'occuper des affaires publiques; et pourvu que leurs droits soient respectés,
et que les lois soient observées, ils vivent en repos. Les peuples
pasteurs sont, après ceux-ci, les plus propres à vivre sous un
gouvernement démocratique; mais chez les nations où les classes
des trafiquants, des ouvriers de tout genre, ou des mercenaires,
composent le plus grand nombre, on voit plus communément
s'établir l'extrême démocratie, ou des gouvernements qui s'en
rapprochent plus ou moins. Au reste, les institutions propres

25.

à la tyrannie, le sont aussi presque toutes à la démocratie ainsi dégradée; car la corruption des mœurs et l'absence des senti- ments généreux sont à peu près égales dans ces deux sortes de gouvernement. — III. Il n'est pas toujours fort difficile d'éta- blir une démocratie, ou toute autre forme d'administration; mais il l'est de lui donner de la stabilité. Les moyens d'assurer celle du gouvernement populaire, consistent à restreindre plutôt qu'à augmenter le pouvoir de la multitude; à soumettre à de graves peines ceux qui intentent des accusations mal fondées, afin de mettre un frein à la témérité des délateurs; à empêcher que la dernière classe du peuple ne tombe dans une indigence trop excessive, etc. — IV. Les institutions qui conviennent à chaque espèce d'oligarchie correspondante aux diverses sortes de démocratie, doivent naturellement avoir une tendance tout opposée à celles qui sont établies dans celles-ci. Quant à la dernière espèce en ce genre, c'est-à-dire celle qui correspond à l'extrême démocratie, qui est le plus arbitraire et le plus tyran- nique des gouvernements oligarchiques, elle ne peut, comme tous les mauvais gouvernements, subsister que par un art et des précautions infinies. Il convient toujours, même au système oligar- chique, d'accorder à la multitude quelque part dans le gouver- nement. Il faut aussi imposer à ceux qui exercent les plus hautes magistratures, l'obligation de faire certaines dépenses publi- ques considérables, afin que les gens d'une condition inférieure n'y puissent pas prétendre, et que la condition des riches excite moins l'envie des pauvres. Au contraire, dans la plupart des oligarchies, les magistrats se montrent généralement trop avides d'honneurs et de gains illicites. — V. Relativement aux diverses espèces de magistratures, il faut observer qu'il y en a qui sont d'une nécessité indispensable, et sans lesquelles un état ne sau- rait subsister; tandis que d'autres, servant seulement à la di- gnité et au bon ordre de la société, sont nécessaires pour compléter un bon système d'administration. Dans la première classe, on peut ranger les magistrats chargés de la police des marchés, de l'entretien et de la réparation des édifices publics, ceux qui exercent une surveillance pareille sur la campagne,

ceux qui font exécuter les jugements rendus par les tribunaux, et plusieurs autres encore. Il est convenable que ces fonctions soient attribuées à des magistratures diverses ; il faut aussi qu'il y ait une magistrature chargée d'examiner et de recevoir les comptes de tous ceux qui ont le maniement des deniers publics. Enfin, on doit aussi savoir, à ce sujet, quelles sont les différentes sortes de magistratures qui conviennent plus spécialement à chacune des diverses formes de gouvernement..........
[*Le reste de ce Chapitre et de ce Livre a été perdu.*]

---

1. Nous avons parlé précédemment des différences qui se trouvent entre la partie délibérative et le souverain d'un état ; nous avons dit combien il y a de ces différences, et quelles elles sont ; nous avons traité des principes de l'organisation, et des tribunaux qui conviennent à chaque forme de gouvernement, des causes qui contribuent à leur ruine ou à leur salut, et de leur mode d'action. Or, comme il y a plusieurs espèces de démocratie, et ainsi des autres formes de gouvernement, il ne sera pas hors de propos d'examiner s'il n'y a pas encore quelque chose à dire sur ce sujet, et de faire connaître quel est le mode d'organisation le plus approprié et le plus avantageux à chaque forme.

2. Il faut aussi considérer les combinaisons de tous les divers modes dont nous avons parlé : car, en les combinant deux à deux, il en résulte des changements de forme, qui font de l'aristocratie une oligarchie, ou qui, dans les républiques, renforcent le principe démocratique. J'entends par combinai-

sous deux à deux, qu'il convient d'examiner, et auxquelles on n'a pas jusqu'ici fait assez d'attention, les cas, par exemple, où le corps délibérant et le système des élections sont organisés dans le sens de l'oligarchie, tandis que celui des tribunaux l'est dans le sens de l'aristocratie; ou bien, lorsque ceux-ci et le corps délibérant ont une tendance oligarchique, tandis que celle du système des élections est aristocratique; ou de quelque manière qu'il arrive que toutes les parties du gouvernement ne soient pas organisées dans un même sens.

3. On a dit précédemment quelle sorte de démocratie convient à telle ou telle sorte de peuple; et de même pour les diverses espèces d'oligarchies, et les autres formes de gouvernement, à quels hommes chacune d'elles est plus convenable. Mais, comme il faut que l'on puisse reconnaître clairement, non-seulement quelle est, entre toutes ces formes, celle qui est, en général, la plus parfaite, ou la meilleure, mais aussi de quelle manière il est possible d'établir celle-là, ou toute autre, examinons rapidement cette question. Et d'abord, parlons de la démocratie; car ce sera le moyen d'éclaircir en même temps ce qui regarde la forme de gouvernement opposée, c'est-à-dire celle, que quelques-uns nomment oligarchie.

4. Or, il faut faire entrer dans cette recherche tout ce qui est essentiellement populaire, et tout ce qui est un résultat ou une conséquence de l'état démocratique. Car de la combinaison de toutes ces choses doivent nécessairement sortir les diverses

espèces de démocratie, et la preuve qu'il y en a plus d'une sorte, fort différentes entre elles. Il y a deux causes de cela : la première, dont on a déja parlé, c'est qu'un peuple se compose ordinairement de plusieurs classes diverses ; les agriculteurs, les hommes industrieux ou exerçant les arts mécaniques, et ceux qui sont livrés à des travaux mercenaires. Or, si l'on combine le premier de ces deux modes d'existence avec le second, et le troisième avec les deux autres, il en résultera des systèmes de démocratie non-seulement plus ou moins imparfaits, mais aussi entre lesquels il se trouvera des différences essentielles.

5. La seconde cause, dont nous voulons parler à présent, c'est que les résultats ou les accessoires naturels de la démocratie, et qui paraissent appartenir proprement à cette forme de gouvernement, déterminent, suivant la manière dont ils sont combinés, des espèces diverses de démocratie. Car l'une réunira un moindre nombre de ces conséquences, une autre un plus grand, et telle autre les réunira toutes. Or, il est utile de connaître chacune de ces conditions, soit que l'on songe à établir quelqu'une de ces formes en particulier, soit qu'il s'agisse de remédier aux inconvénients de celle qui existe. Car ceux qui établissent des gouvernements cherchent à réunir tout ce qu'il y a de propre ou de particulier au système qu'ils adoptent : mais ils s'égarent en agissant de cette manière, ainsi qu'on l'a déja remarqué précédemment, en traitant des causes de la ruine des états, et des moyens de les conserver.

Exposons-en donc maintenant les prétentions, les mœurs et le but.

6. Le principe fondamental du gouvernement démocratique est la liberté ; parce qu'on dit ordinairement que c'est la seule espèce de gouvernement où les citoyens participent à cet avantage, et que la liberté est le but où aspire toute démocratie. Or, un des caractères essentiels de la liberté, c'est que les citoyens soient dans le cas de commander alternativement et d'obéir. Car le droit ou la justice, dans un état populaire, consiste à observer l'égalité en nombre, et non pas celle qui se règle sur le mérite ou la dignité. D'après cette idée du juste, il faut nécessairement que la souveraineté réside dans la masse du peuple ; et que ce qu'il a décrété soit regardé comme définitivement arrêté, comme le droit ou le juste par excellence, puisqu'on prétend que tous les citoyens ont des droits égaux. Il arrive de là que, dans les démocraties, les pauvres ont plus d'autorité que les riches, puisqu'ils sont en plus grand nombre, et que ce qu'ils décrètent a force de loi. Voilà donc un signe caractéristique de la liberté ; telle est la définition que tous les partisans de l'état populaire donnent du gouvernement du peuple, ou de la république.

7. Un autre caractère, c'est de vivre comme on veut : car c'est, dit-on, le résultat de la liberté, s'il est vrai que quiconque est esclave ne saurait vivre comme bon lui semble. Voilà donc une seconde condition de la démocratie. De là vient qu'on n'y consent jamais à obéir, surtout à aucun individu,

autrement que par tour, et c'est ce qui contribue à établir la liberté fondée sur l'égalité.

8. Ceci étant supposé, et l'autorité étant telle que nous venons de le dire, voici quelles sont les institutions populaires : c'est que toutes les magistratures soient électives par tous, et parmi tous les citoyens ; que tous aient autorité sur chacun, et chacun, à son tour, sur tous ; que les magistratures soient données par la voie du sort (au moins toutes celles qui n'exigent ni expérience, ni une certaine habileté dans quelque art) ; que les dignités ou les emplois ne soient point adjugés d'après une quotité de cens ou de revenu, ou au moins d'après la plus petite quotité possible ; que la même personne ne puisse exercer deux fois aucune magistrature, ou qu'il n'y en ait que très-peu qui soient dans ce cas, et qu'elles ne puissent être possédées qu'un très-petit nombre de fois par un même homme, à l'exception des emplois militaires ; que toutes les fonctions, ou le plus grand nombre possible, ne soient jamais de longue durée ; que tous les citoyens soient appelés à juger dans les tribunaux ; que les juges soient pris dans toutes les classes, et prononcent sur toutes les sortes d'affaires, ou sur le plus grand nombre, sur les plus graves et les plus importantes, comme sont les redditions de comptes des magistrats, les affaires générales de l'état, et les transactions par contrat entre particuliers ; enfin que la décision de toutes choses, ou au moins des principales, dépende entièrement de l'assemblée générale des citoyens, et non d'aucune

magistrature, ou au moins dans un très-petit nombre de cas.

9. La plus populaire des magistratures, c'est un sénat, ou conseil général (1), partout où l'on n'a pas le moyen de salarier tout le monde : car, dans ces cas-là, on anéantit jusqu'au pouvoir de cette magistrature; et le peuple, séduit par l'abondance des salaires, attire à lui les jugements de toute espèce, comme on l'a dit dans le livre précédent. Une autre institution très-populaire, c'est d'accorder des salaires à toutes les fonctions, aux membres de l'assemblée générale, aux tribunaux, aux charges de toute espèce, ou du moins aux magistratures, aux tribunaux, au sénat, et aux assemblées ordinaires qui décident en dernier ressort des affaires, ou à ceux des fonctionnaires qui sont obligés de prendre leurs repas en commun (2). Enfin,

---

(1) Il y avait à Athènes deux conseils (Βουλαί), l'un dont les membres, en nombre indéterminé, étaient nommés à vie par les autres magistrats, et tenaient leurs assises sur la colline de Mars. On l'appelait pour cette raison *Conseil supérieur* (ἡ ἄνω Βουλή); il jugeait les causes de meurtre, et avait la surveillance générale de l'état. L'autre, composé de cinq cents sénateurs, dont les fonctions étaient seulement annuelles, et qui décidait de toutes les affaires du gouvernement. Mais, c'est sans doute de ce dernier conseil, dit Schneider, qu'Aristote parle ici, comme d'une institution essentiellement démocratique.

(2) A Athènes, la tribu qui avait la présidence du conseil (ἡ πρυτανεύουσα φυλή), était nourrie dans le Prytanée, aux dépens du public. Le lieu où se prenaient les repas était appelé Θόλος.

comme l'oligarchie a pour caractère les priviléges accordés à la naissance, à la richesse, à l'éducation : le caractère du gouvernement populaire doit, au contraire, consister dans la préférence que l'on y donne à l'obscurité de la naissance, à la pauvreté, aux professions mécaniques.

10. Il faut encore qu'aucune magistrature n'y soit perpétuelle, et dans le cas où l'on laisserait subsister quelqu'une de celles qui existaient autrefois [avant la révolution qui a établi la démocratie], il faut en diminuer incessamment la puissance, et rendre disponibles par le sort celles qui étaient électives. Tels sont les traits communs à toutes les démocraties. Mais la constitution la plus essentiellement démocratique ou populaire, résulte de l'espèce de droit ou de justice à laquelle on donne communément le nom de démocratique, qui consiste dans l'égalité absolue entre tous. Car c'est en vertu de cette égalité que les riches ne peuvent avoir aucune autorité qui ne puisse aussi-bien être entre les mains des pauvres, et ne peuvent jamais être seuls dépositaires de la suprême puissance ; mais elle appartient à tous, suivant l'égalité en nombre ; car c'est à cette condition qu'on peut croire que l'on jouit de l'égalité politique et de la liberté.

11. Mais, après cela, la difficulté est de savoir comment on parviendra à établir cette égalité : faut-il répartir entre mille citoyens la quotité du cens ou de l'impôt exigée de cinq-cents, et que les mille aient un pouvoir égal à celui des cinq-

cents? Ou bien dira-t-on que ce n'est pas ainsi qu'il faut envisager l'égalité, sous ce rapport; mais que l'on doit commencer par établir cette division, et, après avoir pris un nombre égal d'individus entre les mille et entre les cinq cents, confier à ces élus la suprême direction de toutes les autres élections et des tribunaux? Est-ce cette forme de gouvernement qui est la plus juste, la plus conforme au droit populaire, ou est-ce plutôt celle où l'on considère essentiellement la multitude? Car, ce que les partisans de la démocratie appellent juste ou légitime, c'est ce qui a été résolu par le plus grand nombre. Au lieu que les partisans de l'oligarchie ne trouvent juste que ce qui est conforme à l'opinion des hommes qui ont le plus de richesses, parce qu'ils prétendent que c'est la quotité des richesses qui doit donner le droit de décider des affaires publiques.

12. Cependant, l'inégalité et l'injustice se trouvent dans l'un et l'autre système : car, si c'est la volonté du petit nombre qui décide, il y aura tyrannie ; puisque, en supposant qu'il se trouve un seul individu qui possède plus de biens que tous les autres riches, il aura seul le droit de commander, d'après le système oligarchique. Mais si c'est la volonté du plus grand nombre, pris arithmétiquement, qui fait loi, ils ne manqueront pas de s'approprier, par des confiscations injustes, les biens des riches et des plus faibles, comme on l'a dit précédemment. Il faut donc examiner, suivant la définition que les uns et les autres donnent

du droit ou de la justice, ce que c'est que cette égalité sur laquelle ils pourront être d'accord, puisqu'ils prétendent que la volonté du plus grand nombre des citoyens doit avoir force de loi.

13. Admettons ce principe, mais que ce ne soit pas pourtant sans aucune restriction. Or, puisque la cité se compose de deux ordres de citoyens, les riches et les pauvres : donnons force de loi à ce qui aura été résolu par le plus grand nombre, dans l'un et l'autre ordres ; mais, s'ils prennent des résolutions contraires, que ce soit la volonté du plus grand nombre, et de ceux qui ont le revenu le plus considérable, qui l'emporte. Par exemple : supposons dix individus d'un côté, et vingt de l'autre, et qu'une résolution soit adoptée par six d'entre les riches, et une résolution contraire, par quinze d'entre les pauvres ; que quatre des riches se joignent ainsi à l'avis des pauvres, et cinq des pauvres à celui des riches, alors il faudra que la volonté de celui de ces deux partis dont le revenu l'emportera, en joignant à chacun des deux celui des citoyens de l'autre parti qui ont adopté la même résolution, obtienne force de loi.

14. Mais, s'ils se trouvent égaux, c'est un cas qu'il faut considérer comme rentrant dans la classe des questions ordinaires de ce genre, comme lorsqu'il y a partage entre les membres d'une assemblée, ou entre ceux d'un tribunal ; car alors on est forcé de recourir à la voie du sort, ou à quelque autre procédé semblable. Au reste, quelque difficile qu'il soit de trouver la vérité sur ces questions

de l'égalité et du droit (1), il est pourtant plus facile de les résoudre que d'accorder ceux qui ont les moyens d'accroître leur puissance ou leurs richesses, car les hommes qui sont dans une condition inférieure aspirent incessamment à l'égalité et cherchent la justice, tandis que ceux qui ont le pouvoir ou la force ne s'en inquiètent nullement.

II. La meilleure ou la plus parfaite des quatre sortes de démocraties, est la première dans l'ordre que nous avons marqué, en les décrivant dans les livres précédents; elle est même la plus ancienne de toutes. On l'appelle la première, selon la division que l'on peut faire des peuples; car le peuple le plus vertueux est celui qui s'applique à l'agriculture, en sorte qu'il est possible d'établir une démocratie partout où le peuple subsiste de la culture des terres, ou du soin des troupeaux. C'est que, ne possédant que peu de richesses, il a peu de loisir, et ne saurait par conséquent se réunir souvent en assemblée pour délibérer; et, comme il manque de beaucoup de choses nécessaires, chacun vaque à ses travaux, sans désirer ce qui appartient à autrui, et trouve plus de plaisir à cultiver sa terre qu'à s'occuper du gouvernement, ou à exercer l'autorité; surtout lorsque les magistratures ne sont pas une source de profits consi-

---

(1) On croit que l'auteur a voulu faire allusion à un passage du 6e livre des *Lois* de Platon (p. 757, b.), où il est dit que c'est à Jupiter même qu'il appartient de décider cette question.

dérables : car la plupart des hommes sont plus avides de gain que d'honneurs.

2. La preuve de cela, c'est que, dans les anciens temps, on supporta souvent la tyrannie, et qu'on supporte encore l'oligarchie, toutes les fois qu'elle n'empêche pas les citoyens de se livrer à leurs travaux, et que personne ne leur en enlève les fruits ; car alors, les uns parviennent promptement à s'enrichir, et les autres à sortir de la pauvreté. D'ailleurs, le droit de choisir les magistrats et de leur faire rendre compte de leur conduite, suffit pour satisfaire l'ambition de ceux qui en ont. Et même, en supposant qu'ils ne participent point aux élections, mais que le droit d'élire appartienne à quelques hommes pris tour-à-tour dans toutes les classes du peuple, pourvu qu'il soit appelé à délibérer dans les occasions importantes, comme à Mantinée, il s'en contente ordinairement. C'est là, en effet, ce qu'on doit regarder comme une sorte de démocratie, ainsi qu'elle exista jadis chez les Mantinéens (1).

----

(1) Le peu de mots que dit ici Aristote de la république des Mantinéens, nous fait voir que le gouvernement *représentatif* ne fut pas tout-à-fait inconnu des Grecs, et n'est pas, comme l'ont cru quelques écrivains de notre temps, une invention exclusivement propre aux peuples modernes. On voit ici deux degrés d'élection bien constatés, et, dans les hommes appelés à diriger les affaires des Mantinéens, des délégués de **délégués**. Quant à l'époque de l'histoire à laquelle Aristote fait allusion en cet endroit, Mr de Sainte-Croix, dans son traité *des Anciens Gouvernements fédératifs*, semble porté à croire qu'il faut la

3. Voilà pourquoi il est avantageux, dans l'espèce de démocratie dont on a parlé d'abord, et il est même assez ordinaire, que tous les citoyens concourent à l'élection des magistrats, à l'administration de la justice, et au jugement de ceux qui sont responsables ; mais que ce soient des hommes choisis qui exercent les emplois les plus importants, et qui y soient appelés en vertu d'une certaine quotité de revenu ; les plus grands étant donnés à ceux dont la fortune est le plus considérable. Ou plutôt, sans compter pour rien la richesse, il faut les donner à ceux qui sont capables de les remplir. Une telle forme de gouvernement ne saurait manquer d'être bonne ; car les fonctions publiques y seront toujours remplies par les hommes les plus distingués et les plus capables, avec le consentement du peuple, qui dès-lors, ne sera nullement jaloux des gens de mérite. Nécessairement aussi un pareil arrangement satisfera les gens distingués et intelligents, car ils ne seront point obligés d'obéir à des hommes d'un mérite inférieur. Dans l'exercice du pouvoir, on observera la justice, parce que ceux qui seront responsables, seront

---

placer vers la 2ᵉ année de la 102ᵉ olympiade, après la bataille de Leuctres ; mais Schneider suppose, d'après les expressions même d'Aristote, que ce mode de gouvernement aurait été en vigueur chez les Mantinéens même avant la 98ᵉ olympiade, où leur ville ayant été détruite par Agésilaüs, roi de Sparte, ils furent obligés d'habiter dans les bourgs ou villages qui formaient leur territoire.

juges par ceux qui n'ont d'ailleurs aucune autorité.

4. Car il est important de rendre le pouvoir dépendant, et de ne pas souffrir que ceux qui en disposent agissent au gré de leur caprice, attendu que la possibilité de faire tout ce qu'on veut, empêche qu'on ne résiste aux mauvais penchants de la nature humaine. On obtient nécessairement ainsi l'un des résultats les plus précieux dans les républiques ; c'est que le pouvoir se trouve entre les mains d'hommes éclairés, et qui ne peuvent pas faillir impunément, sans que pourtant la masse du peuple souffre pour cela aucun dommage. Il est donc évident que telle est la plus excellente forme de gouvernement, et que la cause de cette supériorité est dans la manière d'être et dans le caractère particulier du peuple.

5. Mais, pour rendre un peuple agriculteur, il y a, parmi les lois qui ont été anciennement données à quelques cités, des dispositions fort utiles ; comme d'interdire à tous les citoyens de posséder une quantité de terre qui excède une certaine mesure (1), ou d'en posséder qui soit à une distance déterminée de la ville ou de la citadelle. C'était encore une disposition fondamentale des lois, dans les anciens temps, de ne permettre à personne d'aliéner l'héritage qu'on aurait reçu de ses pères.

______

(1) La loi *Licinia* défendait à tout citoyen romain de posséder plus de 500 arpents (*jugera*) de terre. Voyez Varron (*De R. R.* l. 1, c. 2, § 9), et Columelle (l. 1, c. 3, § 11).

La loi dite d'Oxylus (1), qui défend à chaque citoyen d'emprunter sur la terre qu'il possède, peut avoir quelque influence du même genre.

6. Au lieu qu'il faut aujourd'hui modifier les gouvernements, sous ce rapport, par la loi des Aphytéens (2); car elle peut être fort utile pour le but dont nous parlons. Chez ce peuple, en effet, quoiqu'il soit très-nombreux, et qu'il ne possède qu'un territoire fort borné, tout le monde travaille cependant à la culture des terres. Car on n'y soumet pas au cens la totalité des possessions, mais on les divise en un assez grand nombre de parts, pour que les pauvres même puissent avoir la supériorité par le cens, tel qu'il est établi sur cette base.

7. Après les peuples agriculteurs, ceux qui sont le plus dignes d'estime sont les peuples pasteurs, ou vivant du produit de leurs bestiaux; car leur manière de vivre a beaucoup d'analogie avec celle des laboureurs. Ils ont beaucoup d'habitudes qui les rendent propres aux opérations militaires; leurs corps sont endurcis à la fatigue, et ils savent

______

(1) Aucun autre écrivain ne fait mention de cette *loi d'Oxylus;* Pausanias seul (1. 5, c. 3 et 4) entre dans quelques détails sur ce personnage qui avait anciennement régné sur les Éléens.

(2) Xénophon (*Hellenic.* 1. 5, c. 3, § 19) fait mention d'une ville de Thrace habitée par les Grecs, sous le nom d'*Aphytis*, et Héraclide de Pont (*in Polit.* 38) parle des Aphytéens comme d'un peuple recommandable par ses habitudes de justice et de modération.

supporter la vie errante et active. Mais presque tous les autres peuples chez lesquels il s'est établi des gouvernements démocratiques, sont de beaucoup inférieurs à ceux-ci; car leur manière de vivre est misérable et vile. Aucun des travaux, qui exigent de la force et de l'énergie, n'est exécuté par un peuple, qui ne se compose que d'artisans, ou d'hommes exerçant un trafic quelconque, ou de mercenaires. D'ailleurs, l'habitude de vivre sans cesse au milieu de la place publique, dispose toutes ces classes d'hommes à se réunir facilement en assemblées générales; tandis que ceux qui se livrent à l'agriculture, vivant dispersés dans la campagne, ne se rencontrent pas aussi fréquemment, et n'éprouvent pas aussi ordinairement le besoin de se réunir ainsi.

8. Il est encore facile d'établir un bon gouvernement démocratique, partout où le territoire [labourable] est à une assez grande distance de la ville; car alors la plupart des citoyens sont forcés d'avoir des habitations à la campagne. De sorte que le menu peuple même, quoique livré aux opérations du négoce ou du trafic, ne saurait s'empêcher, dans les démocraties ainsi composées, d'appeler les habitants de la campagne aux assemblées générales. Nous venons donc de faire voir comment il faut s'y prendre pour établir la démocratie la meilleure et la plus parfaite; et l'on voit facilement, d'après cela, comment il faut organiser les autres espèces de gouvernements de ce genre; car elles doivent suivre une sorte d'analogie dans

la manière dont elles s'écartent de ce type pri-
mitif, et il faut sans cesse y classer à part la
portion du peuple qui a de moins bonnes habitudes.

9. Au reste, toute cité ne peut pas supporter le
dernier degré de la démocratie, où tous ont part
à tous les pouvoirs, et il est difficile qu'elle subsiste long-temps, quand elle n'est pas fondée sur
un système de lois ou de mœurs bien réglées.
D'ailleurs, nous avons indiqué précédemment à
peu près toutes les causes qui contribuent ordinairement à la corruption de cette espèce de gouvernement et des autres formes. Cependant, pour
établir une pareille démocratie, ceux qui y ont
la principale autorité s'appliquent ordinairement à
rendre le peuple tout puissant, en accordant le
droit de cité, non-seulement aux enfants légitimes, mais aussi aux bâtards, et à ceux qui sont nés
soit d'un citoyen, soit d'une citoyenne, c'est-à-
dire, dont le père ou la mère étaient citoyens,
car ce genre d'institutions est essentiellement propre à une telle démocratie.

10. C'est en effet ainsi que les démagogues s'appliquent à établir ce système de gouvernement;
toutefois, il est bon de n'admettre des citoyens
qu'autant que cela est nécessaire pour que la classe
des hommes distingués, et de ceux qui forment le
moyen ordre, ne dépasse pas celle du peuple.
Mais il ne faut pas excéder ce terme; autrement,
on ne manque guère d'introduire des désordres
dans l'état, et c'est le moyen d'exciter les citoyens

qui jouissent de quelque considération à se soulever ou à se liguer contre la démocratie. C'est ce qui fut cause de la sédition que l'on vit à Cyrène (1); en effet, on n'aperçoit pas d'abord un inconvénient peu considérable; mais quand il s'est accru, il frappe sans cesse tous les yeux.

11. On peut regarder encore comme très-favorables à un pareil système de gouvernement les institutions auxquelles Clisthène (2) eut recours à Athènes, lorsqu'il voulut réformer la démocratie, et auxquelles eurent recours ceux qui fondèrent le pouvoir populaire à Cyrène. Ainsi, il faut multiplier le nombre des tribus et des *Phratries*, et réduire les sacrifices particuliers ou les actes privés de religion que font les citoyens, à un petit nombre de solennités, où ils les pratiquent en commun; en un mot, imaginer et employer toutes sortes de moyens pour qu'ils se mêlent, et se confondent les uns avec les autres, et pour dissoudre les liaisons qu'ils avaient contractées auparavant.

12. Les institutions propres à la tyrannie, le sont

---

(1) Hérodote (l. 4, c. 162 et suiv.) entre dans quelques détails sur l'histoire de cet état, qui fut d'abord gouverné par des rois. Schneider suppose que l'évènement auquel notre philosophe fait allusion, serait postérieur à l'expulsion du dernier roi de Cyrène. Voyez Héraclide (*in Polit.* 4, 208, à la suite de l'édition d'Élien, donnée par M\^r Coray).

(2) Il en a été fait mention ci-dessus (l. 3, c. 1, p. 156). Voyez aussi l'*Introduction* du *Voyage du jeune Anacharsis*, 2\^e part. sect. 1\^{re}.

aussi presque toutes à la démocratie; telles sont, par exemple, la licence ou le défaut de subordination des esclaves (car elle est avantageuse jusqu'à un certain point), celle des femmes, des enfants (1), et la tolérance qui autorise chacun à vivre comme bon lui semble; car ce sont des circonstances qui sont d'un grand secours pour un tel gouvernement, attendu que la plupart des hommes trouvent plus doux de vivre sans règle, sans contrainte, que d'avoir une conduite sage et réservée.

III. Mais, pour le législateur, et, en général, pour ceux qui veulent qu'un tel gouvernement subsiste, la tâche la plus laborieuse n'est pas de l'établir, et ce n'est pas la seule; il s'agit surtout de pourvoir à sa conservation. Car il n'est pas bien difficile de maintenir deux ou trois jours une forme de gouvernement, quelle qu'elle soit. Voilà pourquoi il faut s'attacher à combiner tous les moyens propres à en garantir la stabilité, d'après les considérations que nous avons présentées précédemment sur les causes qui contribuent à la ruine ou à la conservation des états; prendre des précautions contre celles qui les affaiblissent, et adopter toutes les lois, soit écrites, soit non écrites, qui peuvent le plus concourir à leur affermissement; et ne pas s'imaginer que ce qui donne à une république un caractère plus prononcé dans le sens de la démocratie, ou dans celui de l'oligarchie, est en effet le principe essentiellement

____

(1) Voyez ci-dessus, l. 5, c. 9, § 6.

populaire ou oligarchique, mais que c'est ce qui lui assure la plus longue durée.

2. Cependant les démagogues de nos jours, pour capter la faveur populaire, font ordonner d'énormes confiscations par les tribunaux; et c'est pour cela que ceux qui sont véritablement attachés à ce système de gouvernement, doivent s'opposer à cet abus, en faisant décréter que le produit des condamnations ne sera point appliqué au trésor public, mais sera consacré à la religion. Car, par ce moyen, les coupables ne seront pas moins obligés de se tenir sur leurs gardes, puisqu'ils seront également punis; mais la multitude sera moins empressée à condamner ceux qu'elle sera appelée à juger, quand elle n'aura aucun profit à attendre de leur condamnation. Il faut encore s'attacher à rendre les procès publics le plus rares qu'on le peut, et mettre un frein à la témérité des délateurs, en soumettant à des peines graves ceux qui intentent des accusations mal fondées. Car ce n'est pas contre les gens du peuple qu'elles sont communément dirigées, mais contre les citoyens les plus distingués. Or, il faut que tous soient bien affectionnés pour le gouvernement, ou au moins qu'on n'ait pas occasion de regarder comme ennemis ceux qui y ont le plus de crédit.

3. D'un autre côté, comme le peuple est très-nombreux dans les démocraties de la dernière espèce, et qu'il est difficile d'y réunir les citoyens en assemblée, s'ils ne sont pas payés; c'est une chose fort contraire aux intérêts des riches, quand

l'état ne possède aucun revenu. Car il faut nécessairement que l'on y supplée par des contributions forcées, par des confiscations, et par la corruption des tribunaux; ce qui a déja bouleversé bien des gouvernements démocratiques. Lors donc que l'état n'a point un trésor particulier, il faut que les assemblées du peuple y soient rares; que les tribunaux y soient nombreux, mais que leurs assises n'y durent que peu de jours. Car cela empêche que les riches ne craignent de se voir trop chargés de contributions, en considérant que, dans les tribunaux, les citoyens aisés ne reçoivent aucun salaire pour exercer les fonctions de juges, tandis que les pauvres en reçoivent. Cela contribue aussi à rendre les jugements plus conformes à la justice; attendu que les gens aisés ne se soucieront pas d'être détournés pendant un long temps du soin de leurs affaires particulières, au lieu qu'ils consentiront volontiers à consacrer un temps plus court aux fonctions de juges.

4. Dans une république qui a des revenus, il ne faut pas faire ce que font aujourd'hui les démagogues : car ils distribuent aux citoyens pauvres ce qui se trouve de reste [les dépenses prélevées], mais ceux-ci l'ont à peine reçu, qu'ils retombent dans la détresse. C'est réellement un tonneau percé qu'une pareille ressource pour les indigents. L'administrateur vraiment dévoué au peuple, doit, au contraire, pourvoir à ce que la multitude ne soit pas dans une indigence trop excessive; car c'est là une cause qui détériore grandement le gouvernement démo-

cratique. Il faut donc imaginer des moyens d'assurer au peuple une aisance durable. Mais, comme cela est aussi dans l'intérêt des citoyens aisés, il faut faire une masse générale de ce qui se trouve d'excédant dans les revenus de l'état, et le partager entre les pauvres, surtout si la part qui leur revient peut servir à l'acquisition de quelque petite portion de terre, ou du moins peut former un capital propre à améliorer leurs entreprises, soit commerciales, soit agricoles. Enfin, si l'on ne peut pas donner ainsi à chaque individu, il faut que la distribution se fasse par tribus, ou à toute autre partie du peuple, par tour. Mais en ceci, les citoyens aisés doivent contribuer aux frais des réunions nécessaires, se trouvant affranchis des dépenses superflues.

5. C'est par un procédé à peu près semblable que le gouvernement de Carthage est parvenu à s'attirer l'affection du peuple ; car, en envoyant successivement des hommes de cette classe, pour administrer les villes dépendantes du territoire de la république, il les enrichit (1). Il est encore fort convenable que les citoyens distingués qui ont de la prudence et de l'instruction, prennent sous leur protection quelques citoyens pauvres, et les aident à se livrer à quelque industrie, en leur fournissant des capitaux (2). Enfin, l'on fera fort bien d'imiter

______

(1) Voyez ci-dessus, l. 2 , c. 8 , § 9.

(2) Isocrate, décrivant les mœurs des Athéniens, à l'époque où la constitution donnée par Solon, et modifiée par les sages

la coutume des Tarentins (1), qui, en consentant à ce que les propriétés soient regardées comme communes avec les pauvres, pour l'usage de ceux-ci, ont ainsi rendu la multitude fort affectionnée au gouvernement. De plus, les magistratures y sont de deux sortes : les unes pouvant être données par voie d'élection, et les autres par la voie du sort; celles-ci, auxquelles le peuple peut aspirer, et celles-là dans la vue de rendre l'administration meilleure. Mais on peut arriver au même résultat en divisant une même magistrature entre deux personnes, l'une nommée par les suffrages, et l'autre désignée par le sort. Telles sont les institutions qu'il convient d'adopter dans les démocraties.

IV. Il est facile de voir, d'après tout ceci, quelles sont celles qui conviennent aux oligarchies : car il faut établir pour chaque espèce, dans ce dernier genre, des institutions contraires à celles que l'on

---

réglements de Clisthène, était le plus florissante, cite cette attention des riches à secourir et à protéger la classe pauvre, comme un des traits caractéristiques de l'ancienne république : « Ils les « secouraient dans leurs besoins, dit-il, en donnant aux uns « leurs terres à cultiver, pour une modique redevance, en con-« fiant à d'autres le soin de leurs affaires de commerce au-de-« hors, en faisant des avances, ou fournissant des capitaux « à d'autres, pour les aider dans leurs entreprises. » (*Isocrat. Areopagit.* c. 12, p. 144, édit. Coray.)

(1) Heyne, dans ses *Opuscula Academica* (to. 2, p. 217 et suiv.) a recueilli avec soin tous les témoignages des anciens écrivains sur le gouvernement de Tarente.

adopte dans chaque espèce de démocratie correspondante; opposant celle des aristocraties qui est
la première et la mieux organisée, à la première
espèce de démocratie, c'est-à-dire, à celle qui se
rapproche le plus de la forme de gouvernement
appelée *République*. Il faut y établir deux sortes
de cens exigibles; l'une plus considérable, et l'autre
moins. La moins considérable sera pour ceux qui
pourront être appelés aux fonctions ou magistratures d'une nécessité indispensable; le cens le
plus élevé sera celui des citoyens qui rempliront
les charges les plus importantes. Celui qui possé-
dera la quotité de bien exigée par ce cens, devra
être considéré comme ayant le droit de cité, et
il faudra que cette quotité soit calculée de manière à introduire dans cette classe un assez grand
nombre d'individus pris dans la masse du peuple,
pour qu'ils aient plus d'influence que ceux qui ne
participent pas à ce droit, en observant d'associer
au gouvernement tout ce qu'il y a de plus estimable
dans la classe populaire.

2. Pour établir la forme qui se rapproche le plus
de celle-ci, il ne faut que renforcer un peu le
principe de l'oligarchie. Quant à celle qui correspond à la dernière sorte de démocratie, et qui est
le plus arbitraire et le plus tyrannique des gouvernements oligarchiques, il y faut d'autant plus de
précautions qu'il est plus mauvais. Car, de même
que les corps bien constitués pour la santé, ou les
navires bien construits pour la navigation, et montés par d'habiles pilotes, peuvent supporter plu-

sieurs inconvénients, sans que pour cela il y ait à craindre qu'ils ne périssent; tandis que les constitutions maladives, et les vaisseaux déja avariés, et montés par des pilotes sans expérience, ne peuvent supporter même les moindres accidents; ainsi, les plus mauvais gouvernements sont ceux qui ont le plus besoin de surveillance et de soins.

3. Au reste, une population nombreuse fait, en général, le salut des démocraties; car cette circonstance est une sorte de compensation à l'absence du juste, ou du droit proportionnel au mérite. Mais il est évident qu'une oligarchie, au contraire, ne peut subsister que par l'effet d'un ordre constant et régulier. Or, comme il y a quatre sortes de population, celle qui se livre à l'agriculture, celle qui pratique les arts mécaniques, celle des citoyens qui font le négoce, et celle des mercenaires; et comme il y a aussi quatre classes d'hommes utiles aux choses de la guerre, les cavaliers, les soldats pesamment armés, ceux qui le sont à la légère, et les marins ou matelots; c'est dans les contrées propres à la nourriture des chevaux qu'il convient le mieux d'établir une oligarchie fortement constituée : car la sûreté des habitants y dépend essentiellement de ce genre de puissance militaire, et il n'y a que ceux qui ont des propriétés fort étendues qui puissent élever des chevaux avec succès. L'oligarchie du second degré convient mieux aux pays où l'on peut avoir des soldats pesamment armés, parce que ce genre de service est plutôt propre aux citoyens aisés qu'à la

multitude indigente. Enfin, la démocratie convient exclusivement à un peuple qui ne peut fournir que des soldats armés à la légère, ou des matelots.

4. En pareil cas, dans les lieux où cette espèce de population est très-nombreuse, il arrive souvent, lorsqu'il s'élève quelque dissentiment, qu'ils montrent peu d'ardeur dans le combat. Mais, pour obvier à cet inconvénient, il faut y appliquer le remède qu'emploient les généraux expérimentés, qui joignent quelquefois à la cavalerie, et aux corps pesamment armés, un nombre proportionné de soldats armés à la légère (1). C'est là ce qui, dans les séditions, donne souvent l'avantage au peuple sur les riches; car l'infanterie légère, qui fait sa principale force, se bat fort bien contre la cavalerie et contre les soldats pesamment armés.

5. Ainsi donc, composer la force militaire de cette seule espèce de soldats, c'est l'organiser contre soi-même. Mais il faut les diviser à raison des âges, et en composer deux classes, l'une des hommes avancés en âge, et l'autre des jeunes gens, et que les premiers fassent instruire leurs fils dans toutes les manœuvres de l'infanterie, soit légère, soit pesamment armée, de manière que, formés à ces exercices dès leur enfance, ils deviennent des athlètes consommés dans ce genre d'escrime. Surtout,

---

(1) Ces soldats qui, au besoin, savaient suivre le cheval à la course, étaient appelés ἄμιπποι. Voyez Xénophon (*Hellenic.* l. 7, c. 5, § 23), et César (*De Bello Gall.* l. 1, c. 48).

il faut accorder à la multitude quelque part dans le gouvernement, soit, comme on l'a déja dit, à raison du cens ou du revenu ; ou bien, comme cela se pratique à Thèbes, en accordant ce privilége à ceux qui ont cessé depuis un certain temps d'exercer aucune profession mécanique (1); ou enfin, comme à Marseille, en ne distinguant que par le mérite ceux qu'on admet dans le gouvernement, et ceux qui en sont exclus.

6. Il faut encore, à la possession des magistratures les plus éminentes, qui sont entre les mains des hommes qui gouvernent, ajouter l'obligation de faire de certaines dépenses, afin que le peuple n'y puisse pas prétendre, et qu'il pardonne à ceux qui ont l'autorité, puisqu'ils paient, en quelque sorte, ce privilége. Il convient aussi qu'en entrant en charge, les magistrats fassent des sacrifices solennels, où éclate leur magnificence, et qu'ils contribuent aux frais des établissements publics, afin que le peuple, qui a part aux repas [des sacrifices] voyant la ville embellie et ornée de riches dons, ou d'édifices somptueux, aime à voir aussi le gouvernement s'affermir. Les citoyens les plus illustres trouveront d'ailleurs à cela l'avantage de voir leur munificence consacrée par des monuments. Cependant ce n'est pas là ce qui se pratique de nos jours dans les gouvernements oligarchiques : au contraire, les magistrats s'y montrent plus avides de gains illicites, que d'honneur ; aussi peut-on avec raison

---

(1) Voyez ci-dessus l. 3, c. 3, § 4.

appeler ces états de petites démocraties. Telle est donc la manière dont il faut établir les gouvernements soit oligarchiques, soit démocratiques.

V. Nous devons ajouter encore ici des distinctions justes et précises entre les diverses magistratures, faire connaître quelles elles sont, combien il doit y en avoir, quelles doivent en être les fonctions, comme nous l'avons déja dit. Car il y en a qui sont d'une nécessité indispensable, et sans lesquelles un état ne saurait subsister ; il y en a qui servent au bon ordre et à la majesté, ou à la dignité, sans lesquelles l'état ne saurait être bien administré. Outre cela, elles doivent être en moins grand nombre dans les petits états, et plus nombreuses dans les grands, comme on l'a encore fait remarquer. Enfin, il faut aussi que l'on sache quelles sont les fonctions qu'il est à propos de réunir dans une même personne, et celles qui doivent être exercées séparément.

2. Or, un des premiers soins, et des plus indispensables, est celui qui regarde la police des marchés ; il faut qu'il y ait une magistrature chargée d'y veiller, de connaître des transactions entre citoyens, et aussi de faire observer la décence et le bon ordre. Car il faut nécessairement qu'il y ait, dans toutes les villes, des ventes et des achats, pour subvenir aux besoins réciproques des citoyens ; c'est là le moyen le plus immédiat qu'un état puisse avoir de se suffire à lui-même, et la cause qui a déterminé les hommes à se réunir en société.

3. Une autre fonction, qui tient de très-près à celle

dont on vient de parler, c'est la surveillance des objets, soit particuliers, soit publics, qui concernent la ville, et le soin d'y maintenir également le bon ordre; la sûreté et les réparations des édifices qui menacent ruine, celle des voies publiques, des limites qui servent à distinguer les unes des autres les propriétés des citoyens, afin de prévenir tous les sujets de plaintes, et tous les autres objets de cette espèce. C'est cette sorte de magistrature qu'on appelle le plus communément *Astynomie* [police de la ville]: mais elle comprend plusieurs parties distinctes, que, dans les villes les plus populeuses, on confie à des officiers particuliers, comme inspecteurs des murailles, des fontaines et des aqueducs, intendants ou surveillants des ports.

4. Il y a encore une autre surveillance nécessaire et du même genre, puisqu'elle porte sur les mêmes objets; mais elle s'étend sur tout le pays environnant et hors la ville. Les uns donnent à ces sortes de magistrats le nom d'*Agronomes* [inspecteurs de la campagne], les autres, celui d'*Hylores*, [gardes ou conservateurs des forêts]. Ces magistratures sont, comme on voit, au nombre de trois. D'autres fonctionnaires sont ceux à qui l'on apporte le produit des revenus publics, qui en ont la garde, et sont chargés d'en répartir les fonds entre chaque département ou administration; on les appelle receveurs, et trésoriers [intendants des finances]. D'autres officiers reçoivent le dépôt des contrats entre particuliers, et des jugements rendus par les tribunaux, et c'est encore chez eux qu'il faut déposer les plain-

tes ou les actions juridiques que l'on veut intenter.
Il y a même des pays où ces fonctions sont parta-
gées entre plusieurs espèces de magistratures, entre lesquelles il y en a une qui a la suprême autorité sur toutes les autres. On appelle ces fonctionnaires *Hiéromnémons*, *Épistates*, *Mnémons* [gardes
des archives sacrées, présidents, archivistes], ou on
les désigne par d'autres dénominations analogues à
celles-là.

5. Après cela vient la fonction la plus indispensable et presque la plus pénible, celle qui regarde
l'exécution des jugements rendus, et des condamnations à une amende soit privée, soit publique,
inscrite sur les registres de l'état, et la garde des
personnes dont on veut s'assurer. Elle est pénible
à cause de l'extrême aversion qu'inspirent ceux
qui en sont chargés : aussi lorsqu'il n'y a pas de
grands profits à faire, trouve-t-on difficilement
des gens qui consentent à l'accepter; et ceux qui y
consentent ont bien de la peine à se conformer
exactement aux lois. Elle est nécessaire, parce qu'il
ne sert à rien de prononcer des jugements sur les
droits, s'ils ne sortent leur plein et entier effet. Et
s'il est impossible que la société civile existe sans
tribunaux et sans jugements, elle ne saurait non
plus exister, si les amendes ou les condamnations
restent sans exécution.

6. Aussi vaut-il mieux que ces fonctions ne soient
pas attribuées à une magistrature unique, mais
qu'elles soient remplies par divers magistrats pour
les différents tribunaux, et qu'on les divise pareil-

lement, eu égard aux divers genres de condamnations affichées ou enregistrées. Enfin, il faut que les différentes sortes d'amendes soient exigées ou recueillies par divers magistrats, les plus récentes, par exemple, par ceux qui sont plus récemment entrés en charge (1); et que lorsqu'une des magistratures établies [anciennement] a prononcé une sentence, ce soit une autre qui l'exécute; par exemple, que les inspecteurs de la ville récueillent les amendes prononcées par les inspecteurs du marché, et d'autres, celles qui auront été prononcées par ceux-ci. Car, moins les exécuteurs de ces jugements inspireront d'aversion, plus l'exécution en sera prompte. Mais que les mêmes magistrats jugent, et exécutent le jugement, c'est une chose doublement odieuse; et charger les mêmes personnes de ce ministère pour toutes les sortes d'affaires, c'est les rendre l'objet de la haine universelle.

7. Dans plusieurs pays on sépare la fonction de garder les prisonniers, de l'exécution des jugements, comme à Athènes où la prison est sous l'autorité de ceux qu'on appelle *les Onze*. Voilà pourquoi il est bon que ces deux sortes de fonctions soient séparées, et il faut imaginer quelque expédient pour cela; car l'une n'est pas moins

---

(1) « Ou par les magistratures dont l'établissement est le plus « récent. » L. Leroi traduit : « Que les jeunes exécutent plus tost « les causes des jeunes. » Le texte, en cet endroit, n'offre pas un sens très-clair.

nécessaire que l'autre. Mais il en résulte que les gens comme il faut évitent surtout de se charger de cette fonction, et pourtant il y a quelque danger à la confier à des hommes sans honneur, car ils ont plutôt besoin d'être surveillés eux-mêmes, qu'ils ne sont capables de surveiller les autres. Il ne faut donc pas attribuer cet emploi à une magistrature unique, ni que ce soit toujours la même ; mais lorsqu'il y a une classe des jeunes gens, ou des gardes, il faut y prendre ceux qu'on en charge, et même y faire concourir successivement les autres magistratures.

8. On doit placer au premier rang les emplois dont nous venons de parler, comme étant les plus nécessaires dans un état ; mais il y en a d'autres qu'on regarde comme d'une plus haute importance, et qui ne sont pas moins utiles, parce qu'ils exigent plus d'expérience et de probité. Ce sont, par exemple, ceux qui sont relatifs à la sûreté de la ville, et en général, tous ceux qui se rapportent au service militaire. Car, en paix aussi bien qu'en guerre, il faut qu'il y ait des inspecteurs préposés à la garde des portes et des murailles, au récensement et au classement des citoyens.

9. Il y a des pays où des officiers en assez grand nombre sont chargés de ces fonctions diverses ; il y en a d'autres où ils sont moins nombreux ; par exemple, dans les petits états, un seul magistrat les remplit toutes. Ces officiers sont appelés *Stratèges* ou *Polémarques* [généraux, chefs de la guerre ou de la milice]. D'ailleurs, s'il y a de la cava-

lerie, ou de l'infanterie légère, ou des archers, ou des matelots, on donne quelquefois à chacun de ces corps des chefs particuliers, qui prennent les noms de *Navarques* [amiraux], d'*Hipparques* [généraux de la cavalerie] et de *Taxiarques* [colonels ou capitaines], et les subdivisions de ces corps sont appelées *Triérarchies*, *Lochagies* et *Phylarchies*, et ainsi de toutes les parties de ces divers ordres de fonctions. Mais la totalité de ces emplois est comprise sous une seule espèce, qui est l'inspection ou l'intendance des travaux militaires.

10. Telle est donc l'organisation de cet ordre de fonctions. Mais comme beaucoup de magistratures, pour ne pas dire toutes, ont, dans bien des cas, le maniement des deniers publics, il faut nécessairement qu'il y ait une autre autorité chargée de recevoir et d'appurer les comptes de celles là, et qui n'ait elle-même la disposition d'aucuns fonds. Telles sont les fonctions de ceux que quelques-uns appellent commissaires, d'autres receveurs, ou examinateurs des comptes, et d'autres procurateurs ou inspecteurs généraux (1). Outre toutes ces magistratures, il y en a encore une qui a la prééminence

---

(1) Comme on n'a pas des idées bien précises sur la nature et l'espèce des fonctions désignées par les termes dont se sert ici l'auteur grec, on ne peut employer également les mots français que l'on y substitue, que dans un sens assez vague et indéterminé. Schneider, dans son commentaire (p. 390 et suiv., et p. 502—504), a recueilli plusieurs témoignages des anciens auteurs qui lui ont semblé propres à jeter quelque lumière sur ce sujet.

et l'autorité suprême ; car ordinairement la proposition et la confirmation des lois dépend de ceux qui président aux assemblées du peuple, dans les états où la souveraineté est entre ses mains, puisqu'il faut bien qu'il y ait une autorité chargée de réunir les membres du souverain ; ces magistrats sont appelés quelquefois *Préconsulteurs*, parce qu'ils préparent les sujets des délibérations ; mais lorsque c'est la multitude qui décide, on donne à sa réunion le nom de *Conseil* ou *Sénat*. Voilà à peu près quelles sont toutes les fonctions ou magistratures politiques.

11. Un autre genre de surveillance est celui qui regarde le culte des dieux, et qui appartient aux prêtres et aux inspecteurs des temples, chargés d'entretenir ces édifices sacrés en bon état, ou de les faire réparer s'ils tombent en ruines, et, en général, de prendre soin de tout ce qui tient à la religion. Cette fonction est quelquefois unique et confiée à une seule personne, comme dans les petits états ; quelquefois elle se partage en plusieurs attributions, distinctes du sacerdoce, comme celles d'architectes ou de gardiens des temples, de trésoriers des revenus sacrés. Mais une charge qui tient de très-près à celles-ci, c'est celle qui a dans ses attributions le soin de tous les sacrifices publics dont la loi ne charge pas les prêtres, mais ceux dont l'autorité ou le privilége ressort, en quelque manière, du *Foyer commun*, [ou des dieux domestiques et protecteurs de l'état]. Ces magistrats sont appelés par les uns *Archontes*, par d'autres *Rois*, et quelquefois *Prytanes*.

12. Ainsi les divers ordres de fonctions qu'exigent tous ces objets, pour en faire, en quelque sorte, la récapitulation, se rapportent à la religion, à la guerre, aux revenus et aux dépenses de l'état, à la police des marchés, de la ville, des ports et de la campagne ; ajoutons y ce qui concerne les tribunaux, l'enregistrement des contrats ou transactions entre particuliers, l'exécution des jugements, la garde des prisons, la reddition des comptes, les recrutements, l'examen de la conduite des magistrats, et enfin la présidence du corps chargé de délibérer sur les affaires publiques.

13. Dans les états où l'on a plus de loisir, où règne plus d'aisance, et où l'on attache de l'importance au bon ordre et à la décence, la surveillance de la conduite des femmes, de l'observation des lois, de l'éducation des enfants, des gymnases ou lieux d'exercices de la jeunesse, l'intendance des jeux et des spectacles, et autres fonctions particulières de ce genre, sont encore des institutions que l'on ne manque guère d'établir. Mais il est facile de voir que plusieurs d'entre elles ne sont nullement propre aux états démocratiques, comme celles de censeurs de la conduite des femmes, ou d'inspecteurs de l'éducation des jeunes gens. Car les hommes de basse condition et sans fortune, ne pouvant avoir d'esclaves, sont bien obligés de se faire servir par leurs femmes et par leurs enfants. Au reste, entre les trois magistratures suprêmes, qui sont créées par élection chez quelques peuples, je veux dire les conservateurs des lois, les consul-

teurs (ou préconsulteurs), et le sénat, la première
convient à l'aristocratie, la seconde à l'oligarchie ,
et la troisième à la démocratie. Ainsi, nous avons
traité sommairement et en général , de presque tous
les ordres de fonctions publiques (1)..........
.....................*[Le reste manque.]*

------

(1) Il est probable que, dans la partie de ce sixième livre
que nous n'avons plus, Aristote parlait encore des tribunaux,
des jugements, et de quelques autres sortes de magistratures
propres aux formes de gouvernements mixtes, comme l'out
pensé quelques-uns des commentateurs.

LIVRE VII.

ARGUMENT.

I. Pour arriver à se faire une idée du gouvernement le plus parfait, il faut connaître d'abord quel genre de vie est préférable à tous les autres. Les biens extérieurs ne contribuent en aucune manière à rendre l'homme vertueux, au lieu que la vertu lui assure la jouissance et la possession de ces biens. D'ailleurs, ils ont des bornes, comme tout ce qui est instrument et moyen; leur acquisition au-delà de certaines limites, est inutile, ou dangereuse, tandis que, plus on possède des biens de l'ame, plus on en retire d'utilité : il est donc incontestable qu'il n'y a de bonheur pour l'homme, qu'autant que la raison et la vertu règlent sa conduite. Or, ce qui est vrai, à cet égard, pour les individus, l'est également pour les sociétés et pour les gouvernements. — II. La vertu est donc la même, dans les sociétés tout entières, et dans chaque citoyen en particulier. Mais la vie active ou politique est-elle préférable à la vie contemplative ou philosophique? Beaucoup de gens, qui préfèrent le premier de ces deux genres de vie, s'imaginent que la prospérité d'un état consiste à ranger les peuples voisins sous sa domination, ne voyant pas que, dans ce cas, l'on n'a pour soi que la force, et non le droit; et ce qui ne leur paraîtrait ni juste, ni utile, si on le pratiquait à leur égard, ils ne rougissent pas de le pratiquer envers les autres. Mais cela est tout-à-fait déraisonnable. Il est donc évident que les institutions relatives à la guerre ne doivent être regardées que comme des moyens d'atteindre au but que doit se proposer toute société civile, et qu'elles ne sont pas ce

but lui-même. — III. Mais la vie d'un homme entièrement affranchi de tout soin, est-elle plus heureuse que celle d'un homme
qui est élevé aux dignités et qui a des fonctions publiques à
remplir ? Qu'une vie tout-à-fait indépendante soit préférable à
l'exercice d'une autorité de maître, ou purement despotique,
cela est incontestable. Mais c'est une erreur de croire que toute
magistrature soit une sorte de maîtrise. Ceux qui s'imaginent
que c'est un très-grand bonheur que de jouir d'un pouvoir
absolu, parce qu'alors on peut accomplir les actions les plus
grandes et les plus généreuses, auraient raison peut-être, si
ce qu'il y a de plus parfait pouvait être le résultat de la violence;
mais il n'est guère possible que cela soit, à moins qu'on n'eût
sur les autres hommes une supériorité qui ne peut appartenir
qu'à une nature supérieure à l'humanité. Au reste, de même que
l'activité de la pensée peut s'exercer, en quelque sorte, sur elle-
même, ainsi l'activité d'une société peut s'exercer dans les
rapports qu'ont entre eux les membres dont elle se compose.
D'où il suit que la manière d'exister la plus parfaite est la même
pour les sociétés politiques, prises en masse, et pour chaque homme, considéré individuellement. — IV. Si l'on essaie
d'établir les bases d'une république qui serait constituée, pour
ainsi dire, à souhait, on reconnaît d'abord qu'il faut que le
nombre des citoyens y soit assez grand, pour qu'elle puisse
pourvoir abondamment à tous ses besoins; mais il ne faut pas
que les domiciliés et les étrangers y soient trop nombreux, parce
qu'il leur serait facile, dans ce cas, de parvenir à s'immiscer
dans le gouvernement, et d'échapper à la surveillance des magistrats. — V. Il y aura des observations à peu près du même
genre à faire, par rapport au territoire; il faudra qu'il soit fertile en toutes sortes de productions, qu'il soit facile à défendre
en cas de guerre, que la ville soit située favorablement pour
le commerce maritime, et pour toutes les communications
qu'elle doit entretenir avec le reste de la contrée. Mais il y aurait de l'inconvénient à en faire un vaste marché, où les étrangers afflueraient sans cesse, parce que l'avidité du gain, l'amour
du luxe et des superfluités, la connaissance ou la familiarité

avec une foule d'hommes, ayant des mœurs ou des coutumes différentes, ne pourraient qu'avoir une funeste influence sur la constitution politique de l'état. — VI. On peut remarquer qu'entre les divers peuples de la terre, ceux qui habitent les régions froides du nord de l'Europe sont généralement braves, mais peu intelligents et peu avancés dans les arts; ils conservent leur liberté, mais sont incapables de gouvernement : les habitants de l'Asie, au contraire, sont ingénieux et industrieux, mais sans énergie, et vivent presque tous dans un honteux esclavage. Les Grecs, qui occupent une contrée intermédiaire, participent à ces deux caractères; ils sont ingénieux, braves, et capables de vivre sous la forme de gouvernement la plus parfaite. Le courage et l'intelligence sont donc les qualités qu'on doit désirer dans les hommes, pour qu'ils puissent avoir de bonnes lois. — VII. Une cité ne se compose pas, comme on l'a fait voir, d'une multitude d'hommes rassemblés au hasard, mais elle a pour but de se procurer tout ce qui est nécessaire a une existence heureuse et indépendante. Chaque peuple cherche à atteindre ce but par des moyens différents; et de là les diverses manières de vivre des différents peuples, et la variété de leurs systèmes politiques. Mais pour qu'un état réunisse tous les moyens de satisfaire aux besoins essentiels de toute société civile, il faut que les citoyens y soient voués à diverses fonctions, qu'il y ait, par exemple, des laboureurs, des artisans, des guerriers, des hommes riches ou aisés, des prêtres et des juges. — VIII. Entre ces divers ordres de fonctions, celle de délibérer sur les intérêts généraux de l'état, et celle de rendre la justice sont essentielles à l'existence de la société : devront-elles être confiées aux mêmes personnes, ou à des classes distinctes de citoyens? Elles conviendront aux mêmes personnes, mais à différentes époques de leur vie : la défense de l'état aussi leur sera confiée dans leur jeunesse; le droit de délibérer et de juger, dans l'âge mûr; et les fonctions du sacerdoce, dans l'âge avancé. D'ailleurs, il convient aussi qu'il n'y ait que des citoyens qui possèdent des propriétés immobiliaires; quant aux artisans et aux mercenaires, ils doivent être exclus du droit de cité. — IX. La divi-

sion des habitants d'un pays en classes distinctes est une invention
des Égyptiens. L'institution des repas communs, date du règne
de Minos en Crète, et exista plus anciennement encore en Italie.
En général, plusieurs inventions ont pu se renouveler bien des
fois, dans le cours des siècles. Les repas communs sont un
moyen de faire participer tous les citoyens à l'abondance générale, et ont d'ailleurs de grands avantages. Les frais du culte
doivent aussi être une dépense commune; et pour cet objet,
il convient de faire deux parts du territoire; l'une appartenant
au public, et l'autre partagée entre les particuliers. Il faut que
chaque citoyen ait deux habitations : l'une rapprochée de la
ville, et l'autre située dans le voisinage des frontières ; que les
terres soient cultivées par des esclaves, ou serfs; celles des
citoyens par les esclaves qui leur appartiennent; celles de l'état
par des serfs appartenant à la république. Il y aura de l'avantage à proposer aux uns et aux autres l'affranchissement pour
prix de leurs travaux. — X. Quant à l'assiette de la ville ou de
la cité, il faut y observer quatre conditions essentielles : salubrité, sûreté, en cas de guerre, distribution des rues et des
places, enceinte de murailles, garnie de forts par intervalles.
— XI. Il y a aussi des convenances à observer relativement à
l'emplacement et à la distribution des édifices consacrés au culte
des dieux, aux réunions des divers conseils de magistrats, aux
repas publics, etc. Mais, en ce genre, ce n'est pas dans l'invention des plans ou des idées que consiste la difficulté, c'est dans
leur exécution. — XII. Quelles sont les qualités nécessaires à
ceux qui gouvernent, pour que la société jouisse de tout le bonheur que comporte un bon système de lois? La solution de ce
problème suppose celle d'une autre question, déja traitée dans
la *Morale :* Qu'est-ce que le bonheur? Au reste, il y a, dans
la destinée des sociétés, certaines choses qui dépendent, en
quelque sorte, de la fortune ou des circonstances : il y en a
d'autres qui sont l'œuvre du législateur. Il est certain qu'une
république n'aura des vertus, qu'autant que ceux qui ont part
au gouvernement seront eux-mêmes vertueux : or, trois choses
contribuent à rendre les hommes vertueux : la nature, la cou-

tume et la raison. Il faut donc, pour que la cité soit vertueuse, et par conséquent heureuse, qu'il y ait une constante harmonie entre ces trois conditions qui constituent la vertu. La nature donnera certaines qualités, l'éducation en développera d'autres, la tradition ou l'expérience fournira les moyens d'apprécier et de choisir celles qui peuvent le plus contribuer au bien des individus et de la société. — XIII. Est-il utile au bien de l'état que le pouvoir soit constamment dans les mains des mêmes personnes ? Non, sans doute, puisqu'il est impossible qu'une classe d'hommes ait, par rapport à une autre, un degré de supériorité assez marqué pour justifier un tel privilége. Cependant, il est nécessaire que les dépositaires de l'autorité ayent quelque supériorité sur ceux à qui ils commandent. Le moyen de satisfaire à cette nécessité, c'est d'abord d'avoir égard aux différences d'âge, qui constituent entre les individus une distinction naturelle, et qui n'a rien d'offensant pour les personnes. Ensuite, il faut que le système des lois et de l'éducation générale soit tel, qu'il embrasse dans ses vues le perfectionnement moral des différents âges et des divers genres de vie. La législation, chez les Grecs, semble n'avoir été dirigée que vers le développement de la puissance militaire, mais il est plus important encore de faire acquérir à un peuple les vertus nécessaires à un état de paix, puisque la guerre ne peut raisonnablement être envisagée que comme un moyen dont cet état est la fin, ou le but. On parviendra à ce résultat, en cultivant soigneusement la raison et l'intelligence des citoyens, et en surveillant, sous ce double rapport, les conditions de leur naissance, et la formation de leurs habitudes. — XIV. Dans les institutions relatives au mariage, il faut avoir égard à l'âge, de manière qu'il n'y ait pas une trop grande disproportion, sous ce rapport, entre les époux : dix-huit ans pour la femme, et environ trente sept ans pour l'homme, sont les termes les plus convenables. La saison de l'hiver semble plus généralement aussi convenir pour cette union. La loi doit assigner des limites à la population, et pourvoir aux moyens de la restreindre dans ces limites. Comme les enfants nés de parents débiles et infirmes sont rarement sains et vigoureux, il y a un âge où l'homme doit s'abstenir d'en avoir; c'est vers la cinquantième année. Enfin l'adultère est un crime que la loi doit punir sévèrement. — XV. Le soin de l'éducation des enfants mérite aussi toute l'attention du législateur; il doit surveiller, en quelque sorte, leur développement; à partir des premières années de leur existence, leur nourriture, leurs jeux, le besoin de mouvement si naturel à cet âge, doivent recevoir de lui une direction utile, et qui soit en harmonie avec les fonctions qu'ils auront à remplir plus tard. Il faut qu'ils évitent la conversation des esclaves, les discours obscènes ou grossiers; que les peintures ou les récits, ou les spectacles nuisibles à la pureté des mœurs, et à l'acquisition des bonnes habitudes, ne frappent jamais leurs yeux ou leurs oreilles, au moins avant l'âge où ils seront admis dans les repas publics. Car il ne faut jamais oublier que les impressions dont l'influence se fait le plus sentir dans tout le cours de la vie, sont celles qu'on a reçues dans l'enfance, et dans la jeunesse.

———

I. CELUI qui se propose de donner à ses recherches sur la meilleure forme possible de gouvernement le degré d'utilité et de perfection convenable, doit nécessairement commencer par déterminer quel est le genre de vie qu'on doit préférer à tous les autres. Car, tant que ce point n'est pas éclairci, on ne peut nullement parvenir à connaître quel est le mode de gouvernement le plus parfait; puisque des citoyens dont les ressources, quelles qu'elles soient, sont bien administrées, doivent naturellement vivre heureux, à moins de quelques circonstances imprévues et extraordinaires. Il faut donc d'abord que l'on soit d'accord sur le genre de vie que tous les hommes, pour ainsi dire, doivent préférer, et ensuite que l'on décide si ce genre de vie est le même, considéré par rapport aux individus pris à part, et par rapport à la société tout entière.

2. Or, comme nous croyons avoir traité ce sujet avec assez d'étendue, dans nos livres exotériques(1) touchant le genre de vie le plus parfait, il ne reste plus qu'à appliquer ce que nous en avons dit. Car, puisqu'il y a trois sortes de biens : ceux qui sont tout-à-fait extérieurs, les biens du corps, et ceux de l'ame, et que sans doute on ne niera pas que cette division ne soit exacte; on ne contestera pas davantage qu'ils doivent être le partage des hommes parfaitement heureux. Qui oserait, en effet, regarder comme tel celui qui n'aurait pas le moindre degré de courage, de tempérance, de justice et de bon sens; mais qui s'effrayerait du vol d'une mouche, qui ne saurait pas s'abstenir des plus vils aliments, pour peu qu'il eût faim ou soif, qui serait prêt à sacrifier ses plus chers amis au plus mince profit (2), et qui, dans tout ce qui exige de l'intelligence et de la réflexion, serait aussi dépourvu de jugement, et imbu d'autant d'erreurs et de préjugés, que pourrait l'être un enfant, ou un homme en démence ?

3. Sans, doute tout le monde est presque d'accord sur ce point; mais on ne s'entend plus au sujet de la quantité et de l'excès. Car, pour peu qu'on ait de

---

(1) Voyez le tome 1ᵉʳ de cette traduction (*Morale*, l. 1, c. 13), p. 46.

(2) Littéralement : pour *le quart d'une obole*.

vertu, on croit toujours en avoir assez : mais, en fait de richesses, de pouvoir ou de gloire, et d'autres choses de ce genre, les hommes ne savent point mettre de bornes à leurs désirs. Cependant, nous leur dirons qu'à cet égard il est facile de trouver, dans l'observation même des faits, une règle qui montre ce qu'il faut penser ; puisqu'on voit que les biens extérieurs ne nous servent ni à acquérir des vertus, ni à nous en assurer la possession ; mais qu'au contraire ce sont les vertus qui nous garantissent la jouissance de ces biens : et que le bonheur de l'homme, soit qu'on le fasse consister dans la joie, ou dans la vertu, ou dans ces deux choses à la fois, se rencontre plus chez ceux qui portent à l'excès la pureté des mœurs et la solidité de la raison, mais qui savent se modérer dans l'acquisition des biens extérieurs, que chez ceux qui possèdent de pareils biens, plus qu'il n'est nécessaire, tandis qu'ils manquent des autres.

4. D'ailleurs, il est encore facile de s'en convaincre, en ne consultant que la raison : car les biens extérieurs ont des bornes, comme tout ce qui est instrument ou moyen ; et, en général, une quantité excessive de choses propres à l'usage, devient nécessairement nuisible, ou au moins inutile, à celui qui la possède. Au contraire, plus on possède des biens de l'ame, plus on en retire d'utilité, si l'on doit compter l'utile pour quelque chose, en comparaison de l'honnête. Et il est visible qu'en général la condition la plus parfaite d'une chose, quelle qu'elle soit, est, à l'égard d'une autre,

dans le même rapport que sont entre elles les choses mêmes, dont on compare ainsi les conditions ou manières d'être. De sorte que, si l'ame est absolument, et par rapport à nous, d'un plus grand prix qu'aucune chose possédée, et que le corps; il faut nécessairement qu'il y ait même relation entre la meilleure disposition ou condition de chacune de ces choses. Ajoutons, enfin, que c'est en vue de l'ame, et pour elle, que tous les autres biens sont préférables, et que tous les hommes sensés doivent les préférer; tandis que ce n'est pas à cause d'eux que l'ame doit être considérée.

5. Regardons donc comme une vérité incontestable, qu'il n'y a de bonheur pour l'homme qu'autant qu'il a de la raison, de la vertu, et qu'il y conforme sa conduite. Nous en avons pour garant Dieu lui-même, dont la félicité n'est le résultat d'aucun des biens extérieurs, mais celui de l'essence et de la nature de cet être suprème. D'ailleurs, c'est précisément là ce qui fait la différence qu'il y a nécessairement entre le bonheur et la bonne fortune: puisque le hasard, et une sorte de spontanéité, sont la cause ou l'origine des biens extérieurs à l'ame; tandis qu'aucun homme ne peut devenir ou juste, ou tempérant, par l'effet du hasard. Une conséquence de ceci, et qui est fondée sur les mêmes raisons, c'est que la société civile la plus parfaite est en même temps heureuse et prospère. Car il est impossible que la prospérité soit le partage de ceux qui ne font pas des actions honorables, et il n'y a point d'homme, ni de société, qui puisse faire de telles

actions sans la vertu (1). Or, pour une société toute entière, le courage, la justice, la prudence et la tempérance n'ont ni une autre forme, ni une autre efficacité, que celles qui font que chaque individu en particulier peut être appelé courageux, juste, prudent et tempérant.

6. Au reste, c'est assez s'être arrêté sur ces idées préliminaires, puisqu'il n'est possible ni de les passer entièrement sous silence, ni de s'étendre sur leur sujet de manière à en traiter convenablement, attendu qu'elles appartiennent à d'autres études. On peut donc regarder, quant à présent, ce point comme établi : que pour chaque individu, en particulier, aussi-bien que pour les sociétés, en général, la vie la plus parfaite est celle où l'on joint à la vertu les moyens extérieurs, et les ressources nécessaires, pour faire des actions vertueuses. Quant à ceux qui auraient encore quelques doutes à cet égard, sans nous arrêter à leurs objections, poursuivons l'objet de nos recherches, sauf à revenir

---

(1) Aristote, comme le remarque ici Mr Coray (p. 309), indique, en passant, l'origine ou la cause de l'expression grecque εὖ πράττειν ou καλῶς πράττειν, (*bene* ou *rectè agere*) synonyme de εὐδαιμονεῖν, « être heureux » : parce qu'en effet il est impossible d'être heureux, si l'on n'agit pas d'une manière conforme à la justice et à l'honneur, c'est-à-dire, si l'on est sans vertu. Platon aussi fait allusion, dans plusieurs endroits de ses ouvrages, notamment dans le *Gorgias* (p. 507, c), au double sens de l'expression εὖ πράττειν, ce qui, pour le dire en passant, donne à ses raisonnements, dans ce cas, une forme tout-à-fait sophistique.

Tome II.   28

plus tard sur ce sujet, en cas que ce que nous venons de dire ne suffise pas pour convaincre quelques personnes.

II. Il nous reste à considérer si la vertu de chaque individu, en particulier, et celle d'une société entière, est ou n'est pas la même. Cela est évident, et il n'y a personne qui ne convienne qu'elle est la même. Car tous ceux qui font consister le bonheur dans la seule possession des richesses, ne manquent pas de vanter la félicité d'un état, quand il est riche : ceux qui attachent un grand prix à la domination absolue d'un tyran, prononceront qu'une cité dont l'autorité s'étend sur un très-grand nombre de sujets, est au plus haut degré de prospérité; enfin, celui qui honore et prise la vertu dans un individu isolé, ne balancera pas à déclarer plus heureuse la cité où il y a plus de vertus.

2. Mais dès lors se présentent deux questions qui appellent notre examen : l'une, savoir lequel des deux genres de vie est préférable : celui d'un homme qui jouit du droit de cité, et qui prend part au gouvernement; ou celui d'un homme qui vit affranchi de tout lien politique, et comme étranger dans l'état? et ensuite, quelle est la forme de gouvernement la plus excellente, et le mode d'administration le plus parfait, soit qu'il vaille mieux que tous participent au gouvernement, ou qu'on doive en exclure certaines personnes, et y admettre le plus grand nombre? Toutefois, comme cette dernière question tient à la théorie et aux considérations générales de la politique, (et non pas celle qui

regarde le genre de vie que doivent préférer les individus) ; et comme c'est cette théorie générale qui est actuellement l'objet de nos recherches, ne regardons la première question que comme un accessoire, un hors-d'œuvre, et attachons-nous à la seconde, comme étant le sujet de ce traité.

3. Il est donc hors de doute que la meilleure constitution politique est celle où les choses sont arrangées de manière que tout citoyen puisse avoir une conduite vertueuse, et vivre constamment heureux. Mais ceux même qui s'accordent à dire que la vie la plus désirable est celle qui est conforme à la vertu, se partagent sur la question de savoir si la vie civile et active est préférable à la vie purement contemplative, et dégagée de tout soin des choses extérieures, que certaines personnes prétendent être exclusivement propre au philosophe. Car les plus zélés partisans de la vertu, dans les plus anciens temps, aussi-bien que de nos jours, ne reconnaissent presque comme dignes d'estime que ces deux genres de vie, je veux dire la vie politique et la vie philosophique.

4. Or, il n'est pas peu important de savoir de quel côté est la vérité ; car, nécessairement, tout homme raisonnable, et même toute société où règne le bon sens, se dirigera vers le but qui promet le plus d'avantages. Cependant, les uns pensent que c'est le comble de l'injustice que de soumettre les peuples voisins à sa puissance, et d'exercer sur eux une autorité despotique. Que si cette autorité est purement civile ou politique, on ne peut pas, à

la vérité, l'accuser d'être injuste; mais elle devient un obstacle à la prospérité de ceux qui l'exercent. Il s'en trouve d'autres, au contraire, qui croient que la vie active et politique est la seule qui convienne à l'homme, attendu que les simples particuliers ne sauraient avoir autant d'occasions de pratiquer les vertus de tout genre, que ceux qui se mêlent des affaires d'état et qui gouvernent. Telle est donc l'opinion de certaines personnes.

5. D'autres soutiennent qu'il n'y a de bonheur que dans l'exercice de la puissance absolue : et, en effet, chez certains peuples, la forme de la constitution et les lois ne semblent avoir pour but que de soumettre les peuples voisins à leur domination. Voilà pourquoi, tandis que la plupart des objets de la législation sont, pour ainsi dire, dans une extrême confusion, on observe presque partout que s'il y a quelque chose que les lois semblent avoir eu plus spécialement en vue, c'est toujours la force ou la conquête. Ainsi, à Lacédémone et en Crète, l'éducation et le plus grand nombre des lois n'ont presque de rapport qu'à la guerre; et même chez les nations barbares, comme les Scythes, les Perses, les Thraces et les Celtes, quand elles sont à même de satisfaire ce penchant à la domination, c'est toujours ce genre de force et de puissance dont on fait le plus de cas.

6. Chez quelques peuples même, les lois ont pour but d'encourager la valeur militaire, comme à Carthage, où l'on dit que les guerriers ont coutume de porter comme décoration autant d'anneaux

qu'ils ont fait de campagnes. Il y avait aussi jadis en Macédoine une loi qui forçait tout soldat qui n'avait pas tué un ennemi à porter un licou autour de sa tête ; et chez les Scythes, il n'était pas permis à celui qui était dans le même cas, de boire dans la coupe qu'on faisait passer successivement à tous les convives, à une certaine fête solennelle. Chez les Ibères, nation très-belliqueuse, on plante sur la tombe d'un guerrier autant de broches de fer qu'il a tué d'ennemis. Enfin, on trouve beaucoup d'autres institutions pareilles, établies chez d'autres nations, soit par les lois, soit par la coutume.

7. Toutefois, si l'on veut prendre la peine d'y réfléchir, il peut paraître étrange que le but essentiel de tout homme habile dans la science du gouvernement, soit de régner en maître sur les pays voisins, soit qu'ils y consentent, soit qu'ils ne le veuillent pas. Car comment pourrait-on regarder comme politique, ou légal, ce qui n'est pas même légitime ? Or, il n'est pas légitime de s'assurer l'autorité par toutes sortes de moyens, justes ou injustes. Seulement, on peut [dans ce cas-là] avoir pour soi la force, mais non pas le droit.

8. Cependant, nous ne voyons rien de pareil dans la pratique des autres sciences ; nous ne voyons pas que l'office d'un médecin, ou celui d'un pilote, soit de persuader ou de violenter, l'un ses malades, l'autre les passagers qui sont à bord de son vaisseau. Et pourtant bien des gens se persuadent que la politique est une science du pouvoir absolu. Ce qui ne leur paraît ni juste ni utile, si on le prati-

quait à leur égard, ils ne rougissent pas de le pratiquer envers les autres : car ils s'efforcent de n'exercer, dans leur propre pays, qu'une autorité juste et
légale, tandis qu'à l'égard des étrangers, ils ne se
soucient nullement de ce qui est juste.

9. Mais cela serait tout-à-fait déraisonnable, s'il n'y
avait pas des êtres que la nature a destinés à dominer,
et d'autres à qui elle a refusé ce privilége. De sorte
que, si la chose est ainsi, l'on ne doit pas s'efforcer
de soumettre à son pouvoir tous les hommes indifféremment, mais seulement ceux qui sont destinés à être dans la dépendance ; de même qu'on
peut se procurer les moyens de pourvoir à un repas d'appareil, ou à un sacrifice, en allant à la chasse
du gibier ou des bêtes fauves, mais non pas en im-
molant des hommes. Quoi qu'il en soit, il n'y a de
cité sagement gouvernée, et heureuse par elle-
même (en supposant qu'il en existe quelque part
de telle, et qui soit régie par de bonnes lois),
qu'autant que l'organisation ou la tendance du
gouvernement n'y est pas uniquement dirigée vers
la guerre, vers les moyens d'assujettir ses ennemis
à son pouvoir. Loin d'elle tout ce qui ressemble
à cela.

10. Il est donc évident qu'on doit estimer et honorer toutes les institutions guerrières, pourvu
qu'on ne les regarde pas comme le but essentiel
et la dernière fin de la société, mais seulement
comme des moyens d'atteindre à ce but. Mais c'est
au législateur sage et éclairé à voir comment il
pourra faire participer la cité toute entière, l'espèce

d'hommes qui la composent, ou en général toute autre sorte d'association, aux avantages d'une vie vertueuse, et à tout le bonheur dont elle est susceptible; cependant il y aura quelque différence entre les choses qui ne seront qu'ordonnées et celles qui seront conformes aux lois. C'est encore à la législation de prescrire, à l'égard des peuples voisins, s'il y a lieu, les procédés divers qu'il conviendra de suivre envers chacun d'eux, ou quels devoirs on aura à remplir. Enfin (quoique cet objet doive trouver sa place dans un autre endroit et y être examiné convenablement), il faut aussi considérer quel est le but que doit se proposer la meilleure forme de gouvernement.

III. Maintenant, pour ceux qui ne nient point sans doute qu'une vie conforme à la vertu doive être préférée, mais qui diffèrent d'opinion sur l'emploi qu'il faut en faire, nous allons considérer la question sous deux points de vue. Car les uns, persuadés que la vie d'un homme tout à fait indépendant est toute autre que celle de celui qui se livre aux soins de l'administration, et qu'elle est de beaucoup préférable, rejettent entièrement toutes dignités ou fonctions publiques : tandis que les autres ne font cas que de ce dernier genre de vie. Parce qu'il est impossible, suivant eux, que l'on dise d'un homme qui ne fait absolument rien, qu'il agit ou qu'il se conduit bien, et que pourtant bonne conduite et bonheur sont une même chose. Ces deux opinions sont vraies à quelques égards, et ne le sont pas sous d'autres rapports. Une vie tout à fait indépendante est préférable à l'exercice de l'autorité de maître, cela est incontestable : car il n'y a pas grand mérite à savoir employer un esclave, en tant qu'esclave, puisque le talent d'ordonner ce qui est nécessaire dans le détail de la vie commune n'a rien de bien merveilleux.

2. Cependant, s'imaginer que toute magistrature est une sorte de maîtrise, est une erreur. Car l'autorité qu'on exerce sur des hommes libres ne diffère pas moins de celle qu'on exerce sur des esclaves, que la condition de l'homme libre par nature ne diffère de celle de l'esclave par nature ; et nous avons suffisamment marqué les caractères de cette différence, dans le premier livre de ce traité. Mais, d'un autre côté, faire plus de cas de l'inaction absolue, que d'une vie active, est aussi une erreur ; car le bonheur consiste dans l'activité : et de plus, les actions des hommes justes et sages ont toujours un but utile et honorable.

3. Mais peut-être objectera-t-on, d'après les définitions mêmes que nous avons données, que ce qu'il y a de plus désirable ce serait de pouvoir être maître absolu de tout ; car par là on serait à même de faire les actions les plus grandes et les plus sublimes. En sorte que, lorsqu'on peut s'emparer de la domination, il ne faut point la laisser aux autres, mais plutôt la leur enlever sans le moindre scrupule ; sans avoir aucun égard aux liens qui unissent soit un père à ses enfants, soit des enfants à leur père, ou, en général, un ami à son ami ; puisque l'on doit préférer incontestablement ce qu'il y a

de plus excellent, c'est-à-dire le moyen de bien agir et d'être heureux.

4. Peut-être y aurait-il quelque vérité dans ce langage, si réellement ce qu'il y a de plus parfait et de plus désirable devait être le résultat de la violence. Mais peut-être aussi est-il impossible que cela soit, et alors cette opinion n'est fondée que sur une fausse hypothèse. Car, à moins que l'on ait [sur les autres hommes] la même supériorité que l'homme a sur la femme, ou le père sur ses enfants, ou le maître sur ses esclaves, il n'est plus possible que l'on fasse des actions grandes et honorables. De manière que celui qui [par la violence et la spoliation] commencerait par enfreindre ainsi les lois de la vertu, ne pourrait jamais avoir, dans la suite, une conduite assez grande et assez estimable, pour compenser le tort de cette infraction. En effet, entre créatures semblables, le juste et l'honorable consiste dans une sorte d'alternative et de réciprocité; car c'est là ce qui constitue l'égalité et la parité; au lieu que l'inégalité entre égaux, et la différence entre semblables, est contre nature; or, rien de ce qui est contre nature ne saurait être beau ni bon. Voilà pourquoi, s'il se rencontre un homme qui l'emporte sur les plus vertueux, en mérite et en facultés actives, c'est celui-là qu'il est beau de prendre pour guide, c'est à lui qu'il est juste d'obéir. Cependant, il faut qu'il possède, non-seulement la vertu, mais aussi la faculté d'agir, c'est-à-dire de faire les actions qui y sont conformes.

5. Mais, si ces réflexions sont justes, et s'il faut admettre que bien agir et être heureux sont une même chose, il s'ensuit que, pour un état, en général, et pour chaque homme, en particulier, la manière de vivre la plus parfaite, est la vie active. D'ailleurs, il n'est pas nécessaire, comme quelques-uns se l'imaginent, que cette activité se porte sur les autres, ni que l'on considère uniquement comme actives les pensées qui naissent de l'action, en vue de ses résultats; ce sont bien plutôt celles qui n'ont d'autre but qu'elles-mêmes, les contemplations et les méditations qui se concentrent en elles-mêmes. Car la bonne manière d'agir est une fin, et par conséquent elle est aussi action. Or, ce sont surtout ceux dont la pensée combine et dirige les actions, que nous appelons maîtres, et libres dispensateurs des actions extérieures.

6. Au reste, il n'est pas nécessaire que des sociétés qui subsistent par elles-mêmes [sans relations au dehors] et qui préfèrent cette manière d'être, soient entièrement inactives. Car il est possible que cette inaction soit partielle [ou réciproque entre les parties dont la société se compose]. Car il y a un grand nombre de rapports par lesquels les diverses parties d'une société civile peuvent communiquer entre elles. Et l'on peut observer quelque chose de pareil, dans tout homme pris individuellement. La condition de Dieu lui-même, et celle de l'univers tout entier, ne seraient guère dignes d'admiration, si on les supposait destitués de toute action

extérieure, et bornés à celle qui leur est propre(1).
Il est donc visible que la manière d'exister la plus
parfaite est la même pour les sociétés politiques,
prises en masse, et pour chaque homme considéré
individuellement.

IV. Après toutes les observations préliminaires que
l'on vient de lire, et après les considérations que
nous avons précédemment exposées sur les autres
formes de gouvernement, il convient de poursuivre
notre entreprise, en disant d'abord quelles doivent
être les bases d'une république qui serait constituée,
pour ainsi dire, à souhait; car il n'est pas possible d'é-
tablir la forme de société la plus parfaite, si elle ne
possède pas tous les moyens de pourvoir à ses besoins, ou des ressources qui y soient proportionnées.
Il faut donc se donner à l'avance, par hypothèse,
tout ce qu'on peut désirer, pourvu qu'on n'admette
rien d'impossible, par exemple, en ce qui regarde
le nombre des citoyens et l'étendue du territoire.

2. En effet, de même que le tisserand ou le con-
structeur de navires, ou tout autre ouvrier, doit
avoir d'abord à sa disposition les matériaux nécessaires et propres à son genre de travail, puisque le
produit de son art devra nécessairement être d'autant plus parfait, que les matériaux qu'il emploie se
trouveront mieux disposés [et de meilleure qualité];
de même, il faut à l'homme d'état et au législateur
une matière, pour ainsi dire, propre à ses desseins,

---

(1) Voyez la page 483 du tome premier de cette traduction
(*Morale*, l. 10, c. 8).

et convenablement disposée. Or, le premier fonds nécessaire pour constituer une société civile, c'est une multitude d'hommes qui, pour le nombre et pour la qualité, soient naturellement tels qu'ils doivent être ; et, quant au territoire, il faut aussi qu'il ait une étendue et des qualités déterminées.

3. Au reste, on croit généralement qu'il est à propos, pour qu'une cité soit heureuse, qu'elle soit grande ou considérable : mais, si cela est vrai, on ne sait guère ce qui fait qu'une cité est grande ou petite. Car on la juge grande, par le nombre de ceux qui l'habitent, mais il faut plutôt considérer sa force que la multitude de ses habitants. En effet, il y a une œuvre, une tâche propre à la cité ; de sorte que la cité qui est surtout capable d'accomplir cette tâche, est celle qu'on doit estimer la plus grande ; de même qu'on ne dira pas d'Hippocrate qu'il est un homme plus grand que celui qui l'emporte sur lui par une haute stature, mais on dira qu'il est plus grand médecin.

4. D'un autre côté, quand même il faudrait juger de la grandeur d'un état, en ayant égard au nombre, ce ne serait pas la multitude, en masse et sans distinction (car peut-être est-il nécessaire qu'il existe dans les états des classes nombreuses d'esclaves, de simples habitants et d'étrangers) ; mais on ne devrait compter que ceux qui font partie de la cité, et qui sont comme les éléments propres dont elle se compose. La supériorité du nombre d'hommes de cette espèce est, en effet, le caractère d'une grande cité ; au lieu qu'il est impossible de

considérer comme telle , celle d'où il sort beaucoup
d'artisans ou de manouvriers , mais peu de guerriers ;
car, un état très-peuplé et un grand état ne sont pas
du tout la même chose.

5. Il est d'ailleurs facile de se convaincre , par
les faits , qu'un état dont la population est trop
nombreuse ne peut que difficilement être bien gouverné , si même cela n'est tout à fait impossible. Du
moins ne voyons-nous pas que, dans aucun de ceux
qui sont considérés comme ayant un bon système
de gouvernement, l'on ait abandonné, pour ainsi
dire, la population à un développement illimité.
Cela même est facile à prouver par le raisonnement :
car la loi est un certain ordre, et par conséquent
les bonnes lois constituent le bon ordre ; or, une
population extrêmement nombreuse ne saurait se
prêter à l'établissement de l'ordre : ce ne peut être
que l'œuvre de la puissance divine, qui est comme
le lien et le soutien de l'univers tout entier.

6. Mais, comme le nombre et la grandeur constituent la beauté (1), il faut donc regarder comme
ayant atteint le plus haut degré de perfection, la
cité qui unit à la grandeur le nombre renfermé
dans les limites que nous avons indiquées. Toutefois, il doit y avoir aussi des bornes à la grandeur
des états, comme il y en a à celle de toutes les autres choses, animaux, plantes, instruments. Car
aucune de ces choses ne pourra exercer ses fonc-

---

(1) Voyez la *Morale* (l. 4 , c. 3), p. 161 de la trad. franç.;
et la *Poétique* de notre philosophe (c. 7 et 8).

tions, ou atteindre son but, si elle est d'une excessive petitesse, ou d'une grandeur démesurée; ou elle perdra tout à fait sa nature propre, ou elle sera très-mal conditionnée. C'est ainsi qu'un navire d'un spithame, ne sera plus du tout un navire, pas plus que celui qui aurait deux stades de longueur; il y a telles dimensions qui le rendront peu propre à la navigation, soit par l'excès de sa petitesse, soit par celui de sa grandeur.

7. Il en est de même d'une cité; celle qui sera très-peu nombreuse ne pourra se suffire à elle-même; or, le propre de la cité est de se suffire à elle-même. Celle où la population sera trop grande, pourra sans doute pourvoir à tous ses besoins, mais alors ce sera une nation et non plus une cité, car il sera difficile qu'il y existe une forme déterminée de gouvernement. Qui pourrait en effet, commander comme général, à une multitude excessive d'hommes? quel héraut pourrait s'en faire entendre, s'il n'a pas une voix de Stentor? Il faut donc d'abord et nécessairement qu'une cité se compose du nombre d'habitants qui suffit précisément pour qu'ils puissent avoir les commodités de la vie, et être unis par les liens de la société politique. Néanmoins il est possible que la ville où le nombre des habitants excède cette mesure rigoureusement nécessaire, soit encore une cité; mais, comme nous l'avons dit, cet excès a des limites; et les faits mêmes peuvent facilement nous faire voir où il doit s'arrêter. Car il y a des fonctions propres à la cité, des actes propres aux gouvernants et aux gouver-

nés. La tâche du magistrat est d'ordonner et de juger : or, pour juger des droits de chacun, pour distribuer les fonctions et les magistratures, à raison du mérite, il est nécessaire que les citoyens se connaissent les uns les autres (1), sous le rapport des talents et des qualités qui les distinguent ; puisque, sans cela, il n'y aura que désordre et injustice dans les fonctions publiques et dans les jugements. Car il n'est pas juste de pourvoir à ces deux sortes de choses, au hasard et sans réflexion ; ce qui doit évidemment arriver, au milieu d'une population excessivement nombreuse.

8. De plus, il devient facile alors aux simples domiciliés et aux étrangers de s'immiscer dans le gouvernement ; car ils échappent aisément à la surveillance, dans une multitude trop considérable de citoyens. Il est donc visible que la limite la plus convenable, en ce genre, c'est que le nombre des citoyens soit aussi grand que le comporte l'abondance des commodités de la vie, mais non pas tel qu'ils puissent facilement échapper à la surveillance. Voilà ce que nous avions à dire de la grandeur de la cité.

V. Il en est à peu près de même du territoire : car, sur la question de savoir quel il doit être, il est visible que tout le monde s'accordera à approuver celui qui pourra le plus abondamment suffire à tous les besoins ; et, par conséquent, ce doit être

---

(1) Platon (*de Legib.* l. 5, p. 228, et l. 6, p. 290, ed. Bipont.) insiste aussi sur cette observation.

un territoire fertile en toutes sortes de productions; car, posséder toute espèce de choses et ne manquer de rien, voilà ce qui suffit. Mais, par rapport à l'étendue et à la grandeur, il faut qu'il soit tel que tous ceux qui l'habitent puissent y vivre librement et avec sobriété, sans être forcés de travailler (1). Il faudra discuter dans la suite avec plus de soin cette question, et voir si la définition que nous donnons ici est ou n'est pas exacte; lorsque nous aurons occasion de traiter de la propriété, en général, de l'abondance des ressources nécessaires à un état, et de l'emploi qu'il convient d'en faire. Question qui présente plus d'une difficulté à résoudre, à cause de la tendance des opinions vers deux excès opposés, l'excessive parcimonie d'un côté, et de l'autre, le luxe ou la mollesse.

2. Quant à la forme ou à la disposition du territoire, il est facile de l'indiquer : car il est convenable de s'en rapporter, sur ce point, à ceux qui ont l'expérience de la guerre, et qui veulent qu'un pays soit de difficile accès pour les ennemis, et que les guerriers qui l'habitent puissent en sortir facilement. Enfin, il faut appliquer au territoire ce que nous avons dit du nombre des habitants, qu'il doit être aisé à surveiller, car cette condition emporte avec soi celle d'être facile à défendre. Pour l'assiette même de la ville, si l'on veut qu'elle offre tous les

----

(1) Pour qu'ils puissent avoir le loisir de vaquer aux fonctions du gouvernement. Voyez ci-dessus, l. 2, c. 6, § 2.

avantages qu'on peut souhaiter, il convient qu'elle soit favorablement située par rapport à la mer, et par rapport au reste de la contrée. La situation que nous venons d'indiquer est donc la plus convenable : car il faut que la ville ait des communications faciles avec tous les divers points du territoire, pour y porter au besoin des secours, pour que les produits des récoltes puissent être transportés dans l'intérieur de ses murs, et aussi pour qu'elle puisse s'approvisionner de bois ; enfin, pour que les matériaux de tout genre, qui sont nécessaires à l'exécution des différents travaux, puissent facilement y être amenés.

3. Toutefois, il y a bien des gens qui doutent si les communications par mer sont un avantage, ou un inconvénient, pour les états bien réglés. Car ils prétendent que les rassemblements nombreux d'hommes, et le séjour d'étrangers nourris sous l'influence de lois toutes différentes, ne sont pas sans danger pour le maintien de l'ordre et des plus sages institutions ; et que l'habitude des expéditions maritimes, donnant aux citoyens occasion de sortir de chez eux, et de recevoir des étrangers, introduit une multitude de traficants, fort contraire à l'existence d'un bon gouvernement.

4. D'un autre côté, il est incontestable que, si ces inconvénients n'ont pas lieu, les communications par mer offrent de plus grands avantages à la ville et au pays, tant pour sa sûreté, que pour se procurer l'abondance des choses nécessaires. Car, afin de

pouvoir soutenir facilement la guerre, il est à propos que l'on soit à portée des secours, et que l'on
ait les moyens de se défendre des deux manières,
c'est-à-dire par mer et par terre. Et, quant à
porter le dégât chez les ennemis, si cela n'est
pas toujours possible par l'un et l'autre moyen,
du moins ceux qui disposent de tous deux ont-ils
plus d'avantage en se servant de l'un ou de l'autre.
Ils peuvent se procurer par voie d'importation, les
choses dont ils se trouvent dépourvus, et exporter le
superflu de leurs denrées ou de leurs produits.
Car c'est pour sa propre utilité qu'une cité doit exercer le commerce, et non pour celle des autres états.

5. Mais ceux qui font de leur ville un marché
ouvert à tout le monde, n'ont en vue que le gain :
or, s'il ne faut pas qu'une cité aspire à se procurer ce genre d'avantage, elle ne doit pas se trans-
former ainsi en un marché public. Mais, comme
nous voyons de nos jours plusieurs contrées et plusieurs cités avoir des rades et des ports merveilleuse-
ment situés à l'égard de la ville, de manière à ce
qu'ils ne comprennent point la cité elle-même
dans leur enceinte, et à ce qu'ils n'en soient pas
aussi trop éloignés, étant d'ailleurs fortifiés par
d'épaisses murailles et par d'autres remparts de
cette espèce : il est évident que, si ces sortes de communications ont quelqu'avantage, la cité ne man-
quera pas d'en profiter ; et que, si elles peuvent avoir
quelque danger, on peut facilement s'en garantir,
au moyen des lois, en déclarant et prescrivant quels

sont ceux qui doivent ou ne doivent pas avoir des relations les uns avec les autres (1).

6. Au reste, on voit assez, quant à la puissance maritime, qu'il y a de l'avantage à la posséder jusqu'à un certain point. Car on ne doit pas seulement être en état de se défendre, il faut aussi pouvoir quelquefois secourir ses voisins, et quelquefois leur inspirer la crainte, sur mer aussi bien que sur terre. Quant au degré de force et à la grandeur d'une pareille puissance, il faut avoir égard au genre de vie de ceux qui composent la cité ; car, si elle est belliqueuse, et ambitieuse, il lui faut nécessairement, en forces de ce genre, des moyens proportionnés à ses entreprises.

7. D'ailleurs, il n'est pas nécessaire que le nombre d'hommes qui se consacrent aux travaux maritimes soit fort considérable, car ils ne doivent point faire partie de la cité. Sans doute, les guerriers qui combattent à bord des vaisseaux, et qui sont tirés de l'infanterie, doivent être des hommes libres, puisque ce sont eux qui ont la force et l'autorité sur tout ce qui fait le service de mer. Mais toute la classe d'hommes destinée à ce service doit être prise parmi les Périœciens, ou paysans cultivant les terres ; et il n'est pas nécessaire qu'elle soit fort nombreuse, non plus que celle des matelots. C'est aussi ce qui se pratique aujourd'hui chez quelques peuples, par exemple, chez les habitants

______

(1) Platon (*De Legib.*), l. 1 2, p. 200) traite aussi cette question.

d'Héraclée (1) : car ils sont en état d'équiper un assez grand nombre de trirèmes, quoique leur pays soit pour la grandeur inférieur à plusieurs autres. Telle est la manière dont il faut régler ce qui concerne le territoire, les travaux des ports, les communications par mer, et la puissance navale.

VI. Nous avons précédemment indiqué quelles doivent être les limites du nombre des citoyens exerçant le droit de cité : disons à présent quelles qualités ils doivent naturellement posséder. Au reste, c'est ce dont on peut se faire une idée, en portant ses regards sur les états de la Grèce qui ont quelque célébrité, et sur les peuples divers qui sont répandus sur toute la surface de la terre habitée. Car ceux qui habitent les régions froides et le sol de l'Europe, sont généralement pleins de courage, mais leur intelligence est peu développée, leurs arts sont peu avancés : et, par cette raison, ils ont, pour la plupart, conservé leur liberté, mais ils sont incapables de gouvernement, et ne

____

(1) Ville du Pont, et colonie fondée par des Mégariens. Ce qu'en dit ici Aristote est confirmé par Xénophon (*Anabas.* l. 5, c. 6, § 10). Les Mariandyniens, habitants de ce pays, s'étaient soumis aux Mégariens, aux mêmes conditions que les *Pénestes* en Thessalie, les Hilotes en Laconie, etc., c'est-à-dire, qu'ils étaient serfs des habitants d'Héraclée. Voyez Athénée (l. 6, p. 263), et Strabon (l. 12, p. 342), ou tome 4e, seconde partie, p. 24 de la traduction française de ce géographe, où l'on trouve une savante note de Mr Coray, sur les différents noms par lesquels ces serfs furent désignés chez divers peuples de la Grèce et de ses colonies.

peuvent pas commander aux nations voisines. Les peuples de l'Asie, au contraire, sont ingénieux et industrieux ; mais ils sont sans énergie, et c'est ce qui fait qu'ils sont éternellement asservis. Mais la race des Grecs, occupant des régions ou des contrées intermédiaires, participe aussi à ces deux sortes de caractères, ou de dispositions opposées (1), car elle est brave et ingénieuse. Voilà pourquoi elle demeure libre, conserve la meilleure forme de société politique, et pourrait commander à toutes les nations, si elle parvenait à se trouver réunie sous un seul gouvernement.

2. On observe, au reste, la même différence entre les nations grecques, comparées les unes aux autres : car il s'en trouve qui n'ont reçu de la nature qu'une des deux espèces de qualités dont nous venons de parler, et il y en a chez qui toutes deux se trouvent réunies, et forment un heureux mélange. Il est donc évident que, pour que des hommes puissent se montrer dociles au législateur, et se laisser guider vers la vertu, il faut qu'ils soient naturellement intelligents et braves. Car ces dispositions que

---

(1) Cette indication rapide de l'effet des climats sur les dispositions morales et intellectuelles des hommes, se trouve aussi dans Platon (*De Republ.* l. 4, p. 359). Mais Hippocrate est, comme on sait, l'écrivain de l'antiquité qui a le premier traité et approfondi cet important sujet. Voyez son livre *Des Airs, des Lieux et des Eaux*, dont Mr Coray a donné une traduction française et un savant commentaire. (2 vol. in-8°. Paris, 1800, ou 1 vol. in-8°. Paris, 1816, sans le commentaire.)

quelques personnes prétendent exister chez les gardiens [ou guerriers] (1), la bienveillance pour ceux
que l'on connaît, et une sorte de rudesse sauvage
à l'égard de ceux qu'on ne connaît pas, c'est le
courage qui les produit, puisque la faculté d'aimer
est une de celles qui appartiennent à l'ame.

3. La preuve, c'est qu'un homme s'irrite plutôt
contre ses amis, ou contre ceux avec qui il a l'habitude de vivre, quand il s'imagine en être méprisé
ou dédaigné. C'est pourquoi, Archiloque, ayant de
justes motifs de se plaindre de ses amis, adresse
ces mots à son propre cœur :

> Mais, outragé par des amis,
> Ta douleur était plus cruelle.

C'est aussi cette faculté qui est chez tous les hommes le principe de la domination et de la liberté :
car le courage est quelque chose d'impérieux et
d'indomptable. On a tort néanmoins de dire que les
hommes braves sont durs ou farouches envers ceux
qui leur sont inconnus; car il ne faut être tel envers personne, et les cœurs magnanimes ne sont
naturellement ni durs ni farouches, si ce n'est à
l'égard de ceux qui commettent d'odieuses injustices;
et, comme on vient de le dire, ils en sont plus of-

---

(1) Allusion à un passage de la *République* de Platon (l. 2,
p. 263). On reproche, au reste, à notre philosophe d'avoir un
peu altéré le sens de l'écrivain qu'il critique, et de ne pas rapporter textuellement ses expressions, s'il est vrai que nous les
ayons nous-mêmes fort exactement dans le texte de Platon, tel
qu'il nous a été transmis.

fensés, quand ils s'imaginent que ceux avec qui ils ont des liaisons d'amitié s'en sont rendus coupables.

4. Et ce n'est pas sans raison, puisqu'ils sont persuadés que des personnes de qui ils ne devraient attendre que des services et de bons procédés, joignent l'outrage au tort qu'ils leur font éprouver. Voilà pourquoi l'on a dit :

La haine fraternelle est la plus implacable.

et

Qui chérit à l'excès peut haïr sans mesure (1).

Ainsi, le nombre de ceux qui peuvent avoir part au gouvernement, les qualités naturelles que l'on doit exiger d'eux, l'étendue du territoire et les conditions qu'il doit réunir, se trouvent à peu près déterminés ; car il ne faut pas chercher dans les choses qui ne peuvent s'expliquer qu'à l'aide du langage, la même précision que dans celles qui s'adressent immédiatement aux sens.

VII. De même que, dans les autres composés que forme la nature, toutes les parties, sans lesquelles le tout ne saurait exister, ne sont pourtant pas des éléments du composé tout entier ; ainsi, il est évident que tout ce qui est nécessaire à l'existence des sociétés politiques, ne doit pas être compté comme faisant partie de la cité, ni de toute autre espèce d'association formant un genre. Car il faut

____

(1) Cette pensée et celle qui précède sont tirées l'une et l'autre de deux tragédies d'Euripide que nous n'avons plus.

que ce soit une même chose, commune à tous les associés, soit qu'ils y participent également ou inégalement : que ce soit, par exemple, la subsistance, ou l'étendue du territoire, ou quelque autre chose de pareil.

2. Mais, lorsqu'une partie existe à cause d'une autre, et celle-ci en vertu de son rapport avec celle-là, il n'y a pourtant rien de commun à l'une et à l'autre, sinon que la première agit et que la seconde reçoit l'action ; par exemple, entre l'outil et l'ouvrier, par rapport à l'œuvre produite. En effet, il n'y a rien de commun entre la maison et l'architecte ; mais l'art de celui-ci existe pour cette fin. C'est ainsi que les états doivent sans doute posséder une quantité de moyens et de ressources, mais cette possession, ou cette somme de richesses, ne fait point partie de la cité. Il y a même beaucoup d'êtres animés qui font partie de leur richesse ; mais la cité est une association d'êtres semblables, et qui a pour fin la vie la plus parfaite possible.

3. Or, puisque le bonheur est ce qu'il y a au monde de plus excellent, et qu'il consiste dans l'activité et dans un usage parfait de la vertu ; et comme la condition humaine est telle qu'il y a des hommes qui parviennent à s'assurer une vie heureuse, tandis que d'autres n'obtiennent que peu ou point de bonheur, voilà évidemment la cause qui a produit tant d'états différents, et plusieurs formes diverses de gouvernement. Car, chaque peuple poursuivant ce but par des moyens différents, de là est venue la diversité des manières de vivre pour chacun

d'eux, et la variété de leurs systèmes politiques. Quoi qu'il en soit, il convient d'examiner combien il y a de choses sans lesquelles une cité ne saurait exister, car il faudra nécessairement que nous trouvions dans chacune d'elles ce que nous déclarerons être des parties essentielles de la cité.

4. Il faut donc considérer d'abord le nombre des choses, car ce sera le moyen d'éclaircir la question. Premièrement, il faut qu'un état ait des moyens de subsistance, et ensuite des arts. Car on a besoin de beaucoup d'instruments ou d'outils pour vivre. En troisième lieu, il faut des armes : car ceux qui font partie de la cité doivent nécessairement avoir en eux-mêmes des moyens d'exercer l'autorité sur ceux qui refusent de s'y soumettre, et des armes contre les ennemis du dehors qui attaquent injustement leur sûreté. Il leur faut aussi de l'argent, ou une certaine quantité de richesses, soit afin de pourvoir à leurs propres besoins, soit pour fournir aux frais de la guerre ; en cinquième lieu, et avant tout, il faut mettre le soin des choses divines, ou ce qu'on appelle le culte ; sixièmement enfin, l'objet le plus indispensable de tous, le jugement, ou la décision des intérêts et des droits réciproques des citoyens.

5. Telles sont donc les choses dont toute cité , pour ainsi dire, ne saurait se passer ; car une cité, comme on l'a déja dit, ne se compose pas d'une multitude d'hommes rassemblés au hasard , mais ayant pour but de se procurer toutes les choses nécessaires à une existence indépendante. Et s'il vient à lui en manquer quelqu'une , il est impossible

qu'elle forme désormais une société, dans le sens rigoureux de ce mot, et se suffisant à elle-même. Nécessairement donc ce sont là les fonctions diverses qui constituent une cité. Et, par conséquent, il lui faut une classe d'hommes livrés à la culture des terres, dont les travaux serviront à la faire subsister; il lui faut des artisans, des soldats, des citoyens riches ou aisés, des prêtres, et des juges chargés de prononcer sur les intérêts et sur les droits des habitants.

VIII. A présent que nous avons reconnu les divers ordres de fonctions, il reste à examiner s'il faut que tous les citoyens puissent les exercer. Car il est possible que les mêmes hommes soient tous laboureurs et artisans, qu'ils délibèrent sur les affaires d'état, et qu'ils jugent dans les tribunaux; ou bien, il faut supposer que chacun de ces emplois sera exercé par des classes diverses de citoyens, ou bien qu'il faudra nécessairement qu'entre ces fonctions, les unes soient privées, et les autres publiques. Mais cela n'a pas lieu dans toute espèce de gouvernement, car, comme nous l'avons dit, il est possible que tous participent à tout, ou que certaines personnes seulement exercent certaines fonctions. En effet, c'est précisément là ce qui fait les diverses formes de gouvernement; puisque, dans les démocraties tous ont part à tous les emplois, et que c'est le contraire dans les oligarchies.

2. Mais, puisque nous en sommes à examiner quelle est la constitution politique la plus parfaite, et que c'est celle qui contribue le plus au bonheur

de la société ; enfin, puisqu'on a dit précédemment que le bonheur ne saurait exister sans la vertu, il est visible que, dans un état parfaitement gouverné, et composé de citoyens qui sont des hommes justes, (dans le sens absolu de ce mot, et non relativement à un système donné) ils ne doivent exercer ni les arts mécaniques, ni les professions mercantiles ; car ce genre de vie a quelque chose de vil, et est contraire à la vertu. Il ne faut pas même, pour qu'ils soient véritablement citoyens, qu'ils soient laboureurs ; car ils ont besoin de loisir, soit pour cultiver en eux la vertu, soit pour exercer les fonctions civiles.

3. D'un autre côté, comme il y a des guerriers, et des citoyens chargés de délibérer sur les intérêts de l'état, et de rendre la justice ; et comme ces deux genres de fonctions sont des parties essentielles de la cité, faut-il confier l'exercice des unes à certaines personnes, et les autres à d'autres, ou bien les confiera-t-on toutes deux aux mêmes hommes ? Il est encore facile de voir que, sous un certain rapport, on peut les faire exercer par les mêmes personnes, et qu'à d'autres égards, il faut les faire exercer par d'autres personnes. Car, en ce sens que chacune de ces sortes de fonctions convient à des époques différentes de la vie, que l'une exige de la prudence, et l'autre de la vigueur, on ne doit pas les confier aux mêmes hommes. Mais, en ce sens qu'il est tout-à-fait impossible que des citoyens, qui sont assez forts pour employer la violence et s'opposer à l'autorité, consentent à rester toujours

soumis, il ne faut pas qu'elle soit toujours dans les mêmes mains ; car ceux qui ont des armes, sont maîtres de maintenir le gouvernement, ou de le renverser.

4. Il ne reste donc qu'à confier un tel gouvernement à ces deux mêmes classes de citoyens ; non pas sans doute les deux sortes de fonctions à la fois, mais en suivant l'indication de la nature. Car la vigueur est le partage des plus jeunes, et la prudence est celui des hommes avancés en âge. Par conséquent, il paraît juste et utile de se conformer à cette distinction dans la distribution des emplois, puisqu'ainsi elle se fera en raison du mérite.

5. Cependant il faut aussi que ce soient eux qui possèdent les richesses immobilières, car l'aisance doit être le privilége des citoyens ; or, ceux-là sont les vrais citoyens, puisque les artisans n'ont point part au droit de cité, pas plus que toute autre classe incapable de pratiquer la vertu. Et c'est une conséquence évidente de notre système : car le bonheur [suivant nous] est inséparable de la vertu ; or, on ne saurait dire qu'une cité soit heureuse, si l'on n'a égard qu'à une partie, et non à la totalité des citoyens. On voit donc que c'est à eux aussi que doivent appartenir les propriétés, puisqu'il est nécessaire que les laboureurs soient ou des esclaves, ou des barbares [réduits en servitude], ou des [serfs ou paysans] Périœciens.

6. Il reste encore, parmi les sortes de fonctions que nous avons énumérées, à parler de celles des prêtres ; mais il est facile de voir aussi quel rang on

doit leur assigner : car il n'est pas convenable de faire un sacrificateur d'un laboureur, ni d'un artisan, puisque c'est principalement par des citoyens qu'il faut que les dieux soient honorés. Or, comme on a partagé le corps entier des citoyens en deux parties, celle qui porte les armes, et celle qui délibère ; et comme il convient de confier le soin de ce qui concerne le culte, aux mêmes personnes, qui désormais accablées par le faix des années ont droit à quelque repos, c'est à eux aussi qu'il faut confier les fonctions religieuses. Nous venons donc de faire connaître quelles choses sont nécessaires à l'existence d'une cité, et de combien de parties elle est essentiellement composée. Car il faut nécessairement qu'il y ait, dans tous les états, des laboureurs, des artisans, et une multitude d'habitants, vivant de salaires et du travail de leurs mains. Mais les parties essentielles de la cité, sont la classe des guerriers ou défenseurs de l'état, et celle des citoyens ayant droit de délibérer. Ce qui distingue chacune de ces classes, c'est que dans l'une les fonctions sont à perpétuité, et dans l'autre, elles sont exercées à tour de rôle.

IX. Au reste, il ne paraît pas que ce soit une découverte nouvelle, ni même assez récente, des hommes qui se sont occupés de la science du gouvernement, que l'utilité et la convenance de diviser les habitants d'une cité en diverses classes, et de ne pas confondre celle des guerriers avec celle des laboureurs ou cultivateurs. Car c'est encore de cette manière que les choses sont établies en

Égypte et dans la Crète ; et l'on en fait remonter l'institution, pour les Égyptiens, à la législation de Sésostris (1), et, pour les Crétois, à celle de Minos.

2. L'institution des repas communs paraît aussi fort ancienne : en Crète, elle date du règne de Minos, et en Italie, d'une époque beaucoup plus reculée. Les hommes de ce pays-là qui sont le plus versés dans la connaissance de l'histoire, prétendent, en effet, qu'un certain *Italus* fut roi de l'OEnotrie, que les habitants de cette contrée furent appelés de son nom *Italiens* au lieu d'*OEnotriens*, et qu'on donna le nom d'Italie à cette partie des côtes de l'Europe qui est comprise entre le golfe Scyllétique et le golfe Lamétique (2), lesquels ne sont éloignés l'un de l'autre que d'une demi-journée de chemin.

3. Italus, dit-on, rendit les OEnotriens agriculteurs, de nomades qu'ils étaient auparavant, leur donna des lois et établit chez eux l'institution des repas publics. Voilà pourquoi quelques cantons de ce pays conservent encore de nos jours cet usage qu'ils tiennent de lui, et plusieurs de ses lois. Les *Opici*, surnommés anciennement et encore aujour-

---

(1) Sur le règne de Sésostris, en Égypte, voyez Hérodote (l. 2, c. 102 et suiv.), et Diodore de Sicile (l. 1, c. 53 et suiv.).

(2) Aujourd'hui le *golfe de Squillace*, et le *golfe de Sainte-Euphémie*. Ce dernier était appelé anciennement *Lamétique*, du fleuve Λάμης (aujourd'hui *Lamato*), qui y a son embouchure. Voyez Heyne (*Excurs. in Virgil. Æneid.* l. 1, vs. 530).

d'hui *Ausones*, occupaient d'une part les bords de
la mer de Tyrrhénie; et de l'autre, confinant à l'Ia-
pygie, sur les côtes de la mer Ionienne, étaient les
Chones, habitant la contrée appelée *Siris*; or, ces
Chones, étaient aussi OEnotriens d'origine (1).

4. C'est donc de là qu'est venue d'abord l'institution des repas publics. Mais la division de la société
politique en classes est venue de l'Égypte; car le
règne de Sésostris est de beaucoup antérieur à celui
de Minos. Au reste, il y a lieu de croire qu'un
grand nombre d'inventions ont été trouvées plusieurs fois, dans le cours des siècles, ou plutôt,
qu'elles ont pu se renouveler un nombre infini
de fois. C'est qu'il est naturel que l'homme ap-
prenne de ses besoins mêmes, ce qui est nécessaire
pour les satisfaire; et une fois qu'on se l'est pro-
curé, il est naturel encore que l'on voie s'accroître
les moyens de contribuer à l'aisance et aux commodités de la vie; en sorte qu'il faut croire qu'il
en est de même des institutions politiques.

5. Or, que celles-ci soient anciennes, la preuve
en est dans l'histoire des Égyptiens: car c'est le peuple qu'on regarde comme le plus ancien, et il s'é-
tait donné des lois et une organisation politique;
voilà pourquoi l'on doit faire un usage convenable
des institutions qui ont été précédemment inven-
tées, et s'efforcer de découvrir celles qui restent à
trouver. Au reste, on a déja dit que le territoire

---

(1) Voyez Heyne (*Opuscul. Academ.* t. 2, p. 211 et 235).

doit appartenir à ceux qui ont les armes, et à ceux qui participent au droit de cité ; on a dit aussi pourquoi ils doivent former une classe différente de celle des hommes qui travaillent à la culture des terres, et enfin quelle doit être la nature et l'étendue du territoire.

6. Il faut maintenant parler de la manière de distribuer les produits de la terre, dire qui sont ceux qui la doivent cultiver, et quels ils doivent être ; puisque nous prétendons que les biens ne soient pas communs (comme l'ont voulu quelques personnes), mais qu'ils le deviennent, en quelque sorte, par la manière obligeante et généreuse d'en faire usage, et qu'enfin aucun citoyen ne manque des moyens de subsister. On est assez généralement d'accord sur les repas communs ; on trouve que cette institution est avantageuse aux états bien organisés ; et nous dirons dans la suite pour quel motif cette opinion est aussi la nôtre. Mais il faut que tous les citoyens y participent, et pourtant il n'est pas facile que ceux qui sont dans l'indigence trouvent dans leurs propres ressources de quoi fournir à la contribution exigée pour cela, et de quoi subvenir aux dépenses ordinaires du reste de leur famille.

7. Les frais qu'exige le culte des dieux doivent aussi être, dans tout état, une dépense commune. Il est donc nécessaire que le territoire soit partagé en deux parties, dont l'une soit propriété commune, et dont l'autre appartienne aux particuliers, et que chacune d'elles soit subdivisée encore en deux parts ;

la propriété commune, par exemple, en fournissant une pour les frais qu'exige le service des dieux, et l'autre pour la dépense des repas communs; tandis que, dans les terres appartenant aux particuliers, une partie sera située aux extrémités du territoire, et l'autre autour de la ville, afin qu'en donnant à chacun deux lots, tous se trouvent avoir part à ces deux sortes de situation.

8. C'est en effet le moyen d'avoir égard à la fois à l'égalité, à la justice, et à l'esprit de concorde qui doit animer les citoyens, en cas de guerre contre les peuples voisins. Car, partout où cela n'est pas ainsi, les uns ne prennent aucun intérêt aux sujets de contestation qui s'agitent sur les frontières; les autres, au contraire, en sont trop inquiets, et s'en effrayent au point de ne conserver aucune dignité. Voilà pourquoi, chez quelques peuples, il y a une loi qui interdit à ceux qui sont dans le voisinage des pays frontières, de prendre part aux délibérations qui concernent la guerre avec ces mêmes pays, comme ne pouvant pas en délibérer convenablement, ni apporter à de tels conseils un esprit dégagé de tout intérêt personnel. Il est donc nécessaire que le territoire soit divisé de cette manière, par les raisons que nous venons de dire.

9. Quant à ceux qui devront cultiver les terres, si l'on veut qu'ils soient tels qu'on peut le souhaiter, il faut essentiellement que ce soient des esclaves, mais non pas de même nation (1), ni d'un

---

(1) Platon (*De Legib.* l. 6, p. 302) prescrit à peu près les

cœur trop élevé; car, par ce moyen, ils seront plus propres aux travaux, et moins dangereux pour l'état, moins disposés à la révolte et aux changements. Il faut du moins que ce soient des Barbares ou des Périœciens, dont le naturel se rapproche de celui qu'on vient d'indiquer : que ceux d'entre eux qui appartiendront aux particuliers possédant des terres, leur appartiennent exclusivement; et que ceux qui seront sur la portion commune du territoire, appartiennent au public. Nous dirons dans la suite de quelle façon il faut agir à leur égard, et quel avantage il y a à proposer à tous les esclaves l'affranchissement pour prix de leurs travaux.

X. On a dit plus haut qu'il faut que la ville ait des communications faciles avec la terre ferme et avec la mer, et, autant qu'il est possible, avec tout le pays environnant. Mais, pour que sa situation soit, en elle-même, aussi avantageuse qu'on peut le souhaiter, il faut avoir égard à quatre choses : d'a-

---

mêmes choses, ici néanmoins et au § 5 du chap. 8 de ce livre, notre auteur semble en contradiction avec lui-même, parce qu'il prétend (l. 6, c. 2, § 4) que le peuple le plus propre à la démocratie, est un peuple agriculteur; mais, sans doute, il suppose aussi que ce peuple a des esclaves, car alors on ne concevait pas qu'il pût exister de société politique sans cette condition. Au reste, on trouve plus de détails sur ce sujet dans le traité attribué à notre auteur, sous le titre d'*OEconomicus* (l. 1, c. 5), dans Varron (*de Re Rustica*, l. 1, c. 17), et dans le commentaire de Schneider, sur ce dernier écrivain (to. 1, p. 3oo de son édition des *Scriptores Rei Rusticæ*).

bord à la salubrité, comme condition indispensable. Car les villes situées sur la partie des collines qui regarde l'orient, et exposées aux vents qui viennent de ce côté, sont plus saines; ensuite, celles qui sont exposées au nord, parce qu'elles ont des hivers moins fâcheux.

2. Du reste, la situation d'une ville doit offrir des facilités pour les opérations soit civiles, soit militaires. Pour celles-ci, par exemple, il faut que les citoyens puissent facilement sortir de la place, et qu'au contraire il soit difficile aux ennemis d'y pénétrer et d'en faire le blocus; à quoi l'abondance des eaux et des sources est très-favorable. Et, si l'on n'a pas cet avantage, on peut se le procurer artificiellement, en creusant de nombreux et vastes réservoirs, propres à retenir les eaux pluviales; en sorte qu'on ne soit jamais dans le cas d'en manquer, en temps de guerre, lorsqu'on ne peut plus sortir dans la campagne.

3. Or, puisqu'il faut s'occuper essentiellement de la santé des citoyens, et que ce qui y contribue le plus efficacement c'est la situation avantageuse de la ville dans tel lieu déterminé, et sous telle exposition donnée; et puisqu'il faut, en second lieu, avoir égard à la salubrité des eaux, voilà donc des choses où l'on ne saurait mettre ni négligence ni insouciance. Car ce qui sert le plus souvent et le plus ordinairement aux besoins du corps a nécessairement une grande influence sur la santé; et tel est l'effet de la nature des eaux et des vents. Par conséquent, ce sont des objets auxquels il faut avoir

pourvu convenablement, dans tout état sagement organisé. Si les eaux ne sont pas toutes de même qualité, et si elles sont abondantes, il faut séparer et distinguer celles qui servent à la nourriture, de celles qui peuvent être employées à d'autres usages.

4. La même nature ou la même situation des lieux fortifiés n'est pas également convenable pour toutes les sortes de gouvernement; par exemple, une citadelle convient mieux à l'oligarchie et à la monarchie; un pays de plaine, mieux à la démocratie; et pour l'aristocratie, ni l'un ni l'autre n'offrent autant d'avantages qu'un plus grand nombre de forts ou de châteaux. On trouve plus d'agrément et d'utilité pour tous les actes de la vie commune, lorsque les habitations des particuliers sont disposées, suivant la méthode d'Hippodamus (1), de manière qu'on puisse parcourir commodément la ville; mais, au contraire, le mode usité dans les anciens temps est plus favorable à sa sûreté, en cas de guerre; car il en rend l'accès difficile à ceux qui veulent l'attaquer, et les étrangers qui s'y sont engagés n'en peuvent trouver les issues qu'avec beaucoup de peine.

5. C'est pour cela qu'il faut employer concurremment les deux modes; car on peut suivre en ceci une méthode analogue à celle que quelques auteurs de traités d'agriculture, en parlant de la plantation

______

(1) Voyez ci-dessus (l. 2, c. 5, § 1) ce qui est dit de cet Hippodamus.

des vignes, appellent *ordre en quinconce* (1), et rendre la ville tout entière facile à parcourir, mais de sorte que ce ne soit que par parties, ou par quartiers; car, par ce moyen, elle réunira la sûreté à l'élégance des distributions. Quant aux murailles, ceux qui prétendent qu'une ville où l'on s'applique à entretenir la valeur militaire n'en doit point avoir, sont dupes d'une opinion trop peu réfléchie; car ils ne tient qu'à eux de voir que cette imprudente confiance a été réfutée par les faits (2), dans les villes qui s'en faisaient un point d'honneur.

6. Sans doute il y a quelque honte, quand on a affaire à des ennemis de même force et en nombre très-peu supérieur, à ne chercher son salut que dans la solidité de ses murailles; mais, comme il est possible, et comme il arrive en effet quelquefois, que ceux qui attaquent ont une supériorité à laquelle la valeur humaine ou le courage d'un petit nombre de défenseurs seraient incapables de résister, on ne saurait douter que les murailles les mieux fortifiées ne soient le moyen de salut le plus assuré, si l'on veut ne pas demeurer exposé aux vio-

---

(1) C'est ainsi que quelques savants croient qu'il faut entendre le mot ξυςάδες. Cependant la glose d'Hésychius sur ce mot, ferait entendre qu'il s'agit d'un ordre irrégulier. On peut consulter aussi le commentaire de Schneider, mais il est à peu près impossible de saisir clairement la pensée de notre auteur; parce qu'il fait allusion ici à une chose dont rien d'ailleurs ne peut nous donner d'idée exacte.

(2) Aristote semble ici vouloir faire allusion à la situation critique où se trouva Lacédémone assiégée par Épaminondas.

lences et aux outrages de l'ennemi; aujourd'hui surtout, qu'on a singulièrement perfectionné l'art des siéges, par l'invention des traits et des machines de guerre (1).

7. Avoir la prétention de ne point entourer les villes de murailles, c'est à peu près comme si l'on affectait de rendre partout le territoire d'un accès facile, et d'en niveler toutes les parties escarpées ou montagneuses; c'est comme si l'on imputait à lâcheté aux citoyens le soin d'entourer de murs les maisons qu'ils habitent. D'ailleurs, il ne faut pas perdre de vue que, quand une ville a une bonne enceinte de murailles, on est à même d'en tirer avantage, ou de ne le pas faire, si l'on veut; mais, quand on n'a point de murs, on n'a plus le choix du parti à prendre.

8. Si donc il en est ainsi, on doit non-seulement construire de fortes murailles, mais les entretenir soigneusement, afin qu'elles servent à l'ornement et à la magnificence de la ville, et qu'on y trouve un moyen de défense contre les entreprises des ennemis, en général, et même contre tous les moyens d'attaque qui ont été récemment inventés.

---

(1) Diodore de Sicile (1. 14, c. 42) dit que les machines propres aux siéges furent singulièrement perfectionnées à Syracuse, sous le règne et par les soins de Denys l'ancien; et Plutarque (*Apophthegm. Lacon.*) raconte qu'Archidamus, fils d'Agésilaüs, ayant vu une de ces machines perfectionnées, qu'on avait apportées de la Sicile, s'écria : « C'en est fait de la vertu guerrière ! » (ἀπόλωλεν ἀνδρὸς ἀρετά !)

Car, de même que ceux qui envahissent le pays
ne négligent rien de ce qui peut contribuer à leur
donner l'avantage, il faut aussi que ceux qui ont
à se défendre, fassent usage des moyens connus,
et s'appliquent à en chercher de nouveaux. Car, en
général, on ne songe pas même à provoquer ceux
qu'on sait être bien sur leurs gardes. Mais, s'il
convient que la multitude des citoyens soit distri-
buée en compagnies pour les repas publics, et que
les murailles soient garnies de distance en distance
de forts et de tours, suivant que les lieux se prêtent à ces dispositions, il est évident que la nature
même des choses invite, en quelque sorte, à établir
quelques-uns de ces repas dans les forts mêmes.
Tel est donc l'ordre qu'il faut mettre dans tout cela.

XI. Les édifices consacrés aux dieux, et aux repas
solennels des premiers magistrats, doivent être
réunis dans un emplacement convenable et déterminé, où se pratiquent toutes les cérémonies religieuses, que la loi, ou quelque réponse de l'oracle,
ne prescrivent pas de pratiquer dans un lieu particulier. Cet emplacement doit être assez apparent, pour
que la majesté des dieux puisse s'y manifester (1),
et qu'il soit à l'abri de toute attaque ou insulte des
parties de la ville qui en sont voisines.

---

(1) Le texte grec est ici tellement altéré, qu'aucun des éditeurs ou commentateurs n'a pu le rétablir d'une manière satis-
faisante ; je n'ai donc pu que lui donner le sens qui m'a paru le
plus probable. Voyez, au reste, le commentaire de Schneider
(p. 423), et la remarque et les conjectures de Mr Coray (p.
315).

2. Il convient que l'on trouve au-dessous de cet emplacement, l'ensemble des édifices et des objets qui composent une place publique, comme celle qu'en Thessalie on appelle *Place de la liberté* ; laquelle doit être (suivant la loi de ce pays), débarrassée de tout ce qui se vend et s'achète, et où l'on ne doit rencontrer ni artisans ni laboureurs, ni aucun de ceux qui exercent des professions de ce genre, à moins qu'il n'y soit appelé par les magistrats (1). Ce lieu ne saurait manquer d'offrir un spectacle agréable, si les salles d'exercice des hommes âgés y sont distribuées dans un certain ordre ; car il est convenable qu'en cet endroit, dont elles sont l'ornement, elles soient distinctes suivant les différents âges ; que certains magistrats surveillent sans cesse celles des jeunes gens, et que les vieillards soient admis dans celles qui sont destinées aux magistrats. Leur présence et leurs regards sont ce qu'il y a de plus propre à inspirer une véritable modestie, et cette réserve timide qui convient au respect que l'on doit à des hommes libres. Quant à la place destinée à servir d'entrepôt ou de marché pour les denrées de toute espèce, elle doit être séparée de celle-ci, et située dans un lieu où il soit facile de

---

(1) Les mêmes idées, à peu près, sur ce sujet se retrouvent dans Platon (*de Legib.* l. 6, p. 3o4), et dans Xénophon (*Cyrop.* l. 1, c. 2, § 3). On ne sait d'ailleurs rien de plus particulier sur cette disposition des places publiques dans les villes de la Thessalie.

transporter tout ce qui arrive par mer, et toutes les productions que fournit le pays.

3. Comme la multitude des citoyens est partagée en prêtres et en magistrats, il convient que les salles où les prêtres prennent leurs repas soient distibuées par ordre dans le voisinage des édifices sacrés. Mais les lieux de réunion des magistrats chargés de veiller à l'exécution des contrats, de recevoir les accusations en matière criminelle, les plaintes et autres affaires de ce genre, de même que les salles où mangent ceux qui ont la police des marchés et celle de la ville, doivent être situées près de la place publique, et de l'endroit où les citoyens se rassemblent le plus ordinairement. En un mot, ces lieux de réunion des magistrats doivent être dans le voisinage du marché où se vendent les denrées, car nous voulons que la *Place libre* soit le séjour de la paix, et que celle du marché soit consacrée aux actions ou transactions nécessaires.

4. Il est convenable d'établir dans la campagne un ordre analogue à celui que nous venons de décrire ; il faut que les magistrats qu'on y entretient, et qu'on appelle *Hylores* ou *Agronomes* [inspecteurs des forêts, ou surveillants de la campagne], y aient aussi des endroits fortifiés, pour les cas où il est nécessaire d'y recourir, et des édifices pour les repas en commun ; enfin, il y faut pareillement des temples ou des chapelles, consacrés soit aux dieux, soit aux héros (1). Au reste, il serait

____

(1) Il semblerait, dit Schneider, d'après cet endroit d'Aris-

superflu de s'arrêter long-temps sur ces objets, et d'entrer, à leur sujet, dans de minutieux détails ; car, en ce genre, ce n'est pas dans l'invention des plans ou des idées que consiste la difficulté, mais dans l'exécution. Pour dire ce qui doit être, il ne faut que le désirer, et pour l'exécuter, il faut que la fortune seconde nos vœux. Ne nous arrêtons donc pas davantage, quant à présent, à ces considérations.

XII. Il s'agit maintenant d'exposer, au sujet du gouvernement lui-même, quels sont ceux qui doivent le composer, et quelles qualités ils doivent avoir, pour que la cité soit heureuse et bien administrée. Or, puisqu'il y a deux conditions nécessaires, pour constituer le bien, en quelque genre que ce soit ; l'une, que les actions aient un but ou une fin conforme à la raison ; et l'autre, que l'on trouve quels sont les actes qui peuvent contribuer à cette fin (Car il est possible que ces deux choses ne soient pas d'accord entre elles, et ne concourent pas au même but. Quelquefois, en effet, il arrive que le but est bien déterminé, mais qu'on se trompe sur les moyens d'y atteindre ; d'autre fois, au contraire, on réussit à réunir tous les moyens qui tendent à la fin qu'on se propose, mais c'est cette fin elle-même qui est mauvaise ou mal choi-

tote, que le culte des héros était plus spécialement consacré dans les campagnes. Quoique, d'un autre côté, Thucydide (l. 5, c. 11), et Xénophon (*Hellenic.* l. 7, c. 4, § 11), semblent indiquer le contraire. Sur quoi l'on peut voir les observations des commentateurs de ces deux historiens.

sie. Enfin, dans certains cas, on se trompe à la fois sur la fin et sur les moyens : par exemple, dans la médecine, il peut arriver qu'on ne sache ni discerner ce qui constitue réellement la santé, ni trouver ce qu'il y a à faire pour parvenir au but qu'on se propose ;) il faut donc, dans les arts et dans les sciences, disposer complètement de ces deux conditions : la fin, et les actes qui y conduisent.

2. Que tous les hommes désirent de vivre contents, et souhaitent le bonheur, cela est évident. Mais les uns peuvent y parvenir, et les autres ne le peuvent pas ; parce que, soit effet du hasard, ou de la nature même des choses, il faut, pour vivre heureux, posséder une certaine somme de moyens ou de ressources, qui doit être moins considérable pour ceux qui sont bien disposés, et plus grande pour ceux qui n'ont pas d'aussi favorables dispositions. Mais ceux même qui en ont les moyens, ne cherchent pas le bonheur où il est. Or, si l'objet que nous nous proposons est la recherche du meilleur gouvernement possible, c'est-à-dire de celui où l'état est le mieux administré, et si l'état le mieux administré est celui qui peut jouir du plus grand bonheur, il s'ensuit évidemment qu'on doit savoir d'abord ce que c'est que le bonheur.

3. Au reste, dans nos livres sur la *Morale* (si nos recherches sur ce sujet ne sont pas sans quelque utilité), nous avons dit que le bonheur est l'application et l'emploi d'une vertu parfaite (1), non

---

(1) Voyez la *Morale*, l. 1, c. 13, p. 45 de la trad. française.

pas relativement à des circonstances données, mais simplement et absolument. Or, quand je dis relativement à des circonstances données, j'entends ce qui est un résultat de la nécessité, et par ces mots purement et absolument, j'entends ce qu'il y a de noble et de beau. Par exemple, en fait d'actes de justice, les punitions et les châtiments sont sans doute dictés par la vertu, mais ils sont un effet de la nécessité, et ce qu'il y a de beau vient de la même source. Il vaudrait pourtant mieux que ni les individus ni les sociétés n'eussent besoin de rien de pareil. Au lieu que les actes qui ont pour but l'honneur et l'abondance des biens en tout genre sont ce qu'il y a de plus beau dans un sens absolu. Les actions de la première espèce ne font qu'affranchir les hommes de quelque mal ; celles de la seconde, au contraire, produisent et procurent des biens positifs.

4. Il est possible qu'un homme de bien se montre ferme et grand dans la pauvreté, dans la maladie et dans les autres accidents fâcheux de la vie : mais la félicité se trouve dans une situation toute contraire. Car, dans le traité de *Morale* nous avons défini l'homme de bien, celui en qui la vertu fait que les biens sont des biens, dans le sens absolu. Et il est évident que la manière dont il en use est nécessairement noble et belle, aussi dans un sens absolu. Voilà pourquoi le vulgaire s'imagine que les biens extérieurs sont des causes de bonheur, comme si on attribuait le talent et la perfection avec laquelle un musicien joue de la lyre à la bonté de

l'instrument plutôt qu'à l'habileté de l'artiste. Il résulte donc, de ce que nous venons de dire, qu'il y a [pour une société civile], des choses qui doivent être données d'avance [par la nature], et qu'il y en a d'autres que le législateur doit produire ou procurer.

5. C'est pour cela que nous souhaitons de trouver, dans l'établissement d'un gouvernement, les conditions qui dépendent de la fortune; car, suivant nous, c'est d'elle que cela dépend. Mais que la cité soit vertueuse, ce n'est plus l'œuvre de la fortune, c'est l'effet de la science et des sages déterminations. Cependant une république ne peut être vertueuse, qu'autant que les citoyens qui ont part au gouvernement sont eux-mêmes vertueux : or, dans notre système, presque tous les citoyens ont part au gouvernement. Il s'agit donc de voir comment un homme peut devenir vertueux. Car, s'il n'est pas possible que tous le soient, quoique chaque individu puisse le devenir, il y a pourtant quelque avantage à cela; puisque, chacun pouvant le devenir, c'est une conséquence nécessaire que l'on dise de tous ce que l'on peut dire de chacun en particulier (1).

6. Au reste, il y a trois choses qui contribuent à rendre les hommes vertueux et bons : la nature, la coutume, la raison. Il faut d'abord, en effet, avoir

---

(1) Il y a ici quelque embarras dans le texte, qui, comme on voit, n'offre pas un sens satisfaisant. (Voy. l. 2, c. 2, § 16.)

été produit par la nature, homme, par exemple, et non pas animal de quelque autre espèce ; et ensuite, en avoir reçu certaines qualités, soit du corps, soit de l'ame. Il y a aussi des choses qu'on ne saurait tenir de la nature ; car les coutumes et les habitudes nous changent ou nous modifient ; puisque certaines dispositions, qui sont dues exclusivement à la nature, peuvent cependant prendre une direction bonne ou mauvaise, par l'effet de l'habitude.

7. Cependant, les autres animaux vivent principalement par les moyens que la nature leur a donnés pour conserver leur existence. Il y en a bien peu chez lesquels tout soit habitude ; l'homme seul a la raison en partage ; elle lui appartient exclusivement. Par conséquent, il faut qu'il y ait entre ces trois sortes [de conditions d'existence] accord et harmonie. Car la raison fait faire aux hommes bien des choses qui sont contraires à la coutume et à la nature, quand ils sont convaincus qu'il leur est plus avantageux d'agir ainsi. Nous avons dit précédemment quelles sont les qualités naturelles que doivent avoir ceux que le législateur trouvera dociles à ses institutions ; le reste doit être l'ouvrage de l'éducation : car il y a des choses que l'homme apprend à force de les pratiquer ; il y en a d'autres dont il s'instruit par tradition.

XIII. Puisque toute société politique se compose d'hommes ayant l'autorité, et d'hommes soumis à cette autorité, il s'agit à présent d'examiner si les dépositaires du pouvoir et les hommes soumis au pouvoir doivent tous rester dans la même condition, tout le temps de leur vie, ou s'ils doivent en changer. Car il est clair que le système d'éducation devra être conforme à cette distinction. Si donc il y avait entre les uns et les autres autant de différence que nous nous figurons qu'il y en a entre les hommes et les dieux, ou les héros, qui ont une supériorité immense, d'abord, sous le rapport du corps, et ensuite sous celui de l'ame, de sorte que la prééminence des gouvernants sur les gouvernés fût évidente et incontestable, on ne saurait nier qu'il vaudrait mieux que les mêmes individus commandassent toujours, et que les mêmes individus fussent toujours soumis à leur autorité.

2. Mais comme cela n'est guère facile à supposer, et comme il n'est pas possible que les rois aient sur leurs sujets une supériorité aussi marquée que celle qui, au rapport de Scylax, distingue les rois de l'Inde (1), on conclut évidemment de là, que tous doivent nécessairement, et par bien des raisons, participer à leur tour au commandement et à l'obéissance. Car l'égalité entre semblables, c'est l'identité; et il est difficile qu'un état subsiste, quand il est constitué ou fondé sur la violation des lois de la justice. En effet, tous les habitants de la campagne, qui désirent un changement, feront cause commune avec

____

(1) Voyez ce que Strabon (l. 15, p. 699) raconte, d'après Onésicrite, des *Cathiens*, peuple de l'Inde (aujourd'hui la tribu des *Katry* ou *Kuttry*). Voyez aussi Quinte-Curce (l. 9, c. 1).

ceux qui se trouvent exclus de l'administration, et il est tout à fait impossible que le nombre de ceux qui ont part au gouvernement soit assez considérable, pour qu'ils réunissent plus de forces que tous ceux qui leur sont opposés.

3. Au reste, il est incontestable que les hommes en pouvoir doivent avoir quelque supériorité sur ceux qu'ils gouvernent. C'est donc au législateur à voir comment cela pourra se faire, et comment ceux-ci participeront à l'autorité. Nous avons déja traité ce sujet précédemment : car la nature fournit elle-même le moyen de choisir, en faisant qu'il y ait dans une même famille des personnes âgées, et d'autres qui sont plus jeunes. Or, c'est à ceux-ci d'obéir, et aux autres de commander. D'ailleurs, personne n'est choqué de l'idée d'obéir à celui qui a la supériorité de l'âge, quand même on croirait avoir l'avantage [sous d'autres rapports], surtout lorsqu'on est dans le cas de parvenir à son tour aux emplois, aussitôt que l'on aura atteint l'âge où l'on est appelé à les remplir.

4. Il y a donc un point de vue, sous lequel on peut dire qu'il serait avantageux que les mêmes personnes eussent toujours l'autorité ; mais, à d'autres égards, il vaudrait mieux qu'elle changeât de mains ; puisqu'on prétend que pour bien commander, il faut avoir commencé par obéir. Or, l'autorité, comme on l'a dit au commencement de ce traité, est établie, ou pour l'avantage de celui qui l'exerce, ou dans l'intérêt de celui qui y est soumis. Dans le premier cas, elle est despotique ; elle est celle d'un

maître, dans le second, c'est elle qui convient à des hommes libres.

5. Au reste, la différence entre les choses qui sont prescrites par l'autorité ne consiste pas tant dans les actes eux-mêmes, que dans le motif ou le but de ces actes. Voilà pourquoi il y a beaucoup de services purement personnels que des jeunes gens libres peuvent quelquefois rendre avec honneur; parce que, ce ne sont pas tant les actions en elles-mêmes, que le but et le motif qu'on a en vue, qui constituent leur différence réelle, comme honnêtes ou avilissantes. Or, puisque nous croyons que la vertu du citoyen, est la même que celle du magistrat et de l'homme de bien, et qu'il faut avoir commencé par obéir, pour pouvoir ensuite commander, le législateur devra trouver les moyens de rendre les hommes vertueux, déterminer quel genre d'application ou d'occupation peut produire ce résultat, et quelle est la fin ou le but de la vie la plus parfaite.

6. Nous avons distingué deux parties de l'ame, l'une desquelles a en elle-même la raison, tandis que l'autre est susceptible de céder à ses inspirations, quoiqu'elle ne la possède pas; et de ces deux parties dépendent, selon nous, les vertus qui font l'homme de bien. D'après cette division, il n'est pas difficile de voir à laquelle d'entre elles se rapporte le but ou la fin de nos actions; car c'est toujours en vue d'une chose plus noble ou plus importante que se fait celle qui l'est moins, comme on le reconnaît évidemment dans toutes les choses de l'art, aussi

bien que dans celles de la nature. Or, la supériorité appartient à la partie de l'ame qui possède la raison.

7. Celle-ci, à son tour, suivant notre procédé ordinaire de division, se partage en deux parties : raison pratique, et raison spéculative. Il faut donc nécessairement diviser aussi de la même manière la partie de l'ame qui est le siége de la raison ; établir, entre les actions, des distinctions analogues, et que celles qui appartiennent à la partie qui a une prééminence naturelle soient préférées, par des êtres qui pourront posséder toutes les parties de l'ame [raisonnable et irraisonnable], ou les deux que nous venons de désigner [raison pratique et raison spéculative]. Car il n'y a personne qui ne préfère de beaucoup ce qui est marqué d'un caractère de supériorité, quand il peut l'obtenir.

8. La vie humaine elle-même est partagée, dans toute sa durée, en travaux et repos, en intervalles de guerre et de paix ; et, parmi les actions, il y en a qui sont nécessaires ou utiles, et d'autres qui sont honorables : au sujet desquelles il convient d'établir une distinction analogue à celle des parties de l'ame et des actions elles-mêmes, [en considérant] la paix comme le but ou la fin de la guerre, le repos comme le but du travail, et les actes honorables, comme la fin des actions utiles et nécessaires.

9. Le politique habile, qui envisage tous ces objets, doit donc établir un système de lois conforme à la fois à la distinction des parties de l'ame, à celle des actions, et surtout à ce qui est plus honorable

et aux fins [véritables de la société]. Il doit considérer sous le même point de vue les divers genres de vie, et la préférence à donner aux différentes actions : car il faut que les citoyens puissent se livrer à la vie active et faire la guerre, et plus encore avoir du loisir et vivre en paix ; exécuter les choses utiles et nécessaires, et plus encore celles qui sont honnêtes et honorables. D'où il suit, que leur éducation doit être dirigée, dès l'enfance, vers ces différents buts, et qu'un semblable système d'instruction doit s'étendre à tous les âges qui peuvent en avoir besoin.

10. Mais les états de la Grèce qui passent aujourd'hui pour les mieux gouvernés, et les législateurs qui leur ont donné ces constitutions, semblent n'avoir établi leur système de lois et d'éducation, ni en vue du but le plus honorable, ni en ayant égard aux vertus de tout genre ; au contraire, ils ont favorisé grossièrement la tendance aux actions utiles, et qui sont plus propres à satisfaire l'ambition et l'avidité. Quelques-uns même de ceux qui ont écrit depuis des systèmes de lois, ont manifesté des opinions à peu près semblables ; car, en comblant d'éloges le gouvernement des Lacédémoniens, ils semblent admirer le but que s'est proposé le législateur, dont toutes les institutions ont été dirigées vers la guerre et la domination.

11. Or, non-seulement un tel système est facile à réfuter par le raisonnement, mais les faits mêmes en ont démontré de nos jours le vice essen-

31.

tiel (1). Car, comme la plupart des hommes cher-chent à étendre leur puissance sur beaucoup d'états, parce que le succès de ces sortes d'entreprises pro-cure d'abondantes ressources ; ainsi Thibron, à l'exemple de tous ceux qui ont écrit sur le gouver-nement de Sparte, semble avoir conçu une grande admiration pour la législation des Lacédémoniens(2), qui, en s'exerçant incessamment aux dangers, par-vinrent à soumettre un grand nombre d'états à leur autorité.

12. Cependant, aujourd'hui que la puissance n'est plus dans leurs mains, on peut se convaincre qu'ils ne sont pas heureux, et qu'ils n'ont pas eu un bon législateur. Car il est étrange qu'en observant fidè-lement les lois, et pouvant encore les suivre et les pratiquer sans aucun obstacle, ils aient perdu l'a-vantage de vivre heureux. On a même grand tort de penser, comme on le fait, au sujet de la domina-tion, à laquelle ils prétendent que tout législateur doit attacher un grand prix : car il y a assurément plus de gloire et de vertu à commander à des hommes libres, qu'à exercer un pouvoir despotique et arbitraire.

13. D'un autre côté, il ne faut pas s'imaginer qu'un état est heureux, et qu'un législateur mérite

---

(1) Voyez ci-dessus (c. 10, § 5).

(2) Notre auteur est le seul qui fasse mention de ce *Thibron*, qui avait écrit sur la constitution de Lacédémone, et il n'en parle qu'en ce seul endroit de ses ouvrages. Xénophon ne cite qu'un général spartiate, appelé *Thimbron*, qui n'est probable-ment pas le même que l'écrivain dont parle ici Aristote.

de grands éloges, uniquement parcequ'il s'est appliqué à rendre ses citoyens capables d'étendre leur domination sur les peuples voisins ; car cela a de fâcheux inconvénients. En effet, il est évident que tout individu qui sera en état de faire une entreprise de ce genre, devra la tenter, et s'appliquer à soumettre sa propre patrie à son autorité ; ce que les Lacédémoniens reprochent néanmoins à leur roi Pausanias, quoiqu'il fût élevé à une si haute dignité. Aucun raisonnement, aucune loi pareille n'est donc fondée, ni sur l'intérêt de l'état, ni sur l'utilité, ni sur la vérité. Car le législateur doit s'appliquer à bien convaincre les hommes, que ce qu'il y a de meilleur et de plus honorable pour les simples particuliers, l'est aussi pour le public.

14. Quant à la pratique de l'art de la guerre, il ne faut pas s'y attacher, dans la vue d'asservir ceux qui ne méritent point un pareil sort ; mais d'abord, afin de n'être pas soi-même asservi, puis afin de chercher à se procurer la puissance la plus utile aux sujets, et non la domination absolue sur tous les citoyens ; en troisième lieu, afin de se rendre maître de ceux qui sont faits pour être esclaves (1).

15. Mais, que le législateur doive s'appliquer à organiser le système militaire, et les autres parties de la législation, principalement en vue de la paix

____

(1) Nous avons assez parlé de cette doctrine d'Aristote sur l'esclavage, dans nos notes sur le premier livre de ce traité, pour qu'il soit inutile de faire remarquer ici l'absurde inhumanité des conséquences qui en sortent nécessairement.

et de la tranquillité, c'est un principe à l'appui duquel on peut invoquer le témoignage des faits eux-mêmes. Car la plupart des états qui ont cette ardeur belliqueuse, se conservent tant qu'ils font la guerre; et, du moment où ils ont affermi leur domination, ils périssent : parce que la paix leur fait perdre, comme au fer, la trempe qu'on leur avait donnée. La faute en est au législateur, qui ne leur a pas appris à être capables de supporter le repos.

16. Puis donc qu'il semble que les hommes doivent se proposer un même but, (soit considérés individuellement, soit pris en masse); et que l'homme le plus vertueux, comme le gouvernement le plus parfait, doivent tendre à une même fin, il est hors de doute qu'on doit acquérir les vertus qui contribuent à la tranquillité. Car, comme on l'a déja dit bien des fois, la fin ou le but de la guerre, c'est la paix; le but du travail, c'est le repos.

17. Mais les vertus qui servent à la tranquillité et à l'agrément de la vie, sont celles dont on fait usage dans les moments de loisir, aussi-bien que dans la vie active. Car il y a bien des choses qu'il faut nécessairement se procurer, pour pouvoir se livrer au repos. Par cette raison, pour qu'un état soit sagement constitué, il faut que les citoyens y soient braves et endurcis à la fatigue; car : *Point de repos pour les esclaves*, dit le proverbe. Or, ceux qui sont incapables de s'exposer courageusement aux dangers, peuvent devenir les esclaves des premiers qui entreprendront de les attaquer.

18. Au reste, c'est la vie active qui demande du

courage et de la fermeté ; mais, dans les intervalles de repos ou de tranquillité, il faut de la philosophie. Il faut de la modération et de la justice, dans ces deux sortes de circonstances, mais plus encore, quand on jouit de la paix et d'un repos durable. Car la guerre nous force à être justes et modérés ; mais l'enivrement des succès, et le repos qui accompagne une situation paisible, sont plus propres à produire l'insolence.

19. Ceux donc qui semblent jouir de la plus grande félicité, et à qui tout réussit, ont besoin de beaucoup de justice et de beaucoup de modération ; par exemple, dans cet état de prospérité non interrompue, où, pour parler comme les poètes, il semble qu'on habite *les iles fortunées*. Car, c'est alors surtout qu'il faut d'autant plus de philosophie, de justice et de tempérance, que l'on nage, pour ainsi dire, dans l'abondance de toutes sortes de biens. On voit clairement par là que ces mêmes vertus doivent être le partage de tout état qui aspire à jouir du bonheur, et qui est sagement constitué. S'il y a de la honte à être incapable d'user des biens que l'on possède, il y en a plus encore à n'en pouvoir pas profiter, quand on jouit d'une tranquillité parfaite ; à se montrer généreux et brave au milieu de la guerre et des dangers, tandis qu'on serait servile et lâche, au sein de la paix et du repos.

20. Par conséquent, on ne doit pas s'exercer à la vertu, suivant le système de la république des Lacédémoniens, qui ne diffèrent pas des autres peuples, pour ne pas regarder comme les plus grands

des biens, ceux que les autres jugent tels, mais pour vouloir se les procurer de préférence par une certaine vertu [c'est-à-dire par la valeur guerrière]. Mais on voit, par tout ceci, qu'il y a des biens en effet plus grands que ceux qu'on se procure par la guerre, qu'il faut en préférer la jouissance à celles que peut donner la valeur guerrière, et la préférer pour elle-même (1).

21. Mais comment et par quels moyens y parviendra-t-on ? C'est ce qu'il faut maintenant examiner. Nous avons précédemment indiqué trois conditions essentielles : la nature, l'habitude et la raison ; nous avons déterminé aussi quelles sont les qualités naturelles que l'on peut désirer ; il nous reste à considérer, si c'est par les habitudes, ou par la raison, que doit commencer l'éducation. Car il doit y avoir entre toutes ces choses la plus parfaite harmonie, puisqu'il peut arriver que la raison s'égare, même chez ceux qui sont doués du plus heureux naturel, et que l'habitude peut aussi produire de semblables égarements (2).

22. Au reste, il est d'abord évident qu'ici, comme dans tout le reste, c'est à la génération que tout

____

(1) J'ai suivi ici le sens et les corrections indiquées par Mr Coray, dans ses notes sur cet endroit du texte, qui est altéré et incomplet dans les éditions ordinaires.

(2) Cette dernière phrase a aussi fort embarrassé les interprètes d'Aristote. Le sens adopté par Mr Coray, et que j'ai suivi, est encore confirmé, comme le remarque cet habile éditeur, par ce que dit ailleurs notre philosophe sur le même sujet. Voyez la *Morale*, l. 10, c. 9, p. 489 de la traduction française.

commence; et que la fin qui se rapporte à un principe, ou à un commencement déterminé, est elle-
même le commencement de quelque autre fin (1).
Or, la raison et l'intelligence sont, dans l'homme,
la fin de la nature [ou sont déterminées par les qualités naturelles dont il est doué]; de sorte que c'est
par rapport à ces deux choses qu'il faut surveiller
attentivement, et les conditions de sa naissance,
et la formation de ses habitudes.

23. Ensuite, l'homme étant composé de deux
parties, l'ame et le corps, nous observons que l'ame
comprend pareillement deux parties : celle qui possède la raison, et celle qui en est privée; et que
chacune de ces deux parties a ses dispositions, ou
manières d'être, dont l'une est l'appétit [le désir],
et l'autre l'intelligence. Mais comme, dans l'ordre
de la génération, le corps est avant l'ame, ainsi la
partie irraisonnable est avant la partie raisonnable.
Cela est d'ailleurs évident : car la colère, la volonté,
et même les désirs, se manifestent chez les enfants,
dès les premiers moments, pour ainsi dire, de leur
existence; tandis que le raisonnement et l'intelli-

____

(1) Le texte manque encore ici de clarté. Il me semble qu'A-
ristote n'a voulu qu'énoncer, d'une manière générale, l'enchaî-
nement des causes et des effets, suivant notre manière de concevoir les phénomènes, en vertu de laquelle toute cause peut
être considérée comme l'effet d'une cause antérieure. J'ai donc
cru pouvoir suppléer ici un seul mot qui m'a paru nécessaire
pour compléter la pensée de l'auteur, et j'ai traduit comme
s'il y avait dans le grec : καὶ τὸ τέλος ἀπό τινος ἀρχῆς, [ἀρχὴ] ἄλλου
τέλους.

gence ne se montrent naturellement qu'à la suite
d'un certain développement. Voilà pourquoi le corps
doit nécessairement être, avant l'ame, l'objet des
premiers soins; et ensuite, la partie de l'ame qui
est le siége des désirs; en ayant toutefois en vue
l'intelligence, dans les soins que l'on donne à cette
partie; et l'ame, dans ceux que l'on donne au corps.

XIV. Si donc c'est au législateur à pourvoir, dès
le principe, à ce que les enfants qui seront nourris [suivant ses institutions] apportent en naissant
des corps parfaitement bien disposés; il faut d'a-
bord qu'il donne son attention aux mariages, qu'il
détermine quand il convient d'autoriser les citoyens
à contracter ce lien, et quelles qualités chacun des
époux doit y apporter. Il faut que, dans ses lois
sur cette espèce d'union, il ait égard aux personnes, et au temps qu'elles sont destinées à vivre ensemble : afin que l'âge de l'un et de l'autre concourent pour une même époque, et qu'il n'y ait pas
une sorte de désaccord entre leurs facultés respec-
tives; que le mari, par exemple, ne soit pas encore à même d'avoir des enfants, tandis que la
femme ne le pourrait plus, ou réciproquement,
que celle-ci le puisse, tandis que celui-là en serait
incapable. Car c'est là ce qui produit des querelles
et des divisions entre époux.

2. Il faut ensuite faire attention à l'époque [con-
venable pour avoir] des enfants; car il y a de l'inconvénient à ce que l'âge des pères soit trop avancé,
par rapport à celui des enfants, qui ne sont pas encore à même de se rendre utiles à leurs pères, si

ceux-ci sont trop vieux, et qui, par la même raison, ne trouveront pas en eux des ressources pour leur éducation. Il ne faut pas non plus que l'âge des pères soit trop rapproché de celui des enfants, car cela a bien des inconvénients. En effet, un âge trop voisin du leur est propre à diminuer le respect [que les enfants doivent à leurs parents], et l'administration domestique donne lieu [par la même raison], à plus de plaintes réciproques. Enfin, pour revenir au point que nous avons indiqué en commençant, cette attention a pour but de donner aux enfants une constitution physique plus appropriée aux vues du législateur.

3. Au reste, toutes ces conditions se trouvent à peu près enfermées dans un seul point à observer: car, les limites de la faculté d'engendrer, étant fixées assez communément pour les hommes à soixante-dix ans, et à cinquante ans pour les femmes, on doit proportionner à ces termes extrêmes l'époque où il convient le mieux de placer le commencement de l'union conjugale.

4. Or, cette union entre de très jeunes gens, est peu favorable à la bonne constitution des enfants qui en naissent : on observe que, dans toutes les espèces d'animaux, ceux qui sont produits par des individus jeunes sont rarement vigoureux, qu'ils sont ordinairement du sexe féminin, et d'une petite taille(1) : d'où il est naturel de conclure que la même chose doit avoir lieu dans l'espèce humaine.

______

(1) Voyez l'*Histoire des Animaux* d'Aristote, l. 7, c. 1.

La preuve en est que, dans tous les pays, où l'on a coutume de marier ensemble des personnes trop jeunes, les enfants naissent avec une constitution débile, et très petits. Outre cela, les femmes trop jeunes souffrent plus des douleurs de l'enfantement, et il en périt un bien plus grand nombre. C'est pour cela (dit-on) que les Trézéniens ayant fait consulter l'oracle sur les causes de la mort prématurée des jeunes femmes [à l'époque des premières couches], il leur répondit : « c'est que vous « ne considérez [que l'époque des ensemencements « et non] pas celle de la récolte (1). »

5. Il importe encore au maintien des habitudes de réserve, de ne marier les filles qu'à un âge plus avancé ; car on remarque que celles qui ont connu trop jeunes les plaisirs de l'amour ont plus de penchant à la débauche. Il paraît aussi que le mariage est nuisible au complet développement du corps des jeunes gens, lorsqu'on les marie avant l'époque où ils ont acquis toute leur croissance. Car, on a lieu de croire qu'il y a une époque déterminée pour ce parfait développement, après laquelle il s'arrête entièrement.

6. Par cette raison, on regarde l'âge de dix-huit ans comme celui où il convient de marier les fem-

---

(1) Aristote ne donne ici qu'une partie de la réponse faite par l'oracle aux Trézéniens, ce qui a embarrassé plusieurs des commentateurs et traducteurs. Mr Coray nous paraît avoir très-bien suppléé ce qui manque au texte, en cet endroit. Voyez ses remarques, p. 319.

mes, et l'âge de **trente-sept ans**, ou un peu moins, comme étant celui où les hommes sont dans toute la vigueur de leur constitution. Cette époque pour le mariage coïncidera fort à propos avec celle où les hommes cessent d'être propres à la génération. Outre cela, la naissance des enfants aura successivement lieu dans le temps où les uns commencent à entrer dans la vigueur de l'âge (si les nouveaux époux en ont, comme il est probable, aussitôt après leur union), et à l'époque où les autres, arrivés au déclin de leur vie, approcheront de leur soixante-dixième année.

7. **Nous** venons de dire à quelle époque il faut que les mariages se fassent : quant à la saison de l'année qu'il convient de préférer, pour de semblables unions, c'est celle qu'on choisit aujourd'hui le plus généralement pour cela, et avec raison, puisque c'est le temps de l'hiver (1) qu'on a coutume d'y consacrer. Au reste, il faut avoir égard, relativement à l'acte de la génération, aux observations et aux préceptes des médecins et des physiciens [c'est-à-dire, des naturalistes], car les médecins déterminent avec assez de précision les époques où le corps est le mieux disposé ; et les physiciens [indiquent aussi avec assez de justesse] quelle doit être la nature des vents, donnant la préférence à ceux du nord sur ceux du midi.

---

(1) Aristote semble indiquer ici le mois que les Athéniens appelaient Γαμηλιὼν (mois des noces ou du mariage), comme l'a remarqué Sam. Petit (*De Legib. Attic.* p. 533).

8. Cependant l'énuméraition des qualités corporelles dont l'influence est le plus favorable à la bonne constitution des nouveaux-nés, appartient plutôt à un traité exprès sur la *Pædonomie* [inspection des enfants]. Il suffira donc, quant à présent, de se borner à quelques notions sommaires et générales. En effet, ce n'est pas une constitution athlétique, ni un tempérament délicat, incapable de supporter les fatigues, et qui ait besoin d'un régime assidu, qui rendent un homme propre à la vie politique; mais c'est une constitution moyenne [entre les deux tempéraments contraires]. Il faut donc qu'elle soit exercée et développée par des travaux qui ne soient pas trop violents, ni dirigés vers un seul but, comme celle des athlètes, mais formée par l'habitude des actions qui conviennent aux hommes libres; et qu'à cet égard, il n'y ait presque aucune différence entre la constitution des femmes et celle des hommes.

9. Il faut aussi que l'on veille attentivement sur la santé des femmes, à l'époque de leur grossesse; qu'elles ne languissent pas dans l'inaction, et ne fassent pas usage d'une nourriture trop peu substantielle. A quoi le législateur pourra facilement pourvoir, en leur prescrivant de faire chaque jour quelque pélerinage dans les temples des dieux qui président à la naissance des enfants, pour y implorer leur protection. Mais, d'un autre côté, il convient qu'elles jouissent de la plus grande tranquillité d'esprit, et du calme de l'ame; car il paraît que le fruit qu'une femme porte dans son sein parti-

cipe aux impressions [morales qu'elle éprouve],
comme les fruits de la terre [participent aux qualités du sol qui les nourrit].

10. Pour ce qui est de l'exposition (1) ou de la
nourriture des nouveaux-nés, la loi devra défendre d'élever aucun enfant qui apporte en naissant
quelque difformité ou imperfection corporelle. Mais,
si l'ordre et les usages établis empêchent qu'on ex-
pose les enfants, il faudra, pour obvier à l'inconvénient d'une population trop nombreuse, que la
faculté d'avoir des enfants soit soumise à de certaines restrictions ; et que, si quelques femmes,
malgré cela, se trouvent enceintes, on fasse avor-
ter leur fruit, avant qu'il ait donné aucun signe de
vie ; car c'est sur la condition d'avoir le sentiment
et la vie qu'est fondée la distinction entre ce qui
est criminel et ce qui ne l'est pas.

11. Après avoir déteminé quelle est, pour l'homme
et pour la femme, l'époque où, se trouvant dans
toute la force de l'âge il convient qu'ils soient unis
par le mariage, marquons aussi jusqu'à quelle époque ils peuvent conveablement songer à avoir des
enfants. Car ceux qui naissent de pères trop âgés,
aussi bien que ceux ont les pères sont trop jeu-

---

(1) Proprement *déposon* (ἀπόθεσις), d'où l'on appelait
Ἀποθέται, à Lacédémone, e lieu où l'on exposait les enfants
qu'on voulait faire périr. oyez Plutarque (*In Lycurg.* c. 16) ;
et sur cette barbare coume, adoptée chez un grand nombre
de peuples, voyez les rexions de Montesquieu (*Esprit des
Lois* , l. 25 , c. 17).

nes, n'ont ordinairement que des facultés médio-
cres, soit du corps, soit de l'intelligence, et les enfants des vieillards naissent faibles et maladifs. C'est
pour cela qu'il faut se régler sur le temps où l'intelligence est dans toute sa force, c'est-à-dire sur
l'époque que les poètes, mesurant la vie de l'homme
par les nombres septennaires, ont appelée *âge fait*,
qui est vers la cinquantième année (1). De sorte que
celui qui a passé cet âge de quatre ou cinq ans,
doit désormais s'abstenir de tout acte qui serait
suivi d'une génération effective, et d'ailleurs n'a-
voir de commerce avec sa femme qu'autant que
l'exige sa santé, ou pour quelque autre cause de ce
genre.

12. Cependant, on doit s'interdire absolument
toute relation contraire aux mœurs, avec quelque
autre personne que ce soit lorsqu'on est en effet
époux, et qu'on est reconnu pour tel; et si quelqu'un pendant la durée du temps fixé pour la gé-

---

(1) **M^r** Coray cite, à cette occasion, un passage d'Hippocrate (to. 1, p. 315, éd. Vanderl. où les diverses périodes de
la vie de l'homme sont ainsi divisées par les nombres septennaires : « la *jeunesse* (νεανίσκος), jusqu'au parfait développement
« de tout le corps, c'est-à-dire, jusq'à vingt-huit ans, ou quatre
« fois sept ; *l'âge mûr* (ἀνήρ) jusqu'quarante-neuf ans, ou sept
« fois sept ; *l'âge avancé* (πρεσβύτης) jusqu'à cinquante-six ans, ou
« huit fois sept ; et la *vieillesse* (γέρων), à partir de cette épo-
« que. » Le poète dont parle not philosophe, et qui avait
imaginé ou adopté cette division, Solon, qui y fait allusion
dans un de ses poèmes. Voyez *Bruk. Analect. Veter. Poetar.*
to. 1, p. 64, ou *Gnomic. Græc. Vet.* p. 78.

nération, se rend coupable d'un si honteux désordre, qu'il soit noté publiquement d'infamie, et puni en proportion de son délit.

XV. Il est naturel de penser que la qualité particulière des aliments que l'on donne aux enfants, aussitôt après leur naissance, produit de grandes différences dans la vigueur de leurs corps. Mais on voit, en observant les autres animaux, et les peuples qui s'exercent le plus aux travaux de la guerre, qu'une nourriture dont le laitage fait la plus considérable partie, et le vin, mais mêlé de beaucoup d'eau, à cause des maladies [auxquelles il peut donner lieu], sont ce qu'il y a de plus favorable à leur développement (1).

2. Il n'est pas moins important qu'on leur laisse la liberté de tous les mouvements qu'ils peuvent faire dans ces premiers temps. Mais, pour empêcher que leurs membres, encore tendres, ne contractent quelque difformité, il y a des peuples chez lesquels on se sert aujourd'hui de certaines machines, qui sont destinées à conserver au corps des enfants des attitudes régulières. Il est utile aussi de les familiariser, dès le premier âge, avec les impressions du froid, parce que c'est ce qu'il y a de plus avantageux pour la santé, et qui les dispose le mieux aux fatigues de la vie militaire. Aussi, chez plusieurs na-

---

(1) Hippocrate (*De Aer. loc. et aq.* § 56); Platon, *De Legib.* (l. 2, p. 666), et Galien (*De tuend. Valetud.* l. 1, p. 228) traitent aussi du régime qui convient aux enfants. Voyez la note de Mr Coray, p. 322.

tions barbares, a-t-on coutume de plonger les enfants, aussitôt après leur naissance, dans quelque
rivière dont les eaux sont froides, ou de ne les
couvrir que d'un vêtement très-léger, comme on
le fait chez les Celtes.

3. En effet, il vaut mieux sans doute s'y prendre
de bonne heure, pour leur faire contracter toutes
les habitudes qu'ils peuvent acquérir; mais il faut
les y accoutumer par degrés. D'ailleurs, l'excès de
la chaleur naturelle dans les enfants les rend capables de s'exercer à supporter l'impression du froid.
Ces objets, et d'autres à peu près du même genre,
sont ceux auxquels il convient de donner d'abord
son attention.

4. L'âge qui suit immédiatement la première enfance, jusqu'à cinq ans, (et qu'on aurait tort d'appliquer encore à aucune sorte d'instruction, et à
aucun travail obligé, pour ne pas arrêter la croissance), ne doit admettre que le mouvement nécessaire pour prévenir la torpeur du corps; et il
faut le provoquer, en faisant jouer les enfants, et les
exerçant à d'autres actions; mais ces jeux ne doivent être ni grossiers et indignes d'une condition
libre, ni trop fatigants, ni aussi trop relâchés.

5. Quant aux sortes de conversations et de fables qu'il convient de faire entendre aux enfants,
c'est aux magistrats qu'on appelle *Pædonomes* [in-
specteurs des enfants], d'y veiller avec soin : car
toutes ces choses doivent préparer, en quelque
sorte, les voies aux instructions qui leur seront
données dans la suite. C'est pour cela qu'il faut que

les jeux de l'enfance soient, pour la plupart, des imitations de ce qui devra plus tard les occuper sérieusement.

6. Au reste, ceux qui dans leur système de législation prétendent interdire aux enfants les cris et les pleurs (1), ont tort; cela sert à leur développement, et c'est, en quelque sorte, une manière d'exercer leurs organes. Car l'effort que l'on fait pour contenir l'air [dans la poitrine] donne des forces pour supporter la fatigue, ce qui arrive aux enfants quand ils crient (2). Les magistrats chargés de ce soin devront donc surveiller l'emploi de leurs moments de récréation, et du reste de leur temps, et faire en sorte qu'ils soient le moins possible en la compagnie des esclaves : car il faut nécessairement que durant cette première époque, et jusqu'à l'âge d'environ sept ans, ils soient nourris dans la maison [paternelle].

7. Il est donc raisonnable d'empêcher que les enfants de cet âge ne puissent rien voir ni entendre de grossier, et qui soit indigne de la condition des hommes libres. Par conséquent, le législateur doit s'attacher surtout à bannir de la cité tout ce qui tient à un langage licencieux (car quand on se sert habituellement d'expressions indécentes, on est bien près de se permettre les actions qui le sont). Il faut donc essentiellement que, dès leur plus tendre en-

---

(1) Allusion critique à un passage de Platon (*De Repub.* l. 7, p. 792).

(2) Voyez Hippocrate (*De Diæt.* l. 2, § 43).

fance les jeunes gens n'aient occasion de rien entendre ni de rien dire de pareil. Mais s'il arrive que
quelqu'un dise ou fasse quelque chose qui soit dé-
fendue, on doit, si c'est un homme libre (mais qui
n'ait pas encore le privilége d'être admis dans les
repas qui se font en commun), l'en punir par la
honte et le blâme public; et si c'est un homme
avancé en âge, il faut lui infliger, à cause de ses
inclinations serviles, l'espèce de déshonneur dont
on ne punit que les personnes qui ne sont pas de
condition libre.

8. Mais, si nous interdisons toute conversation,
tout langage contraire à la décence, il est évident
que nous bannissons aussi toute espèce de peintures
ou de représentations obscènes. Que les magistrats
donc veillent soigneusement à ce que l'on ne rencontre nulle part aucune statue, aucun tableau qui
représente des actions de ce genre, sinon dans les
lieux consacrés aux divinités particulières auxquelles la loi attribue ce culte, qui tient de la bouffon-
nerie (1). D'ailleurs elle n'autorise que les hommes
d'un âge plus avancé à faire des sacrifices à ces dieux,
soit pour eux-mêmes, soit pour leurs enfants et
leurs femmes.

9. Le législateur doit encore défendre aux jeunes gens d'assister aux représentations des tragédies

---

(1) Ces dieux étaient *Pan*, *Priape*, *Konisalos*, *Orthanes*, etc.
Voyez le commentaire de Schneider *In Addend.* p. 509 et
510.

et des comédies grossières (1), avant qu'ils aient atteint l'âge où ils pourront être admis aux festins des
hommes, et faire usage du vin pur (2); car alors
leur éducation les aura rendus moins susceptibles
de ressentir les mauvais effets de ces sortes de spectacles. Au reste, nous n'avons voulu, quant à présent, que traiter sommairement un pareil sujet;
nous aurons occasion de discuter avec plus de détail la question de savoir s'ils doivent ou ne doivent pas assister plus tôt aux spectacles, et comment [il faut les y admettre]. Nous n'en avons
fait mention, en cet instant, que comme d'un
objet nécessaire à considérer.

10. Peut-être d'ailleurs le comédien Théodore (3)
avait-il raison de dire qu'il ne consentirait jamais
qu'un acteur, même le plus médiocre, parût avant
lui sur la scène, parce que les spectateurs se fami-
liarisent avec la manière de jouer et de déclamer
qu'ils ont d'abord entendue. Or, la même chose

-----

(1) C'est-à-dire, qui représentent des mœurs grossières; on
appelait ces sortes de pièces ἴαμϐοι, genre correspondant à ce
que nous désignons, en français, par le mot *Farce*.

(2) Les enfants, avant un certain âge, n'étaient pas admis
aux festins des hommes, ou du moins il ne leur était pas permis de se coucher sur des lits, comme les personnes plus âgées,
mais ils étaient assis, et ils sortaient de table au moment où les
autres convives buvaient du vin pur, c'est-à-dire, vers la fin
du repas. Voyez le commentaire de Schneider, p. 448.

(3) Acteur célèbre, et contemporain d'Aristote et de Philippe
de Macédoine. Voyez Élien (*Var. Hist.* l. 14, c. 41), et Pausanias (l. 1, c. 37).

a lieu, dans tout ce qui a rapport aux communications des hommes entre eux, et dans les affaires de tout genre; car les premières impressions sont toujours celles qui ont pour nous le plus d'attrait. Voilà pourquoi il faut rendre étrangères aux jeunes gens toutes les choses viles et méprisables, et surtout, parmi celles-là, toutes celles qui sont propres à inspirer le vice ou la grossièreté [dans le langage et dans les manières] (1). Mais une fois parvenus à l'âge de cinq ans, il faut, pendant les deux années suivantes, jusqu'à sept ans, les faire assister comme spectateurs à l'enseignement des choses qu'ils auront à apprendre dans la suite.

11. Au reste, il y a deux périodes entre lesquelles on peut partager l'éducation des enfants: à partir de leur septième année, jusqu'à l'adolescence; et ensuite, depuis l'époque de l'adolescence, jusqu'à l'âge de vingt-un ans. Car ceux qui divisent les périodes de la vie par les nombres septennaires sont le plus souvent dans l'erreur: il vaut mieux, dans cette division, se conformer à la marche de la nature; or, le but de l'art et de l'éducation, en général, c'est de suppléer à la nature, ou de compléter ce qu'elle n'a que commencé. Premièrement donc, il s'agit d'examiner s'il convient d'établir quelque ordre, quelque système au sujet des enfants; ensuite, s'il y a de l'avantage à les soumettre à une surveil-

---

(1) Ce que l'auteur appelle δυσχέρεια. Voyez la description de ce caractère, dans Théophraste c. 19, p. 102—106, et 272—277, édit. de Mr Coray.

lance commune, ou à les élever en particulier [dans la maison paternelle], comme cela se pratique aujourd'hui dans la plupart des états; en troisième lieu, quelle doit être cette éducation.

LIVRE VIII.

ARGUMENT.

L'éducation des enfants est un des objets qui doivent le plus attirer l'attention du législateur, parce qu'elle est un des moyens les plus propres à former des hommes dont les sentiments et les habitudes soient en harmonie avec la constitution établie. Par conséquent elle doit être une, et la même pour tous, et non pas abandonnée au caprice des volontés particulières des parents. Il importe donc de savoir quelle doit être cette éducation, et comment il faut qu'elle soit dirigée. Mais c'est un point sur lequel on est généralement peu d'accord, parce que tous les hommes ne prisent pas également et précisément les mêmes vertus. — II. Entre les choses qui sont utiles, il ne faut instruire la jeunesse que de celles qui ne peuvent lui faire contracter un genre de vie sordide et mécanique. Les objets auxquels on l'applique sont ordinairement les lettres, la gymnastique, la musique, et quelquefois la peinture ou le dessin. Quant à la musique, on a fini par n'en faire qu'un objet d'amusement; mais, dans les anciens temps, on l'avait rangée parmi les objets d'instruction, comme pouvant être un noble délassement dans les heures de loisir, et l'on a compris, en général, sous ce nom, tout ce qu'on peut regarder comme un passe-temps convenable à des hommes libres. — III. Il y a donc un genre d'instruction qu'il faut donner à la jeunesse, non pas comme nécessaire ou utile, mais comme libéral et honorable. Telle est la musique. Il faut aussi lui enseigner les choses utiles.

comme la grammaire, et le dessin qui contribue, entre autres,
à lui donner un sentiment plus exact de la beauté des formes.
La gymnastique est encore d'une grande utilité, non pas sans
doute pour donner aux enfants une constitution athlétique, ou
un grand courage; car cette dernière qualité, qui assurément
ne s'acquiert pas par ce moyen, n'est importante qu'autant qu'on
y joint des sentiments d'honneur et de vertu. — IV. On est
généralement d'accord sur l'utilité de la gymnastique, et sur la
manière de pratiquer cet art; il y a de l'inconvénient à y appliquer les enfants encore trop jeunes; ce n'est qu'à partir de
l'adolescence, et même trois ans après cette époque, qu'on peut
commencer des exercices violents. Quant aux arts d'agrément,
comme la danse, et surtout la musique, c'est une question de
savoir s'il convient d'en faire une étude fort suivie. Il ne faut
pas faire de l'étude un simple délassement; car, s'instruire n'est
pas s'amuser. En supposant même que la musique puisse avoir
sur les mœurs une influence favorable, ne peut-on pas parvenir
à en avoir une connaissance suffisante, sans l'exercer ou la pratiquer soi-même ? — V. Non-seulement la musique porte
avec elle un plaisir qui tient à sa nature propre, et qui séduit tous les âges, aussi-bien que tous les peuples; mais elle
exerce sur les mœurs et sur l'ame une influence incontestable. Si la vertu consiste à avoir des plaisirs, des sentiments
d'amour et d'aversion, approuvés par la raison, il s'ensuit
qu'il n'y a rien à quoi l'on doive s'habituer, autant qu'à juger
sainement des mœurs honnêtes et des bonnes actions, et à y
prendre du plaisir. Or, la musique, à l'aide du rhythme et de la
mélodie, produit des imitations des différents mouvements de
l'ame, de ses passions diverses : il y a des modes qui la disposent à la mélancolie, à la douleur; il y en a d'autres qui inspirent la mollesse et une sorte de nonchalance; d'autres, qui
excitent des sentiments de modération, ou même de fermeté;
d'autres, qui produisent l'enthousiasme. Il est donc manifeste
que la musique peut donner aux habitudes de l'ame un caractère déterminé; et il ne l'est pas moins que la jeunesse est l'âge
le plus propre à l'acquisition de cet art. — VI. Il convient donc

de le faire entrer dans l'éducation que l'on donne à cet âge ; mais plus tard, il y aurait de l'inconvénient à s'y appliquer d'une manière suivie ; car on peut craindre que cette sorte d'instruction ne devînt un obstacle à des occupations plus importantes, et ne fît contracter au corps des habitudes serviles, qui le rendraient incapable de supporter les fatigues de la guerre, ou peu propre aux emplois civils. C'est à quoi l'on parviendra, si l'on ne cherche à acquérir ni le talent nécessaire pour pratiquer l'art de la musique dans les concours d'appareil, ni à exécuter de ces tours de force, qui, à la vérité, étonnent le vulgaire, mais qui sont une véritable superfluité, par rapport à l'art lui-même. D'ailleurs, l'application excessive que l'on y donne a l'inconvénient de ne contribuer en rien à perfectionner l'intelligence. — VII. Quant à la question de savoir s'il faut faire usage, dans l'éducation, de toutes les espèces de rhythmes et d'harmonies, ce sujet ayant été traité avec succès par plusieurs musiciens de profession, et par presque tous les philosophes, on s'arrêtera ici à quelques observations sommaires. L'emploi de la musique ne se borne pas à un seul genre d'utilité : elle peut servir à l'instruction, à modifier, à calmer et purger, s'il le faut ainsi dire, les passions, de ce qu'elles ont de trop grossier ; enfin, on peut n'y voir qu'un délassement, un moyen de donner à l'esprit quelque relâche, après une application soutenue. Mais, dans l'éducation, il ne faut se servir que des chants propres à exercer une influence avantageuse sur les mœurs, et des harmonies que comportent ces sortes de chants.

---

1. Personne assurément ne contestera que l'éducation des enfants ne soit un des objets qui méritent le plus l'attention du législateur ; puisque, dans les cités où l'on néglige ce point, l'on en éprouve toujours quelque dommage. En effet, le système d'administration doit être adapté à la forme du

gouvernement, et les mœurs appropriées à chaque forme contribuent essentiellement à la conserver et même à l'établir sur une base solide. Ainsi, des mœurs démocratiques ou aristocratiques sont le plus sûr fondement soit de la démocratie, soit de l'aristocratie; et, en général, le meilleur système d'habitudes est le principe ou la cause du meilleur système de gouvernement.

2. De plus, en chaque espèce de facultés ou d'arts, il y a des choses qu'il faut avoir apprises, des habitudes qu'il faut avoir contractées, pour être en état d'en exécuter les travaux; de sorte qu'il est évident qu'il doit en être de même des actions vertueuses. Mais, comme il y a un but unique, une fin, qui est la même pour toute société civile : il s'ensuit que l'éducation doit être une, et la même, pour tous les membres de la société ; et que la direction en doit être commune, et non pas abandonnée à chaque particulier, comme on le pratique de nos jours, où chacun surveille et dirige ses enfants, et leur fait donner à part l'espèce d'instruction qu'il juge à propos : au lieu que l'enseignement et la pratique des choses qui tiennent aux intérêts communs, devrait être commune. En même temps, il ne faut pas s'imaginer qu'on soit citoyen, uniquement pour soi, mais on doit savoir que tous appartiennent à l'état : car chaque individu est un membre de la cité, et le soin qu'on donne à chaque partie, doit naturellement être en harmonie avec l'avantage général du tout.

3. Sous ce rapport, du moins, on peut approuver

les Lacédémoniens, qui donnent la plus grande
attention à l'éducation des enfants, et qui ont
voulu qu'elle fût la même pour tous. Il est donc
évident que c'est au législateur à régler cet objet,
et qu'il doit le régler pour tous les citoyens. Par
conséquent, il importe de savoir quelle doit être
cette éducation, et comment il faut qu'elle soit
dirigée. Car, de nos jours, on ne s'accorde pas sur
les faits, et tout le monde ne croit pas qu'il faille
donner aux jeunes gens les mêmes préceptes, soit
pour la vertu, soit sur ce qui contribue à la vie
la plus parfaite. Enfin, on ne sait pas bien si c'est
la culture de l'intelligence, ou les habitudes morales de l'ame, qu'il faut plutôt avoir en vue.

4. Le système d'éducation généralement admis
aujourd'hui, rend même cet examen assez embar-
rassant ; on ne voit pas clairement s'il faut se borner à la pratique de ce qui est utile pour la vie,
ou à ce qui fortifie les tendances à la vertu, ou y
joindre les études et les sciences qu'on pourrait regarder comme superflues. Car toutes ces opinions
ont leurs partisans, et il n'y a rien de bien arrêté sur
les moyens d'acquérir la vertu, puisque tous les
hommes ne prisent pas également et précisément
la même vertu ; en sorte qu'ils doivent naturellement être d'avis différents, sur les moyens de la
pratiquer.

II. Au reste, il n'est pas difficile de voir que,
parmi les choses utiles, ce sont celles qui sont d'une
nécessité incontestable, dont il faut surtout que l'on
soit instruit : et il est également évident que toutes

ne doivent pas être enseignées, puisqu'il y en a qui sont illibérales, et d'autres qui sont propres aux hommes libres. Il ne faudra donc communiquer à la jeunesse, outre les choses utiles, que celles qui ne lui feront pas contracter un genre de vie sordide et mécanique. Or, on doit regarder comme appartenant à ce genre tout travail, tout art, toute instruction, qui rend le corps, ou l'ame, ou l'intelligence des hommes libres, incapable d'acquérir la vertu, ou d'en pratiquer les actes. Voilà pourquoi nous appelons mécaniques tous les arts qui tendent à altérer les bonnes dispositions du corps, et tous les travaux dont on reçoit un salaire, car ils ne laissent à la pensée ni liberté ni élévation.

2. Mais il n'y a rien de servile à cultiver les sciences libérales, au moins jusqu'à un certain point; une application excessive, et la prétention d'atteindre à la perfection, en ce genre, peuvent seules produire les inconvénients dont on vient de parler. D'ailleurs, il y a bien de la différence, suivant le but qu'on se propose, soit en apprenant, soit en pratiquant les sciences; car, quand on n'a en vue que sa propre utilité, ou celle de ses amis, il n'y a rien d'illibéral; mais ce qu'on fait pour d'autres, semble toujours avoir quelque chose de mercenaire ou de servile. Les sciences et le genre d'instruction qui sont aujourd'hui en vogue, ont donc cette double tendance, comme on l'a dit précédemment.

3. Les objets que l'on enseigne assez commu-

nément à la jeunesse peuvent se réduire aux quatre suivants : les lettres, la gymnastique, la musique, et enfin la peinture, que quelques-uns joignent aux trois autres (1). On regarde la grammaire et la peinture comme utiles à la vie, et applicables dans un grand nombre de circonstances ; et la gymnastique, comme propre à fortifier le courage. Quant à la musique, on pourrait douter s'il convient de l'enseigner : car, aujourd'hui, la plupart des gens n'en font guère qu'un objet d'amusement ; mais on la fit entrer, au commencement, dans le système de l'éducation, parce que, comme on l'a déja dit bien des fois, la nature elle-même nous invite, non-seulement à chercher les moyens d'employer notre temps d'une manière utile, mais aussi de faire un usage honnète et intéressant de nos loisirs. Car, encore une fois, c'est la nature qui commence tout (2).

---

(1) Térence (*Eunuch.* act. 3, sc. 2, vs. 23) indique cette division des arts libéraux, comme généralement admise chez les anciens : *Fac periculum in litteris, fac in palæstra, in musicis, quæ liberum scire adolescentem æquum est.* Quant au dessin, Pline nous apprend (l. 35, c. 10) que ce fut Pamphile (Macédonien, maître d'Apelle), qui enseigna cet art, d'abord à Sicyone, d'où il se répandit dans tout le reste de la Grèce, et ne tarda pas à devenir un objet d'enseignement pour tous les enfants nés de parents libres, et à être mis au premier rang des arts libéraux.

(2) Voyez ci-dessus : l. 7, c. 12, § 6. Hippocrate, dans ses directions pour l'instruction de ses disciples (Νόμος, § 2), dit aussi : « Avant tout, il faut des dispositions naturelles ; parce

4. En effet, si l'un et l'autre sont nécessaires, et si le loisir est préférable à l'application, il faut, en général, chercher à quoi nous occuperons notre loisir : ce ne peut pas être à de simples divertissements, car il s'ensuivrait que l'amusement serait pour nous la fin ou le but de la vie. Or, s'il est impossible que cela soit, ce sera plutôt dans les occupations qu'il faudra se procurer des amusements, car c'est surtout quand on est fatigué, qu'on a besoin de se délasser ; et même l'amusement n'a pas d'autre but que celui-là, et la vie occupée se compose de travaux soutenus. Voilà pourquoi il faut, quand on a recours aux amusements, observer les moments où l'on en fait usage, comme si on ne voulait les employer qu'à titre de remède ; car une telle agitation de l'ame est un relâchement, et un moyen de se délasser par le plaisir qu'il procure.

5. Au reste, il y a, dans le loisir même, une sorte de volupté, de bonheur, et de charme ajouté à la vie ; mais qui ne se trouve que chez ceux qui sont exempts de tout travail, et non chez ceux qui sont occupés. Car, être occupé de quelque chose, c'est travailler pour un but ou une fin qu'on n'a pas encore atteint ; or, le bonheur est une fin

---

« que, quand on trouve des obstacles dans la nature, tout devient « stérile : mais, quand c'est elle-même qui nous guide de la « manière la plus avantageuse, on acquiert facilement la con- « naissance de l'art. » Voyez la page 125 du *Traité des Airs, des Eaux, etc.*, édit. de Mr Coray, 1 vol. in-8°. Paris, 1816.

qu'on croit généralement être accompagnée de
plaisir, et exempte d'affliction. Toutefois, on convient que ce plaisir n'est pas le même pour tous;
mais qu'il est, pour chaque individu, conforme à sa
nature particulière, et aux dispositions qu'il a; et
qu'enfin le plaisir de l'homme le plus accompli,
doit être ce qu'il y a de plus ravissant. D'où il suit
évidemment qu'il faut, pour savoir employer son
loisir, apprendre de certaines choses, s'instruire,
et que ce genre de connaissances et d'instruction
doit avoir pour but l'individu lui-même; au lieu
que l'instruction appropriée aux occupations nécessaires à la vie, a plus particulièrement rapport
aux autres.

6. C'est pour cela que les anciens ont rangé
la musique parmi les objets d'instruction, mais
non pas comme une chose d'une utilité indispensable, car elle n'a point ce privilége; ni même
comme utile, à la manière des lettres, pour le négoce, pour l'économie, pour l'enseignement, et
dans beaucoup d'affaires civiles : (l'art même du
dessin ne laisse pas d'être utile, pour mieux juger
les travaux des artistes); enfin la musique n'a pas
l'utilité de la gymnastique, pour entretenir la force
et la santé, puisqu'on ne voit pas qu'elle serve à
l'un ni à l'autre. Il reste donc qu'elle peut servir
à l'emploi des heures de loisir, où il paraît qu'en
effet on en a introduit l'usage, puisqu'on comprend sous ce nom ce qu'on regarde comme un
passe-temps des hommes libres. C'est ce qui fait
dire à Homère : [en parlant apparemment de quel-

que personnage qui avait acquis ce genre de talent, qu'il est un]

De ceux que l'on invite aux festins solennels (1).

et ailleurs, après avoir fait mention entre autres
de ceux qui font venir un musicien, il ajoute:

Dont les chants dans leurs cœurs fassent naitre la joie,

Ailleurs, enfin, Ulysse dit que « la musique est
le délassement le plus agréable, lorsque les hommes se livrant à la joie,

Les convives assis écoutent en silence
D'un chantre renommé la voix et les accords.

III. Il est donc incontestable qu'il y a un genre
d'instruction qu'il faut donner à la jeunesse, non
pas comme nécessaire, ou même comme utile,
mais parce qu'elle est libérale, et belle ou honorable. Mais, n'y a-t-il qu'une science de ce genre,
et, s'il y en a plusieurs, quelles sont-elles, et comment doit-on les enseigner? C'est un sujet sur
lequel nous aurons occasion de revenir: du moins
avons-nous, quant à présent, gagné ce point que
nous trouvons des témoignages de l'existence de
cette sorte d'instruction chez les anciens, car la
musique nous en fournit une preuve manifeste.

---

(1) Le vers cité ici par Aristote ne se retrouve aujourd'hui
dans aucun des poèmes qui nous restent d'Homère. Quant aux
deux citations suivantes, la première est tirée du dix-septième
chant de l'*Odyssée* (vs. 385), et la seconde du neuvième chant
du même poème (vs. 7).

On voit encore qu'il faut instruire les enfants de certaines choses, non-seulement à cause de leur utilité directe, comme est, par exemple, la connaissance des lettres, mais aussi parce qu'il est possible d'acquérir, par leur moyen, beaucoup d'autres connaissances.

2. Il en faut dire autant du dessin : il ne servira pas seulement à garantir de toute méprise dans les acquisitions que l'on fait, et à n'être pas trompé dans les ventes et les achats de meubles et d'ustensiles, mais il contribuera surtout à donner un sentiment plus exact de la beauté des formes et des corps. D'ailleurs, ne chercher en tout genre que l'utilité, est ce qui convient le moins aux personnes libres, et qui ont l'ame élevée. Cependant, comme il est facile de comprendre que les mœurs ou les habitudes doivent être, avant l'instruction littéraire, l'objet d'une bonne éducation, et que le développement du corps doit précéder celui de l'intelligence ; ceci nous fait voir que c'est d'abord à la gymnastique, et à l'art d'exercer tous les mouvements qu'il faut appliquer les enfants ; car le premier de ces arts donne aux corps les dispositions convenables, et le second rend capable d'exécuter les travaux nécessaires (1).

3. De nos jours cependant, parmi les peuples

---

(1) Sur la différence qu'on mettait entre la gymnastique γυμναστική), et l'art des exercices du corps (παιδοτριβική), voyez les notes de Perizonius (ad Ælian. Var. Histor. (l. 2, c. 6).

qui passent pour donner les soins les plus atten-
tifs à l'éducation des enfants, il y en a qui s'appliquent à leur faire une constitution athlétique (1),
dégradant ainsi les formes du corps, et donnant
une direction vicieuse à son développement. Au
lieu que les Lacédémoniens n'ont point commis
une pareille faute, mais à force d'endurcir la jeunesse aux fatigues, parce que c'est le moyen de
lui donner un courage indomptable, ils la rendent
féroce. Mais, encore une fois (2), ce n'est pas un
seul genre d'instruction, et surtout ce n'est pas
celui-là qu'il faut avoir en vue, dans les soins qu'on
donne à cet objet : et même, quand le courage militaire serait le point le plus important, ils n'auraient pas encore atteint ce but ; car, dans les
autres animaux, pas plus que dans l'homme, on
ne voit point que le courage soit le produit de
l'excessive férocité, mais il se trouve plutôt chez
ceux qui à des mœurs douces joignent la vigueur
et la fierté du lion.

4. Plusieurs peuples ont l'habitude du meurtre,
et même de manger de la chair humaine : tels sont
les *Achœi* et les *Heniochi*, qui habitent les bords
du Pont-Euxin, et plusieurs autres nations de l'intérieur des terres, dont les unes sont aussi féroces,
et d'autres le sont encore plus. Ce sont des
peuples pillards et voleurs, mais qui n'ont pas pro

---

(1) L'auteur paraît avoir eu particulièrement en vue les Béo-
tiens, qui étaient fort adonnés aux exercices athlétiques.

(2) Voyez ci-dessus, l. 7, c. 13, § 20.

prement du courage. On sait aussi que les Lacédémoniens eux-mêmes, tant qu'ils s'adonnèrent aux
travaux et aux fatigues du corps, eurent la supériorité sur les autres peuples; tandis qu'aujourd'hui
ils sont surpassés en force et en adresse dans les
exercices et les jeux militaires. C'est que leur supériorité n'était pas due au soin qu'ils avaient d'exercer les jeunes gens de cette manière-là, mais à ce
que, pratiquant quelques exercices, ils avaient
affaire à des peuples qui ne s'exerçaient en aucune manière.

5. Il faut donc mettre au premier rang l'honneur,
et non pas la férocité; car ce n'est ni un loup,
ni toute autre bête féroce qui peut avoir à braver
quelque danger honorable; mais c'est l'homme de
cœur. Mais ceux qui en élevant les enfants donnent
trop à cette partie, et les laissent tout-à-fait dans
l'ignorance des choses nécessaires à savoir, n'en
font, à vrai dire, que de vils manœuvres : et,
pour avoir voulu les rendre utiles à une seule
chose, à un seul genre de travaux dans la société,
il se trouve qu'ils sont même moins propres que
d'autres à celui-là, comme nous venons de le faire
voir. Au reste, il ne faut pas prononcer sur cette
question d'après les faits anciens, mais d'après ce
qui se passe aujourd'hui; or, aujourd'hui ils ont
des rivaux dans ce genre d'instruction, au lieu
qu'ils n'en avaient pas autrefois.

IV. Qu'il faille faire usage de la gymnastique,
et comment il en faut user, c'est sur quoi l'on est
d'accord. Jusqu'à l'époque de l'adolescence, il

faut n'employer que des exercices peu fatigants (1),
et interdire aux enfants une nourriture trop forte
et tous les travaux forcés , afin de ne pas empêcher
leur croissance. Il y a même une preuve bien
convaincante que tel en peut être le résultat;
puisque ,parmi les athlètes qui combattent aux jeux
olympiques, on en trouvera à peine deux ou trois
qui, après avoir été proclamés vainqueurs dans
leur enfance, l'aient été aussi dans l'âge mûr; parce
que la fatigue des travaux obligés , et les exercices violents de leur jeunesse leur ont fait perdre
toutes leurs forces.

2. Mais, lorsqu'à partir de l'âge de puberté, un
jeune homme se sera livré pendant trois ans à
d'autres études, il conviendra de consacrer l'époque suivante à des travaux pénibles et à un
régime de vie très-régulier; car il ne faut pas
fatiguer le corps et l'intelligence en même temps.
puisque chacun de ces deux genres de fatigue
produit des effets opposés: celle du corps étant
nuisible au développement de l'esprit, et celle
de l'esprit arrêtant la croissance du corps.

3. Nous avons précédemment proposé quelques
doutes au sujet de la musique; mais il est bon d'y
revenir en ce moment, pour préparer, en quelque
sorte, les voies à ceux qui voudront approfondir
ce sujet. En effet, il n'est pas facile de décider
ni quelle influence elle peut avoir, ni par quelle

----

(1) Platon donne le même conseil dans sa *République* (l. 3 ,
p. 309, Bipont.).

cause il convient de s'y appliquer, si c'est comme amusement et comme délassement (ce qu'on pourrait dire aussi du sommeil et de l'usage du vin pur); car ces deux choses n'ont par elles-mêmes rien de sérieux; mais, comme dit Euripide, elles sont à la fois agréables, et propres à calmer les soucis (1). C'est pourquoi on les comprend dans la même catégorie et on fait à peu près le même usage de toutes trois, le sommeil, le vin et la musique, et même on y ajoute aussi la danse.

4. Faut-il croire plutôt que la musique contribue en quelque chose à la vertu, parce que, de même que la gymnastique donne au corps certaines qualités, ainsi la musique peut donner au caractère certains avantages, en accoutumant à prendre des plaisirs honnêtes, ou bien en contribuant à la fois à l'amusement et au développement de l'esprit? Car, c'est un troisième point de vue à ajouter à ceux que nous avons indiqués. Cependant, on voit assez qu'il ne faut pas faire de l'instruction un simple amusement, puisque s'instruire n'est pas s'amuser, et que l'étude est toujours accompagnée de quelque peine. L'amusement ne doit pas même être le partage de l'enfance, ni de l'âge qui en est voisin, parce que ce qu'on considère comme but, ou comme fin, ne convient à rien de ce qui est imparfait.

5. Toutefois, on pourrait s'imaginer que ce dont

---

(1) Voyez les *Bacchantes* d'Euripide (vs. 378 - 384)

on fait une affaire sérieuse pour les enfants, n'est destiné qu'à les amuser quand ils seront hommes faits et parvenus à la maturité de l'âge. Et, s'il en est ainsi, à quoi bon acquérir soi-même une telle instruction, et pourquoi ne ferait-on pas comme les rois des Perses et des Mèdes, qui ne prennent part à ce genre de plaisir et d'études qu'en y faisant travailler d'autres personnes? Car ceux qui n'ont fait que s'exercer à ce talent, doivent nécessairement y réussir mieux que ceux qui n'y consacrent que le temps qu'il faut pour s'en instruire. Et, s'il fallait absolument qu'ils le pratiquassent eux-mêmes, pourquoi n'exigerait-on pas aussi qu'ils se missent en état d'assaisonner les mets de leur table? ce qui serait absurde.

6. La même objection a encore lieu, en supposant que la musique puisse améliorer les mœurs. Car, à quoi bon l'apprendre soi-même, et pourquoi ne pourrait-on pas trouver bon ce qui l'est réellement, et en bien juger, en entendant simplement ceux qui professent cet art, comme cela se fait à Lacédémone? En effet, les Lacédémoniens, sans apprendre eux-mêmes la musique, ne sont pas moins capables, dit-on, d'apprécier avec justesse ce qu'il y a de bon dans la mélodie, et ce qui ne l'est pas. Ce sera le même raisonnement, si l'on considère l'art comme devant servir de passe-temps et de divertissement : car, pourquoi l'étudier soi-même, et ne pas profiter du talent de ceux qui en font profession?

7. On peut encore considérer à ce sujet l'opi-

nion que nous nous faisons des dieux : car les poëtes ne nous représentent pas Jupiter chantant et jouant de la lyre. Nous donnons même à ce talent le nom de métier vil et méprisable ; et faire de telles choses, nous semble n'appartenir qu'à des hommes ivres, ou qui ne songent qu'à se divertir. Au reste, peut-être aurons-nous occasion plus tard de revenir là-dessus.

V. Le premier point à éclaircir, à cet égard, c'est de savoir s'il faut, ou non, comprendre la musique dans un système d'éducation ? Ensuite, quel est son effet, soit qu'on la regarde comme science, comme amusement, ou comme un simple passe-temps ? Or, c'est avec raison qu'on la range sous ces trois dénominations, et elle semble tenir aux trois sortes de choses. Car, l'amusement a pour but de nous délasser, et tout délassement est nécessairement agréable, puisqu'il est une sorte de remède à la fatigue produite par le travail. Quant aux simples passe-temps, on convient généralement qu'il faut que l'honnête y soit réuni à l'agréable ; car le bonheur se compose de l'union de ces deux conditions, et nous avouons tous que la musique, soit purement instrumentale, soit accompagnée du chant, est une des choses les plus agréables.

2. Aussi le poëte Musée dit-il que *chanter est ce qui plaît le plus aux mortels ;* et c'est pour cela qu'on a raison d'admettre le chant dans les réunions et dans les divertissements, comme ayant le pouvoir de donner de la joie. De sorte qu'on serait porté à

conclure de là qu'il faut donc faire apprendre la musique aux jeunes gens. Car, tout plaisir qui ne saurait nuire, est convenable, non-seulement comme
fin, mais aussi comme délassement. Et, puisqu'il
arrive bien rarement aux hommes d'atteindre la fin
qu'ils se proposent, au lieu que souvent ils ont
besoin de se délasser, et de recourir au jeu, tant à
cause de ses autres avantages, que pour le plaisir
qu'il procure, il s'ensuit qu'il est utile de chercher un délassement dans les plaisirs que donne
la musique.

3. Quelquefois pourtant les hommes prennent
l'amusement pour fin ou pour but; et en effet,
il y a peut-être dans la fin quelque plaisir; mais
c'est un plaisir d'une espèce déterminée, et il arrive
qu'en cherchant celui-là, on rencontre un plaisir
vague et indéterminé, qu'on prend pour lui, parce
que la fin des actes particuliers ressemble, à quelques égards, à la fin générale qu'on a en vue. En
effet, ce n'est pas pour un résultat ultérieur qu'on
doit préférer ou désirer la fin de quoi que ce soit;
et les plaisirs dont je parle ne se rapportent à rien
de ce qui doit être à l'avenir; au contraire, ils sont
relatifs aux choses passées, comme les peines et les
travaux. On pourrait donc présumer, avec quelque
probabilité, que telle est la cause qui fait qu'on
espère quelquefois trouver le bonheur dans de
pareils plaisirs.

4. Pour ce qui est de rechercher les impressions
de la musique, non-seulement à cause de ce plaisir
même, mais aussi à cause de son utilité, comme

moyen de délassement, à ce qu'il semble...... (1
Toujours faut-il examiner si ce n'est pas simplement un accessoire, si la nature de cet art n'est
pas quelque chose de plus important que ne le ferait croire l'emploi ou l'usage dont nous venons
de parler; et si l'on ne doit pas, indépendamment
du plaisir général qu'il donne, (car il y a dans
la musique comme un plaisir qui tient à sa nature propre, et elle séduit tous les âges aussi-
bien que tous les hommes), considérer si elle
n'exerce pas quelque influence sur les mœurs et
sur l'ame. Et cela serait incontestable, s'il était
vrai qu'elle nous fit acquérir certaines qualités sous
ce rapport.

5. Or, qu'elle produise un pareil effet, c'est ce
qui est évidemment prouvé par les chants d'un
grand nombre de musiciens, et surtout par ceux
d'Olympus (2). Car tout le monde convient qu'ils
produisent dans les ames une sorte d'enthousiasme, c'est-à-dire, cette espèce d'affection particulière qui résulte d'une impression morale ; et
même il suffit, en général, d'en entendre des imitations, pour qu'on en soit vivement ému, indépendamment du rhythme et de la mélodie. Puis

---

(1) M' Coray soupçonne qu'il y a ici quelques mots super
flus, ou quelques autres mots supprimés, en sorte que les idées
de l'auteur ne semblent pas parfaitement liées.

(2) Platon, dans le *Minos* (p. 509), et dans le *Banquet*
(p. 192), rend le même témoignage de cet Olympus

donc que la musique est une chose agréable, et que la vertu consiste à avoir des plaisirs, des sentiments d'amour et d'aversion, approuvés par la raison, il n'y a rien sans doute que l'on doive apprendre, et à quoi il faille s'habituer autant qu'à juger sainement des mœurs honnètes et des bonnes actions, et à y prendre du plaisir.

6. On produit, en effet, par le rhythme et par la mélodie, des imitations de la colère, de la douceur, du courage et de la tempérance, qui ont la plus grande analogie avec la véritable nature de ces passions, et de toutes les autres affections morales qui leur sont opposées. Et les faits mêmes en sont la preuve, puisque notre ame est modifiée de diverses manières, quand nous les entendons. Or, l'habitude d'éprouver de la peine ou du plaisir, à l'occasion des choses qui ressemblent à ces affections, tient de bien près à la disposition à éprouver de pareils sentiments pour les mêmes choses en réalité. C'est ainsi que, si un homme trouve du plaisir à considérer le portrait de quelque personne, uniquement parce que ce portrait représente la forme extérieure de cette personne, nécessairement la vue de la personne même, dont il contemple le portrait, lui sera agréable.

7. Toutefois, il n'y a simplement que les objets de la vue, entre tous ceux qui peuvent frapper nos sens, qui soient susceptibles de nous offrir quelque ressemblance avec les affections morales; les sensations du toucher et celles du goût ne sont

point dans ce cas (1). Les figures [objet de la vue] produisent bien quelque effet de ce genre, mais peu considérable, et tous les hommes sont capables d'éprouver cette espèce de sensation. Au reste, ce ne sont pas là de véritables images des mœurs, c'en sont plutôt des signes, qui se manifestent par les couleurs ou les figures, et par les attitudes du corps, quand on éprouve quelques passions. Quoi qu'il en soit, et quelque différence qu'il y ait entre ces choses, quand on les considère, ce ne sont pas les tableaux de Pauson (2) qu'il faut contempler, mais ceux de Polygnote, ou de tout autre peintre ou statuaire qui se sera appliqué à représenter les mœurs.

8. Au contraire, c'est dans les chants mêmes qu'on en trouve une exacte imitation, et cela est évident, car il y a des différences essentielles dans la nature même des divers accords. De sorte que ceux qui les entendent sont affectés d'une manière toute différente par chacun d'eux ; mais il y en a, comme le mode mixolydien, qui les disposent à un sentiment de mélancolie et de douleur concentrée : d'autres inspirent la mollesse et une sorte de nonchalance, comme les modes plus relâchés. Enfin, telle autre harmonie inspire un sentiment de mo-

---

(1) Notre philosophe fait la même observation, dans ses *Problèmes* (sect. 19, § 22).

(2) Aristote dit encore dans sa *Poétique* (c. 2) : « Polygnote, « dans ses figures, s'élevait au-dessus de la nature, Pauson « restait au-dessous, et Denys faisait les siennes semblables à « la nature. »

dération ou même de sagesse, et c'est sutout l'effet que produit le mode Dorien, tandis que le Phrygie excite l'enthousiasme (1).

9. C'est ce qu'observent avec raison ceux qui ont approfondi cette partie de l'éducation; car ils s'appuient, dans leurs raisonnements à ce sujet, sur le témoignage même des faits. Il en est de même pour ce qui concerne les différentes espèces de rhythmes (2), dont les uns indiquent des mœurs plus calmes, plus paisibles, et les autres plus de trouble et de mobilité dans les habitudes; et, parmi ceux-ci, il y en a qui marquent les mouvements brusques, qui tiennent à un caractère grossier; il y en a d'autres qui expriment plus d'élévation et d'indépendance dans les sentiments. Il est donc manifeste, d'après cela, que la musique peut donner aux habitudes de l'ame un caractère déterminé. Et, si elle peut avoir une telle influence, il est évident aussi qu'il faut y avoir recours, et la faire apprendre aux jeunes gens.

10. Or, c'est précisément l'âge qui est propre à l'acquisition de cet art, car les jeunes gens ne supportent pas volontiers tout ce qui est fade et languissant : et la musique est, par sa nature, une

---

(1) Voyez les *Problémes* d'Aristote (sect. 19, quæst. 49), Platon (*De Republ.* l. 3, p. 287), et Athénée (l. 14, p. 625).

(2) Cicéron (*De Orat.* l. 3, c. 51) dit aussi : *Nihil est autem tam cognatum mentibus nostris quam numeri et voces, quibus et excitamur, et lenimur et languescimus, et ad hilaritatem et ad lætitiam sæpe deducimur.*

des choses dont l'impression est le plus agréable.
Il semble, en effet, qu'il y ait dans le rhythme et
dans l'harmonie quelque chose d'analogue [avec
notre nature], et c'est pour cela que plusieurs philosophes prétendent, les uns, que l'ame est une
harmonie, les autres, qu'elle embrasse et comprend
l'harmonie (1).

VI. Mais faut-il, ou non, que les jeunes gens
apprennent la musique en s'exerçant à chanter et
à jouer eux-mêmes des instruments? C'est la question qui nous reste maintenant à résoudre Il est
facile de voir que, pour acquérir les qualités que
donne un art quelconque, il importe beaucoup de
le pratiquer en effet; car c'est une chose impossible, ou du moins fort difficile, que d'être bon juge
dans cet art, quand on ne le pratique pas soi-même.
D'ailleurs, il est aussi fort utile d'offrir aux enfants
quelque passe-temps, et l'on a raison de regarder
comme une invention d'Archytas (2) la cliquette

---

(1) Voyez Aristote (*De Anim.* l. 1, c. 4), Platon (*In Phædon.*
sect. 38, édit. Wittenbach), et les notes du savant éditeur de
ce dialogue, qui a recueilli les passages des anciens écrivains
sur cette question.

(2) Archytas, de Tarente, philosophe de l'école de Pythagore, fut célèbre par son génie pour les mathématiques et par
ses inventions dans les arts mécaniques. On lui attribue celle
de l'instrument appelé πλαταγή en latin *crepitaculum*, espèce
de jouet qui produisait un bruit propre à amuser les enfants.
Il est, au reste, à peu près impossible de se faire aujourd'hui
une idée exacte de la forme et de la construction de cet instrument. Voyez dans le recueil des proverbes grecs de Schott, les
notes de la page 374.

bruyante que l'on donne ordinairement aux petits garçons, afin qu'occupés à s'en servir, ils ne brisent rien dans la maison, attendu qu'il est impossible, à cet âge, de demeurer en repos. C'est donc réellement un jouet fort convenable pour les très-jeunes enfants : or, l'instruction est le jouet de ceux qui sont plus avancés en âge ; et, par conséquent, il est évident qu'il faut leur enseigner la musique, mais en la leur faisant pratiquer.

2. D'ailleurs, il n'est pas difficile de déterminer ce qui est ou n'est pas convenable aux différents âges, et de réfuter les objections de ceux qui prétendent qu'il y a dans ce genre d'études quelque chose de bas ou de mécanique. Car, d'abord, puisqu'il faut, pour bien juger d'un art, s'y être exercé soi-même, il faut donc bien qu'au moins dans la jeunesse on le pratique ; mais qu'on renonce à s'y exercer, quand on est plus avancé en âge, et qu'on se contente de pouvoir juger de ce qui est bien en ce genre, au moyen de la connaissance qu'on aura acquise dans sa jeunesse.

3. Quant au reproche que quelques-uns font à la musique, d'être une occupation servile et basse, il est facile d'y répondre, en considérant jusqu'à quel point il convient aux hommes, dont l'éducation a pour but la vertu politique, de s'exercer à la pratique de cet art ; quels sont les accords et les rhythmes auxquels ils doivent s'exercer, et de quels instruments il leur convient d'apprendre à jouer. Car il y a probablement quelques différences à observer, sous ce rapport, et c'est là que se trouve

la réponse au reproche dont nous venons de parler. Rien n'empêche, en effet, qu'il y ait quelques modes de la musique qui soient de nature à avoir l'influence dont on parle.

4. On voit aussi qu'il faut que cette sorte d'instruction ne puisse pas être un obstacle aux choses que l'on aura à faire dans la suite, ni donner au corps des habitudes serviles qui le rendent incapable de supporter les fatigues de la guerre, ou peu propre aux occupations civiles. [Il ne faut pas, disons-nous, qu'elle devienne un obstacle] actuellement à l'exercice des forces du corps, et plus tard aux connaissances sérieuses. Or, c'est à quoi l'on parviendra, si on ne cherche, en ce genre, à acquérir ni le degré de talent qui est nécessaire pour pratiquer l'art de la musique dans les concours d'appareil, ni à exécuter de ces tours de force qui étonnent, et qui sont une sorte de superfluité ; introduits de nos jours dans les concours d'appareil, et qui ont passé de là dans l'instruction commune. Mais il faut s'être exercé même à cela, du moins au point de pouvoir trouver du plaisir aux chants et aux rhythmes qui ont une véritable beauté, et non pas uniquement à la musique la plus commune et la plus vulgaire, qui plaît même à certains animaux et à la multitude des esclaves et des enfants.

5. Ceci fait voir clairement quels sont les instruments dont il convient de faire usage : car ce ne sont ni les flûtes, ni tous les instruments qui exigent un art consommé, que l'on doit introduire

dans l'éducation, ni la cithare, ou tout autre instrument de cette espèce; mais ce seront tous ceux qui peuvent contribuer à rendre les jeunes gens des auditeurs intelligents pour tout ce qui a rapport à l'éducation musicale et à toutes les autres branches de cet art. D'ailleurs la flûte n'est pas propre à agir sur les affections morales, mais plutôt sur les sentiments violents; en sorte qu'il ne faut l'employer que dans les occasions où le spectacle a plutôt pour but de purger les passions que d'instruire. Ajoutons encore que l'emploi de la flûte a quelque chose de tout-à-fait contraire à l'instruction, puisqu'il empêche qu'on ne puisse ou parler [ou chanter]. C'est pour cela que depuis long-temps on en a interdit l'usage aux jeunes gens et aux hommes libres, quoique, plus anciennement, on l'eût admis.

6. En effet, l'aisance et la prospérité ayant amené à leur suite un plus grand loisir, et les citoyens se sentant animés d'une plus généreuse ardeur pour la vertu; outre cela, les exploits des Grecs, avant et après la guerre Médique, leur ayant inspiré plus d'élévation dans les sentiments, ils s'appliquèrent à tous les genres de connaissances sans distinction, n'en voulant négliger aucun: ce qui les porta à ranger l'art de jouer de la flûte parmi les objets d'instruction. Aussi vit-on à Lacédémone un citoyen chargé de présider un chœur de danseurs, jouer lui-même de la flûte; et bientôt ce goût s'introduisit à Athènes, de manière que la plupart des hommes libres cherchaient à acquérir

ce talent. C'est ce que l'on voit par le tableau que Thrasippus consacra aux dieux, lorsqu'il fit les frais du chœur dirigé par le poete Ecphantides (1).

7. Mais, dans la suite, lorsque l'expérience eut appris à mieux discerner ce qui, en ce genre, peut avoir quelque tendance à la vertu, ou ce qui n'y contribue en rien, on renonça à cet art. Il en est ainsi d'un grand nombre d'instruments, dont on se servait anciennement, comme ceux qu'on appelle *Pectides*, *Barbites*, et, en général, ceux qui ne servent qu'à procurer aux auditeurs des sensations de plaisir, tels que les instruments triangulaires ou heptagones, les *Sambyques*, et tous ceux qui exigent une étude et une pratique assidue de la main (2).

8. La fable imaginée par les anciens (3) au sujet de la flùte a même un sens fort raisonnable; car on prétend que Minerve, à qui l'invention en est due, la brisa et la rejeta elle-même. Sans doute il y a lieu de croire que la déesse en agit ainsi, comme on dit, par la répugnance que lui inspirait la difformité que produit le jeu de cet instrument (4);

______

(1) L'un des auteurs de ce qu'on appela, chez les Grecs, *l'ancienne comédie.*

(2) On peut comparer ce que dit, sur le même sujet, Platon (*De Republ.* l. 3, p. 288).

(3) Voyez Athénée (l. 14, p. 606), qui cite à cette occasion un fragment du poète dithyrambique Mélanippide, lequel est peut-être l'auteur de cette fiction.

(4) Plutarque (*In Alcibiad.* c. 2) raconte qu'Alcibiade rejeta l'usage de la flùte, par le même motif.

mais il est encore plus vraisemblable que c'était aussi parce que l'application que l'on y donne ne contribue en rien à perfectionner l'intelligence. Or, on croit communément que Minerve préside aux sciences et aux arts.

VII. On vient de voir que nous n'approuvons pas que l'on fasse entrer dans l'éducation l'enseignement [de la musique] et la pratique des instruments jusqu'au point où il devient un art (une profession), c'est-à-dire, tel qu'on l'exerce dans les jeux solennels [de la Grèce]. Car celui qui le pratique ainsi ne s'en occupe pas pour soi-même, et pour se perfectionner dans la vertu, mais uniquement pour le plaisir de ceux qui l'écoutent, et pour un plaisir vulgaire et grossier. C'est pour cela qu'une pareille profession ne nous paraît pas convenir à des hommes libres ; mais elle prend dès lors un caractère servile et, pour ainsi dire, mécanique. Car le but qu'on se propose, en pareil cas, est vicieux ; puisqu'un spectateur sans délicatesse et sans élévation d'ame, ne manque guère d'introduire dans la musique des changements [qui la dégradent], en sorte qu'il imprime aux artistes qui ne s'attachent qu'à lui plaire, un caractère [d'esprit] particulier, et même à leurs corps des habitudes ou des manières d'être singulières, à cause des mouvements [qu'exige la pratique des instruments].

2. Il s'agit à présent d'examiner, au sujet des rhythmes et des harmonies, s'il faut faire usage dans l'éducation de toutes leurs diverses espèces, ou s'il y a quelque distinction à établir ; ensuite, si l'on

y admettra la division communément reçue [en deux genres] ou bien s'il ne faudrait pas en admettre un troisième. On sait qu'en général la musique se compose de mélopées et de rhythmes; mais il est bon de connaître aussi l'effet de chacune de ces choses par rapport à l'éducation, et s'il faut préférer, dans ce cas, la musique la plus parfaite, quant à la mélopée, ou la plus parfaite quant au rhythme.

3. Cependant, comme nous reconnaissons que ce sujet a été traité avec succès par quelques musiciens de profession, et par tous les philosophes qui avaient une connaissance suffisante de la musique, nous renvoyons à leurs ouvrages ceux qui désirent des détails exacts et complets sur cette matière, et nous nous bornerons, en ce moment, à quelques considérations sommaires et purement rationnelles.

4. Au reste, admettant la division des chants, qui a été adoptée par quelques philosophes, en moraux, pratiques, et propres à exciter l'enthousiasme, et une harmonie particulière appropriée à chacun d'eux, en sorte que chaque partie est susceptible d'un genre spécial d'harmonie, nous dirons que l'emploi de la musique ne se borne pas à un seul genre d'utilité, mais qu'elle doit en avoir plusieurs. En effet, elle peut servir à l'instruction, à la purgation (et nous expliquerons plus clairement, dans notre traité de la *Poétique*(1), ce que

---

(1) Cet article n'est traité que d'une manière assez superficielle,

nous entendons par ce terme, employé ici d'une manière générale); enfin, et en troisième lieu, à l'amusement, c'est-à-dire, comme moyen de relâche et de repos, après une application soutenue. D'où il est facile de voir que l'on doit faire usage de toutes les sortes d'harmonie, mais non pas de la même manière, dans tous les cas. Au contraire, il faut faire servir les chants les plus moraux à l'instruction, mais se borner à entendre ceux qu'on appelle pratiques, et ceux qui sont propres à exciter l'enthousiasme, lorsqu'ils sont exécutés par d'autres sur les instruments.

5. Car cette manière d'être affecté, si vive et si profonde chez certaines personnes, existe au fond chez tout le monde : elle ne diffère que par le plus et le moins; par exemple, la pitié, la crainte, et aussi l'enthousiasme. En effet, il y a des individus qui sont éminemment susceptibles de ces sortes de mouvements de l'ame; ce sont eux qu'on voit devenir calmes et recueillis, par l'effet des mélodies sacrées, lorsqu'ils viennent à entendre des chants propres à apaiser les passions violentes; il semble qu'ils aient rencontré le remède propre à purifier leurs ames.

6. Les hommes disposés à la pitié, à la crainte, et, en général, aux affections vives, doivent nécessairement éprouver le même effet; et les autres aussi,

---

dans le sixième chapitre de l'ouvrage que cite notre philosophe, au moins tel qu'il nous est parvenu. Voyez les *Quatre Poétiques,* par Batteux, et la dissertation de ce savant, dans le tome 59 des *Mémoires de l'Académ. des Inscript. et B. L.*

suivant que chacun d'eux est susceptible de ces diverses passions; et tous doivent éprouver une sorte de purgation, d'allégement accompagné d'un sentiment de plaisir. C'est ainsi que les chants destinés à produire cet effet, procurent aux hommes une joie innocente et pure; et, par cette raison, c'est avec de tels chants que les artistes qui exécutent la musique théâtrale, doivent charmer et adoucir leurs auditeurs.

7. Cependant, comme il y a deux sortes de spectateurs, les uns qui sont des hommes libres et bien élevés, les autres grossiers, et composant la classe des artisans, des mercenaires et autres gens de cette espèce, il faut aussi accorder à ces derniers des jeux et des spectacles propres à les délasser. Or, de même que leurs ames sont déviées, en quelque sorte, de la manière d'être la plus conforme à la nature, ainsi il y a des harmonies qui s'écartent des règles de l'art, il y a des chants forcés, pour ainsi dire, et qui n'ont pas la couleur convenable et naturelle (1). Et pourtant chacun ne trouve de plaisir que dans ce qui est approprié à sa nature. Il faut donc accorder à ceux qui pratiquent leur art pour de tels

-----

(1) Le mot παρακεχρωσμένα, dont se sert ici Aristote, peut s'expliquer jusqu'à un certain point par un passage de Plutarque (*Quæst. conviv.* l. 3, c. 1), où cet auteur dit que ce fut le poète Agathon qui, le premier, introduisit dans sa tragédie intitulée *les Mysiens*, le genre appelé *chromatique* (χρωματικὸν εἶδος), littéralement *coloré*, apparemment parce que, procédant par demi-tons, il était susceptible d'une grande variété d'expressions.

auditeurs la permission d'employer le genre de musique qui leur convient; mais dans l'éducation, comme on l'a dit, il ne faut se servir que des chants moraux, et des harmonies que comportent ces sortes de chants.

8. Telle est l'harmonie dorienne, comme nous l'avons dit précédemment; et il y faut joindre toute autre espèce d'harmonie qui aura l'approbation des philosophes qui ont traité ce sujet, et qui ont médité sur la partie de l'éducation relative à la musique. D'ailleurs, c'est à tort que Socrate (1), dans la République [de Platon] ne permet de joindre que l'harmonie phrygienne à la dorienne; surtout interdisant, comme il fait, l'usage de la flûte; car l'harmonie phrygienne produit précisément le même effet, entre les harmonies, que la flûte entre les instruments, l'une et l'autre excitent l'enthousiasme, et réveillent, en général, les passions.

9. La poésie nous en offre une preuve : car tous les chants consacrés à Bacchus, et, en général, tous les mouvements de cette espèce sont accompagnés du son de la flûte; mais c'est dans les chants auxquels est adaptée l'harmonie phrygienne qu'ils prennent le caractère qui les distingue; aussi convient-on

---

(1) Voyez Platon (*De Republ.* l. 3, p. 287). Quelques interprètes ou traducteurs d'Aristote essaient de justifier Platon de la critique qu'en fait ici notre philosophe; mais il est évident que les modernes ont trop peu de connaissance du sujet, et trop peu d'idées exactes de tous les détails qu'il embrasse, pour entrer dans de pareilles discussions.

généralement que le dithyrambe est une invention phrygienne. Et ceux qui ont une connaissance approfondie de ce genre de poésie citent un grand nombre d'exemples [à l'appui de cette assertion]; entre autres, celui de Philoxène, qui ayant entrepris de faire un dithyrambe (dont le sujet était *les Mysiens* (1), et l'ayant commencé dans le mode dorien, ne put l'achever de cette manière, mais se vit forcé, par la nature même de la chose, de retomber dans l'harmonie phrygienne, qui convient à ce genre de poésie.

10. Quant à l'harmonie dorienne, tout le monde s'accorde à lui reconnaître un caractère de gravité et de mâle fermeté; mais, d'un autre côté, comme nous approuvons surtout ce qui tient, en général, le milieu entre des extrêmes opposés; comme c'est, suivant nous, ce juste milieu qu'il faut s'attacher sans cesse à saisir, et que c'est précisément le rapport où se trouve l'harmonie dorienne, à l'égard des autres harmonies, il s'ensuit évidemment que les chants doriens sont ceux qu'il faut apprendre aux jeunes gens. Cependant il y a deux buts [que l'on doit avoir en vue] le possible et le convenable; parce qu'en effet l'on doit s'attacher de préférence à ce qui est possible et convenable pour chaque individu; or, ces deux conditions sont déterminées par l'âge. Par exemple, il est bien difficile à des

---

(1) Même sujet que la tragédie d'Agathon (ci-dessus, note du § 7), et traité aussi par Eschyle; probablement fondé sur quelqu'une des fables dont Strabon fait mention (l. 13, p. 615).

hommes dont les forces sont usées par le temps, d'exécuter des chants soutenus, et qui demandent une certaine vigueur; au contraire, la nature a elle-même suggéré aux personnes de cet âge des chants qui ont une sorte de mollesse et de douceur.

11. Voilà pourquoi quelques musiciens de profession font un reproche à Socrate de ce qu'il désapprouve l'emploi des chants de cette espèce dans l'éducation, sous prétexte qu'ils ont le caractère de l'ivresse; en quoi il semble avoir mal saisi ce caractère (puisque l'ivresse inspire au contraire une sorte d'enthousiasme bachique), tandis que ces chants sont plutôt l'expression de la faiblesse et de la fatigue; de sorte que c'est plus spécialement à l'âge avancé que convient ce genre de mélodie et d'harmonie. A quoi il faut joindre encore tout autre mode, que l'on jugera convenable à la première jeunesse, comme pouvant à la fois lui inspirer le sentiment de la décence et l'instruire, ce qui semble être surtout le caractère du mode lydien. Il est donc évident que telles sont les trois conditions auxquelles il faut satisfaire dans l'éducation : le juste milieu, le possible et le convenable (1)..................................

---

(1) On croit qu'il manque encore une partie plus ou moins considérable de ce huitième et dernier livre.

FIN.

TABLE

DES PRINCIPAUX OBJETS

COMPRIS DANS LES DEUX VOLUMES.

A.

L.

M.

tribution des fortunes , t. 2 , p. 90.

Philoctète. — Au sujet de l'indulgence , t. 1 , p. 316.

Philolaüs — de Corinthe, législateur des Thébains , t. 2 , p. 142.

Philoxène. — Au sujet de l'intempérance , t. 1 , p. 129. Au sujet de la musique , t. 2 , p. 536.

Phocylide. — Sur la médiocrité , t. 2 , p. 270.

Phratrie. — Ce que c'est , t. 2 , p. 82 et 182.

Phylarques , — magistrats à Épidamnus, t. 2 , p. 307.

Pisistrate. — Comment il s'empare du pouvoir à Athènes , t. 2 , p. 326. Durée de sa tyrannie et de celle de ses enfants, t. 2 , p. 381.

Pittacus , — de Lesbos , revêtu de l'autorité suprême, t. 1 , p. 420. Sa loi sur l'ivresse, t. 2 , p. 144.

Plaisanterie. — Son caractère , t. 1, p. 77. Manie et manières de plaisanter, t. 1 , p. 185.

Plaisir. — Signe de nos dispositions au bien ou au mal , t. 1 , p. 59 et 62. C'est le fondement du vice et de la vertu , t. 1 , p. 329. C'est un moyen d'éducation , t. 1 , p. 449. Il est des plaisirs vertueux , il en est de coupables, t. 1 , p. 468.

Platon. — Sur les principes , t. 1 , p. 11. Sur l'éducation , t. 1 , p. 59. Sur la science du courage, t. 1 , p. 119. Sur les vertus , t. 1 , p. 281. Sur l'intempérance en particulier , t. 1 , p. 290. Sur la vertu morale dans l'homme et dans la femme, t. 2, p. 53. Sa république, t. 2 , p. 64. Son banquet, t. 2 , p. 74. Ses idées sur la différence des ames , t. 2 , p. 85. Son traité des lois , t. 2 , p. 87. Sur les révolutions , t. 2 , p. 381 et suiv. Sur la musique, t. 2 , p. 535.

Politique. — Science supérieure comprenant la morale , t. 1 , p. 6 et 7. Son but, t. 1 , p. 9. Elle suppose la connaissance de l'ame, t. 1 , p. 46. Elle préside aux détails de l'administration, t. 1 , p. 264. Ce que doit savoir le politique , t. 2 , p. 232.

Polygnote , — peintre de mœurs , t. 2 , p. 524.

Population , — article omis dans les lois de Platon , t. 2 , p. 89 et 90. Considérée relativement à la forme de chaque gouvernement, t. 2 , p. 412. Quelle population convient à la cité, t. 2 , p. 445, 446.

Préférence. — Son caractère , ses motifs, t. 1 , p. 61 et 96. Son objet, t. 1 , p. 97 et 252.

Principes. — Où sont les vrais principes , t. 1 , p. 12 et 27. Principe des idées générales , t. 1 , p. 253. Principe des actions, t. 1 , p. 320.

Prodigalité. — Excès dans l'emploi des richesses , t. 1, p. 74 et 147.

Professions , — classées d'après les qualités qu'elles exigent , t. 2 , p. 45.

Propriété , — ou possession quelconque , t. 2 , p. 28 et 29. Ses divers usages, t. 2 , p. 34. Possession en propre ou en commun , t. 2 , p. 69. Effets de la propriété , t. 2 , p. 74 et suiv. Propriétés inégales dans les lois de Platon, t. 2 , p. 90 , 96. — Égales dans celles de Phaléas , t. 2 , p. 96 et 97.

Prudence , — dans les actions , t. 1 , p. 256 et 291. En politique et en législation , t. 1 , p. 264. Sa source et son utilité , t. 1 , p. 275. Caractère de la prudence , t. 1 , p. 279.

Pudeur. — Crainte du déshonneur, t. 1 , p. 78 et 188.

Pythagoriciens. — Sur la justice, t. 1 , p. 213.

Q.

Qualité. — Fondement de la prétention aux priviléges dans l'oligarchie, t. 2, p. 275.

Quantité. — Fondement de la supériorité par le nombre dans les gouvernements populaires, t. 2, p. 275.

R.

Raillerie, t. 1, p. 185.

Raison. — Ce que c'est que la droite raison, t. 1, p. 249. C'est la raison qui rend l'homme capable de société politique, t. 2, p. 10. Raison pratique ou spéculative, t. 2, p. 483.

Rancune, t. 1, p. 174.

Repas communs. Voyez *Institutions*.

République. — Son caractère, t. 1, p. 377, et t. 2, p. 175. Ses espèces, t. 2, p. 235 et 261.

Révolution. — Son but et ses causes dans chaque espèce de gouvernement, t. 2, p. 305 et suiv. Trois principales causes, t. 2, p. 309. Causes spéciales à Rhodes, Thèbes, Mégare, Syracuse, Argos, Athènes, etc., t. 2, p. 312 et suiv. Diversité de moyens, force ou ruse, t. 2, p. 322. Causes et effets des révolutions dans la démocratie à Cos, Rhodes, Héraclée, Mégare, Cumes, t. 2, p. 323 et suiv. Dans l'oligarchie, t. 2, p. 327. Dans l'aristocratie, t. 2, p. 335. Cause générale, force extérieure, t. 2, p. 458.

Rhadamanthe. — Maxime sur la justice, t. 1, p. 213.

Rhodes. — La crainte y fait soulever les grands contre le peuple, t. 2, p. 312.

Riches. — Les riches ont l'autorité dans l'oligarchie, t. 2, p. 177 et 241. Fusion des riches et des pauvres dans les gouvernements, t. 2, p. 261. Les riches sont portés à la violence et à l'insubordination, t. 2, p. 268 et 269.

Richesse. — But de la science économique, t. 1, p. 4. Ce qu'on appelle richesse, t. 1, p. 140. En quoi l'art de la richesse diffère de l'économie, t. 2, p. 29. Véritable richesse, t. 2, p. 33 et 34. Richesse relative à l'argent monnayé, t. 2, p. 37.

Royauté, — et ses rapports avec la famille, t. 1, p. 377 et suiv. Son caractère, t. 2, p. 174. Ses espèces, t. 2, p. 205 et suiv. Ses rapports avec l'aristocratie, t. 2, 356. Ses causes de troubles, t. 2, p. 358. Ses moyens de conservation, t. 2, p. 367.

Rusticité, t. 1, p. 78.

S.

Sagacité. — En quoi elle consiste, t. 1, p. 268.

Sagesse. — Son caractère, son excellence, t. 1, p. 261. Son utilité, t. 1, p. 275.

Science — supérieure, celle du gouvernement, la politique, t. 1, p. 6. Sa nature, son objet, t. 1, p. 253.

Sédition. — Son but, ses causes, t. 2, p. 310. Crainte, mépris, disproportion d'avantages, admission de nouveaux citoyens ou d'étrangers, t. 2, p. 312 à 317. Divisions des grands, t. 2, p. 318 et suiv. Empiètement d'un tribunal ou d'une classe de citoyens, t. 2, p. 320.

Sentiment. — Ce que c'est, t. 1, p. 274. Sentiment du bien et du mal, du juste et de l'injuste, particulier à l'homme, t. 2, p. 11.

Simonide. — Son avarice, t. 1, p. 147.

Société. — Politique, sorte de communauté, t. 2, p. 63. Si

FIN DE LA TABLE DES MATIÈRES.

LISTE

DES SOUSCRIPTEURS.

S. A. S. Mgr LE DUC D'ORLÉANS.   2
Idem. grand papier vélin.   1

MM.

Pouqueville.	1
Marc Zarlamba Hallen, de Leucade.	1
Mad^e de Cabanis.	1
Le comte Orloff.	18
Idem, papier vélin.	1
Idem, grand papier vélin.	1
Le comte de Tracy.	10
Mad^e Rousseau.	1
Richard.	1
Le marquis de Brignolle Sales.	1
Le lieutenant - général baron Fririon.	1
Lacroix, membre de l'Institut.	1
Le comte Miot.	1
Le prince Labanoff de Rostolf.	30
Idem, papier vélin.	4
Idem, grand papier vélin.	1
Victorin Fabre.	1
Mialle.	1
Le marquis de Pastoret.	3
Daubrée, papier vélin.	1
E. Hanappier.	1
Villeneuve.	1
Laurent Royer.	1
Le comte de l'Aubépin.	1
Letronne, membre de l'Institut.	5
Tarlier, libraire à Douai.	1
Hardouin, banquier.	5
Ferdinand Tattet.	3
Idem, papier vélin.	1
Raoul Rochette.	1

MM.

Le marquis de Lillers.	1
Alexandre Thurot.	1
Vallée, libraire à Rouen.	2
Le marquis de Chateaugiron, grand papier vélin.	1
Nicolas Francopoulo.	1
Philippe Fournaraki.	1
J.-Baptiste Say.	1
Tattet (Frédéric).	1
Mad^e la princesse de Salm.	2
Idem, papier vélin.	1
Le prince de Beauvau.	1
Vanderveken.	1
Fauriel.	1
Sers, préfet du Cantal.	1
Marcescheau.	2
Roret, libraire.	1
Paschoud, de Genève.	3
Mandrou.	2
Drouot.	2
Sir John Saint-Aubin.	2
Idem, grand papier vélin.	1
Le docteur Edwards.	1
Tydeman, professeur à Leyde.	1
Dulary.	1
Guyonnot de Sénac.	1
Alexis Manuele d'Isay.	1
Étienne Franciade.	1
Paul Negreponte.	1
Mad^e Dupuis.	1
Massard.	1
Dubuisson-Lafeuillade.	1

MM.		MM.	
Royer.	1	D'Hauterive.	1
Dugas Montbel.	1	Alexandre Thierion.	1
Cherbonnier.	1	Casimir de Lavigne.	1
Jobez, député.	1	J. Azevedo.	1
L'évêque de Plaisance.	2	A. Bignan.	1
Le comte de Saint Sulpice.	1	De Linctière.	2
De Cambray.	1	De La Châtre.	1
Breguet.	2	Jomard.	1
Ternaux aîné, député.	2	Théodore Gublin.	1
Bartholoni.	2	Charles Martin.	1
Paccard.	1	Charles Mévil.	1
Debruge Dumenil.	1	Martin.	1
Frédéric Tattet.	1	Lavareille.	1
Marcos.	1	Alphonse Tattet.	1
Allamand.	1	Traullé.	2
Le comte de Vaublanc.	2	Héquet Dorval.	1
Rougemont de Lowemberg.	2	Francouli Rodocanaki.	1
Des Rois.	1	George Rodocanaki.	1
Comte, à Londres.	1	Pantias Rodocanaki.	1
Le comte Alex^e. de Laborde.	1	K. N. Maurogordatos.	1
Delaharpe, de Lausanne.	1	Callinice Créatsouli.	1
Gindroz.	1	Pantaléon Yamary.	1
Jean Blastos.	1	Demetrio Yalia.	1
Jean Ralli.	2	Spiridion Balby.	2
Léon Bouros.	1	Dufour et d'Ocagne, libraires.	52
Étienne Climès.	1	Beuchot.	1
Théodore Amiros.	1	Eve.	1
Michel Rodocanaki.	2	Charlemagne.	1
Ambroise S. Ralli.	1	Ferrand.	1
Pantaléon Maurogordatos.	1	Goujon, libraire.	1
Eustratius Petrococcinos.	1	H***.	1
Jean Scaramagas.	1	Eyries.	1
Jacques Rotas.	1	Le baron Thiébault.	1
De Gervais.	1	Eusèbe Salverte.	1
Rey et Gravier, libraires.	12	Gabriel Doazan.	1
Masson et fils, libraires.	1	Feuillet.	1
Mad^e Nyon, libraire.	1	Barrois aîné, libraire.	3
Dacosta.	1	L'amiral Tchitchakoff.	1
Banès.	1	Rousseau, libraire.	8
Casimir Broussais.	1	Coray.	1
Félix de Beaujour, papier vélin.	1	Bossange père, libraire.	13
Adolphe Raife.	1	De Saint-Surin.	1
Arthus Bertrand, libraire.	3	Lawalle, libraire à Bordeaux.	3

MM.

Warée jeune, libraire.	3
Brunot-Labbe, libraire.	2
Kleffer, libraire.	1
Guizot.	1
Cardin, avocat.	1
Busseuil jᵉ, libraire à Nantes.	1
Bancal Dessissards.	1
Videcoq.	1
Pichard, libraire.	1
Le lieutenant-général O'Connor, papier vélin.	1
Verninac.	1
Aimé Longueville.	1
Godin, libraire, papier vélin.	1
Clément de Ris.	1
Rolland.	1
Delaville Meneuc.	1
Renault, libraire à Rouen.	1
Aristide de Streffi.	1
Thompson, papier vélin.	1
Ponthieu, libraire.	1
Aucher-Éloi, libraire à Blois.	1
Masvert, libraire à Marseille.	2
Treuttel et Wurtz, libraires.	1
Pierre Gonsollin.	1
Alphonse Gonsollin.	1
Greard.	1
De Broé.	1
Pélicier, libraire.	2
Viennet.	1
Michaw.	1
C. Weyher, libr. à Pétersbourg.	1
Laya, membre de l'Institut.	1
Manos.	1
Le docteur Rouet.	1
Gille, libraire à Bourges.	1
Eymery, libraire.	1
L'amiral Halgan.	1
Barbier.	1
Fourrier, membre de l'Institut.	1
D'Outrepont.	1
William Birch.	1
André Métaxa.	1

MM.

Charles L'Écrivain.	1
Moreau de la Sarthe.	1
Levrault, libraire.	3
Legrand.	1
Millon.	1
Taillandier.	1
Gaudefroy.	1
John Perry.	1
Mad. Lebreton, papier vélin.	1
Lequien, libraire.	3
Debeausseaux, libraire.	1
Les frères Rally.	1
Stamati Rodocanaki.	1
Mathieu.	1